일본의 임대주택관리업

김준환 지음

Rental Property Management
Services in Japan

이프레스

머리말

지금까지 한국의 주택시장은 분양 중심의 시장이 중심이었다. 따라서 임대수익 보다는 매매차익에 의한 수익이 더욱 중요시되어 왔다. 주택의 구입자들은 세계에서 오직 한국만이 가지고 있는 전세제도를 활용하여 거의 무이자 격인 전세금을 이용하여 보다 많은 주택을 손쉽게 취득할 수 있었으며 이러한 주택구입은 최소한 2008년 글로벌 금융위기 이전까지는 매우 유리한 자산 증식의 수단이 되어 왔다.

하지만 2008년 글로벌 금융위기 이후 한국의 주택가격이 계속 하락하면서 이러한 주택구입으로 다주택 소유자들은 어려운 상황에 직면하게 되었다. 즉, 주택가격이 오르지 않는 상황에서 전세제도는 오히려 주택소유자들에게 더 큰 자산의 손실을 가져다주게 된 것이다. 그리고 몇 년 전부터 수익형 주택이란 단어가 사회적으로 큰 관심을 받았는데 이는 결국 시장이 매매차익을 통한 수익의 실현이 어려워진 시장상황에서 그동안 경시해 왔던 임대수익에 대해 새롭게 눈을 뜨기 시작했기 때문이다. 물론 이러한 임대시장은 월세시장의 형태로 이미 한국의 주택시장에서 있어 왔다. 하지만 한국의 월세시장은 소형주택 중 일부에 해당하는 매우 한정된 시장이었다.

이러한 과거 시장상황과는 달리 최근 한국의 주택시장의 흐름은 그 어느 때 보다 임대수익에 대한 관심과 욕구가 높아지고 있으며, 이러한 추세는 더욱 강하게 나타날 것으로 생각된다. 즉 향후 한국의 주택시장은 매매주택시장에서 임대주택시장으로 급속하게 전환될 가능성이 매우 높다는 것이다.

이러한 시장의 변화 속에서 지난 2013년 6월 27일 주택임대관리업의 등록, 보증상품 가입, 주택임대관리업자에 대한 감독, 협회의 설립 및 각종 위반사항에 대한 벌칙 등의 신설 내용을 담은 주택법 개정안이 국회를 통과했고 2014년 1월부터 본격 시행될 예정이다. 이제 한국에서도 임대주택시장이 제도권 내에서 본격적으로 그 막을 올리게 되었으며, 임대주택을 체계적으로 관리 · 운영하는 주택임대관리업의 시대도 본격적으로 시작되는 셈이다. 그리고 이러한 주택임대관리업에 대해 대형 건설회사, 금융권, 시행사, 기존 관리업체, 그리고 다주택 개인 소유자에 이르기까지 많은 주체들이 높은 관심을 보이고 있으며, 이를 위해 많은 준비를 하고 있는 것으로 안다.

하지만 한국의 부동산시장의 여건, 임대주택시장의 규모, 전세제도를 포함한 임대주택시장의 관행, 법적 미비 등으로 인해 한국의 주택임대시장과 주택임대관리업이 발전하고 정착하는 데는 상당한 시간과 노력, 그리고 진통이 따를 것으로 예상된다.

가까운 일본의 경우에도 한국의 주택임대관리업에 해당하는 임대주택관리업이 1965년 이후부터 등장하기 시작하였으니 임대주택관리업의 역사가 거의 40여 년 가까이 된다. 또한 전국적인 형태의 임대주택관리업 협회가 1995년에 설립되었으니, 임대주택관리업이 체계화한지도 거의 20여 년 가까이 되었다는 점들을 감안한다면, 앞으로 한국의 주택임대관리업이 가야 할 길이 아주 멀다는 생각마저 든다.

이러한 한국의 주택임대시장과 주택임대관리업 상황을 고려할 때 한국의 부동산시장과 많은 유사점을 가지고 있는 일본 임대주택시장에 대해서 살펴보는 것은 시기적으로 매우 필요하고 유용할 것이다.

본서는 이러한 문제의식에서 출발하여 한국의 주택임대관리업의 본격적인 시작을 앞두고 주택임대관리업에 진출하고자 하는 기업들과 관련 기관 종사자, 그리고 입법기관 관련 종사자 분들에게 작은 도움이 되었으면 하는 바람에서 집필하게 되었다.

끝으로 본서를 발간하기까지 많은 분들의 도움이 있었다. 먼저 이 책의 구성에 소중한 참고가 된 수 많은 저술들의 저자 분들께 깊은 감사를 드린다. 그리고 본인의 학문적 견해를 존중해 주시고 공감하시어 출판을 기꺼이 허락해 주신 이프레스의 최용구 대표님과 뒤에서 항상 격려를 해주신 김덕성 본부장님께 깊은 감사를 드린다. 그리고 항상 내게 든든한 버팀목이 되어준 아내와 아들 현진에게도 고마움을 표한다. 또한 본서가 만들어 지기까지 보이지 않는 곳에서 많은 도움과 수고를 해주신 지인 분들과 편집부 직원 분들께도 깊은 감사를 드린다.

2013년 11월
김준환

차 례

| Part 3 | 일본 임대주택관리업의 이해

| Part 4 | 일본 기업형 임대주택관리업체의 이해

Part 1

일본의 임대주택 관련 (부동산)시장환경 변화

2013년 6월 27일 주택임대관리업의 등록, 보증상품 가입, 주택임대관리업자에 대한 감독, 협회의 설립 및 각종 위반사항에 대한 벌칙 등의 신설을 담은 주택법 개정안이 국회를 통과했다. 이제 한국에서도 주택임대관리업의 시대가 본격적으로 시작되게 되는 셈이다.

하지만 한국의 부동산시장의 여건, 임대주택시장의 규모, 전세제도를 포함한 임대주택시장의 관행, 법적 미비 등으로 인해 한국의 주택임대관리업의 정착까지는 상당한 시간과 진통이 따를 것으로 생각된다.

일본의 경우 1965년 이후부터 임대주택관리업자[1]가 등장하기 시작하였으니 임대주택관리업의 역사가 거의 40여 년 가까이 되었다. 또한 전국적인 임대주택관리업협회[2]가 1995년에 설립되어 임대주택관리업이 체계화된 지도 거의 20여 년 가까이 되었다는 점을 감안한다면, 앞으로 한국의 임대주택관리업이 가야 할 길은 아주 멀었다는 생각이 든다.

이러한 시점에서 한국의 부동산시장과 많은 유사점이 있는 일본의 임대주택관리업에 대해서 살펴보는 것은 나름 의미가 있는 일이며, 또한 상당한 도움을 받을 수 있을 것으로 생각된다.

본 장에서는 일본의 임대주택과 관련된 시장환경을 먼저 살펴봄으로써 일본의 임대주택시장과 임대주택관리업을 이해하는 데 기초적인 지식을 얻고자 한다.

---

1) 한국의 경우 발의된 주택법 개정안에 주택임대관리업이란 용어를 쓰고 있지만, 일본의 경우에는 임대주택관리업이란 용어를 사용하고 있다. 본 책은 일본의 내용을 주로 다루고 있는 바, 이하부터는 임대주택관리업이란 용어로 통일하여 쓰고자 한다.

2) 1995년 7월 4일 임대주택관리업협회와 전국 임대관리업협회가 공익법인화를 목표로 통합하여, 일본 임대주택관리업협회가 발족하였으며, 그후 2001년 3월 재단법인 일본임대주택관리협회 설립이 허가되었다. 2012년 4월 공익재단법인 일본임대주택관리협회가 탄생하였다. 협회의 회원은 2012년 3월을 기준으로 회원사가 1,204사에 이르고 있으며, 회원사가 관리하는 총 관리수탁호수는 약 400만 호에 이른다. 또한 전국에 걸쳐 14개 지부를 운영하고 있다.

Chapter 01

일본의 임대주택관리업

인구 및 세대수의 변화

Chapter

1 ··· 인구 및 세대수의 변화

일반적으로 인구의 증감과 구성, 세대의 증감과 구성은 주거와 주택의 기본적인 지표가 된다. 특히 주택의 총수요, 주택 규모, 주택구입 수요와 임대 수요 등에 직 · 간접적인 영향을 미치게 된다. 따라서 이러한 인구 및 세대수의 변화는 일본의 임대주택시장의 변화에도 영향을 미쳐 왔을 것으로 생각되며, 이러한 변화를 살펴보는 것은 일본의 임대주택시장을 이해하는 데 도움이 되리라 생각한다.

1 인구 변화

저출산 · 고령화 그리고 주택시장

〈표 1-1〉은 일본의 연령별 인구 추계를 요약한 표이다. 일본의 장래인구는 2005년 127,768천 명을 고점으로 감소추세로 돌아서서 2012년에는 126,605천 명, 그리고 2055년에는 89,930명까지 줄어들 것으로 추정되고 있다. 2055년에 현재 인구보다 약 30%가 감소될 것이란 예측 결과를 통해 일본의 총 주택 수요가 지속적으로 감소할 것이며, 그 감소폭도 매우 클 것이란 예측이 가능하다.

더욱 놀라운 것은 65세 이상 고령인구의 급속한 증가추세이다. 고령인구가 차지하는 비율은 2005년 20.2%에서 2055년에는 두 배 증가한 40.5%에 이를 전망이다. 2055년에는 10중 4명이 고령인구가 되는 셈이다. 또한 고령인구수에 있어서도 2005년 25809

천 명에서 2012년에는 30765천 명으로, 그리고 2030년에는 36641천 명으로 고점을 이룬 뒤 2050년에는 36422천 명에 이를 전망이다. 이는 2005년부터 2030년까지 26년간 고령인구수가 연평균 416천 명씩 증가하여 총 10832천 명이 라는 어마어마한 수치가 증가한다는 것이다. 이에 비해 14세 이하와 15세~64세 인구수는 급격한 감소추이를 나타내고 있다.

따라서 이러한 전체 인구의 감소와 고령인구의 급속한 증가추이는 일본의 주택시장뿐만 아니라 경제 전체와 임대주택시장에도 큰 영향을 미칠 것으로 예상된다.

이러한 인구 변화가 향후 일본 주택시장에 미칠 영향으로는 첫째, 인구감소로 인한 전체 주택시장 규모의 축소가 예상되며, 둘째, 고령화 인구 급증으로 인한 노인주택문제와 노인주택관련 시장의 확대가 예상되고, 셋째, 신규주택 구입인구의 감소로 인한 신규 주택시장의 축소, 넷째, 공가(빈집) 문제가 심화될 것으로 보인다.

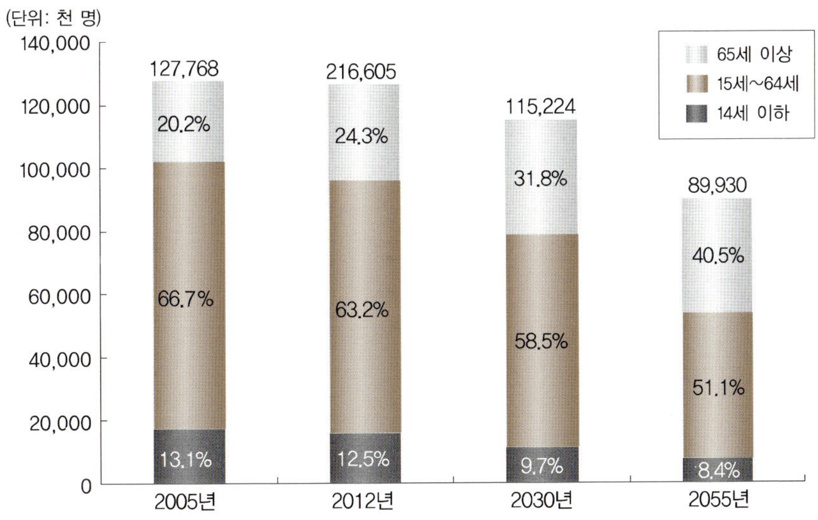

그림 1-1 연령별 인구 추계

출처: 国勢調査および国立社会保障・人口問題研究所. 日本の将来推計人口(2006年 推計)による.

클릭 Q&A ---• 일본의 임대주택관리업의 등장

일본의 임대주택업의 초기 단계에는 주택의 방 하나를 빌려주거나 부지에 공동주택을 지어서 빌려주는 것이 일반적이었다. 이때 입주자와 문제 절충이나 입주자의 클레임에 대한 대응과 임대료 수금 등의 일들은 집주인이 직접 해 왔다.

지금과 같이 관리를 떠맡는 업자가 등장하기 시작한 시기는 1965년 이후부터다. 절세나 유휴토지활용의 관점에서 임대주택의 건설이 촉진되기 시작된 것이 그 이유이다. 임대주택 건설 시 건축비의 대부분은 차입금으로 조달되기 때문에, 대출금 상환을 위해서는 안정적인 임대수입이 필요하게 되었으며, 동시에 임대주택도 대형화・고급화되어 관리가 복잡해지게 되었기 때문에 전문적인 관리를 수행하는 업자가 필요하게 되었다.

또한 입주자도 수준 높은 주택의 관리를 요구하게 되었으며, 건축자금을 융자해 준 은행의 입장에서도 대출금을 안전하게 회수하기 위해서 전문적인 관리업자의 존재를 바라고 있었다. 그리하여 집주인은 관리를 위한 비용을 지불하고 전문업자에게 관리를 위탁하게 되었고, 이후 임대주택관리업은 전문적인 업태로 발전해오게 되었다. 결국 임대주택관리업은 임대주택에 관련된 이해 당사자들의 요청에 의해서 자연스럽게 등장하였으며, 입주자와 집주인의 사이에 가교역할을 충실히 수행해 오며 발전하게 되었다.

2 지역별 인구 변화

인구의 양극화

[그림 1-2]에 나타난 것과 같이, 일본의 인구 구성비 추이의 특징은 첫째, 3대 도시권[3]의 인구 구성비는 1980년 47.8%에서 2010년 51.1%로 지속적으로 증가하고 있으나, 지방권[4]은 지속적으로 감소하고 있다. 둘째, 3대 도시권 중 도쿄권[5]과 나고야권[6]은 계속 증가하고 있으나 오사카권[7]은 감소와 정체를 반복하고 있다는 점이다.

3) 일본의 3대 도시권은 도쿄권, 간사이권, 나고야권을 말한다.
4) 지방권은 3대 도시권을 제외한 나머지 지역을 말한다.
5) 도쿄권은 도쿄도(구부와 시부), 치바켄, 가나가와켄, 사이타마켄을 말한다.
6) 나고야권은 미에켄, 아이치켄을 말한다.
7) 오사카권은 오사카부, 쿄토부, 효고켄을 말한다.

인구 총수의 증감에 있어서도, 일본의 총 인구가 2005년 이후 감소추세로 돌아서서 2010년 인구가 592천 명이 감소했음에도 불구하고, 같은 기간 도쿄권은 858천 명(연평균 약 172천 명), 나고야권은 75천 명 증가하였으나, 오사카권은 −213천 명, 지방권은 −1439천 명(연평균 약 288천 명)이 감소하였다. 결국 수도인 도쿄권을 중심으로 한 지역의 인구수가 크게 증가하고 있다는 것을 알 수 있다.

만약 이런 추세가 지속 된다면 일본 주택시장은 첫째, 지방중소도시의 주택시장의 수요가 지속적으로 감소하여, 주택공급의 위축과 공가 문제가 심각해 질 것이란 것과 둘째, 대도시권(특히 수도권) 주택시장 규모의 증가가 예상된다.

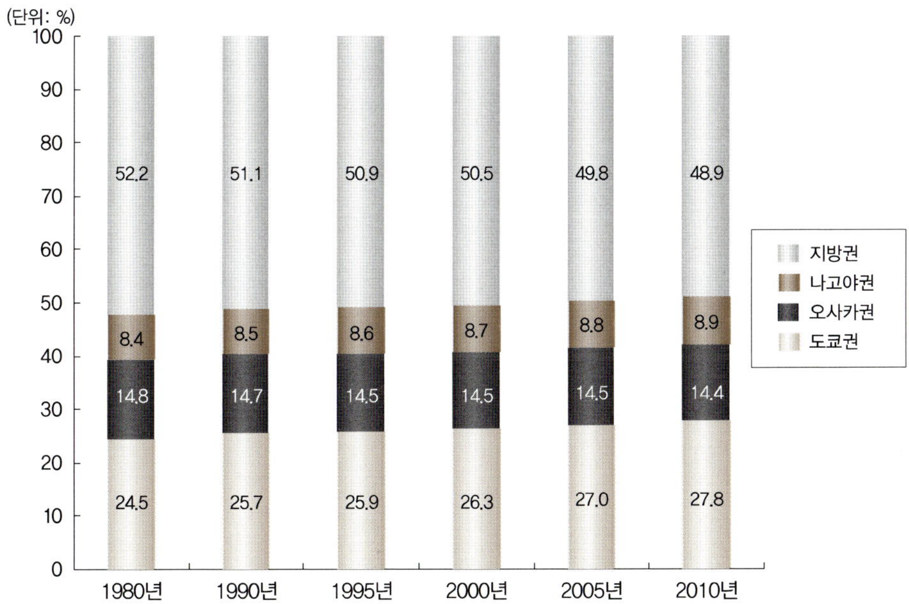

▌그림 1-2▐ 지역별 인구 구성비 추이

출처: 総務省統計局(2011). 国勢調査.

클릭 Q&A ---● 오사카와 요코하마의 인구 역전

일본의 2대 도시를 이야기할 때 우리는 도쿄와 오사카를 떠올린다. 도쿄와 오사카는 정식 행정구역상 東京都와 大阪府이다. 東京都는 구부와 시부로 나뉘게 되는데, 구부(区部, 23개구)가 초기의 도쿄라고 생각하면 되고, 시부(市部)는 확장되면서 포함된 지역으로 이해하면 된다. 大阪府도 오사카 시와 기타 지역으로 나뉘게 되는데, 마찬가지로 오사카 시가 초기의 오사카이고, 기타 지역은 확장되면서 포함된 지역으로 이해하면 된다. 이는 한국의 광역시를 생각하면 쉽게 이해가 될 것이다.

요코하마 시는 도쿄에 연접한 가나가와 현(神奈川県)에 위치해 있으며, 도쿄 도심으로부터 직통 전철로 약 30여 분 거리에 위치해 있다.

오사카 시와 요코하마 시는 수도와의 거리, 두 지역 모두 항구도시라는 점 등 한국의 부산과 인천을 떠올리게 된다. 이러한 두 지역의 인구추이는 향후 부산과 인천의 인구를 예측하는 데 다소 참고가 될까 하여 두 도시의 인구추이를 아래와 같이 살펴 보았다.

흥미로운 것은 두 도시의 인구가 우리가 생각하는 것과는 다르게 1980년에 이미 요코하마 시의 인구가 오사카 시의 인구를 추월하였고 2010년에는 거의 100만 명 이상의 인구가 차이가 난다는 점이다. 또 한 가지, 오사카 시의 인구는 1980년부터 정체되어 있는데 반해 요코하마 시는 지금까지 인구가 계속 증가하고 있다는 점이다.

이 두 도시의 인구추이를 살펴볼 때, 부산과 인천의 향후 인구는 어쩌면 오사카 시와 요코하마 시의 경우와 같이 인구의 역전 현상이 생기지는 않을지, 향후 주택시장 규모도 인천이 더욱 커지지는 않을지 조심스럽게 예측하게 된다.

◉ 오사카 시와 요코하마 시의 인구 추이

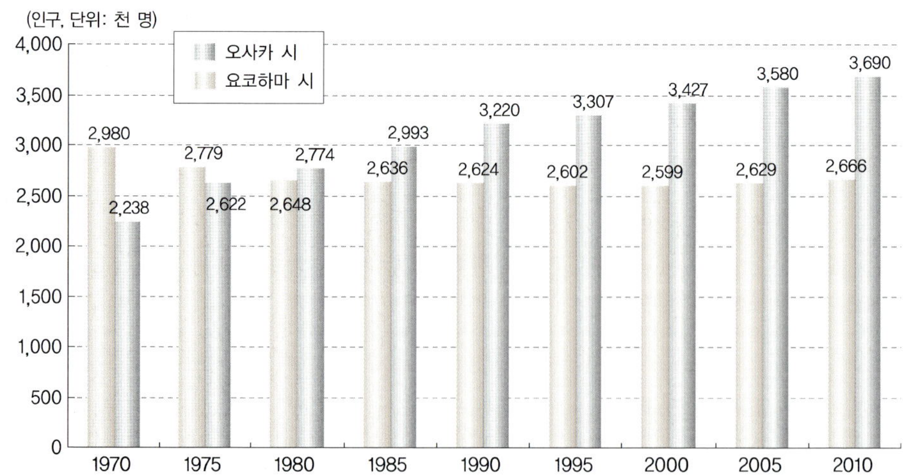

3 세대수 변화

단독세대는 급증, 가족형 세대수는 급감

[그림 1-3]에 나타난 것과 같이, 일본의 세대수는 2015년을 정점으로 감소추세로 돌아설 것으로 예측된다. 세대수 변화의 특징을 살펴보면, 첫째, 단독세대수의 급속한 증가이다. 단독세대수는 2005년 14,474천 세대(구성비 29.5%)에서 2015년에는 17,406천 세대(구성비 34.4%)로 급증할 것으로 예측되며, 세대수 감소로 돌아선 2030년에도 18,252천 세대(구성비 37.4%)로 증가할 것으로 예측된다.

둘째, 가족형 세대인 부부+자녀세대의 급속한 감소이다. 부부+자녀세대는 2005년 14670천 세대(구성비 29.9%)에서 2015년에는 12448천 세대(24.6%)으로 급감한 뒤, 2030년에도 10541천 세대(구성비 21.6%)로 감소할 것으로 예측된다.

또한 세대수가 지속적으로 증가했던 1980년부터 2005년까지 과거 25년간 세대 유형별 증감을 살펴 보면, 총세대수는 1.37배, 단독세대수는 2.03배, 부부세대수는 2.16배, 한부모+자녀세대수는 2.00배 증가하였지만, 부부+자녀세대수만 −2.89% 감소하였다. 이는 세대수가 지속적으로 증가했던 시기에도 가족형 세대인 부부+자녀세대수는 증가하지 않고 오히려 감소해 왔으며 2005년 이후에는 급감하고 있다는 것을 알 수 있다.

그럼 이러한 세대수 변화는 일본 주택시장에 어떤 영향을 미쳐왔고, 향후 어떤 영향을 미칠 것인가?

첫째, 단독세대형 주택시장의 확대이다. 즉 소형・원룸형 주택의 수요가 급증하여 이러한 주택시장의 확대가 불가피 할 것으로 전망되며, 이러한 단독세대의 경우에는 주택구입 보다 임대를 선호하기 때문에 임대주택시장도 더욱 확대될 것으로 예상된다.

둘째, 가족형 주택시장의 수요 감소로 인해 중・대형 주택시장의 축소가 불가피 할 것으로 예상된다. 특히 일본의 주택시장이 단독주택의 비율이 높은 점, 그리고 가족형 세대가 단독주택을 선호한다는 점을 고려한다면, 향후 단독주택시장도 더욱 축소될 것으로 예상된다.

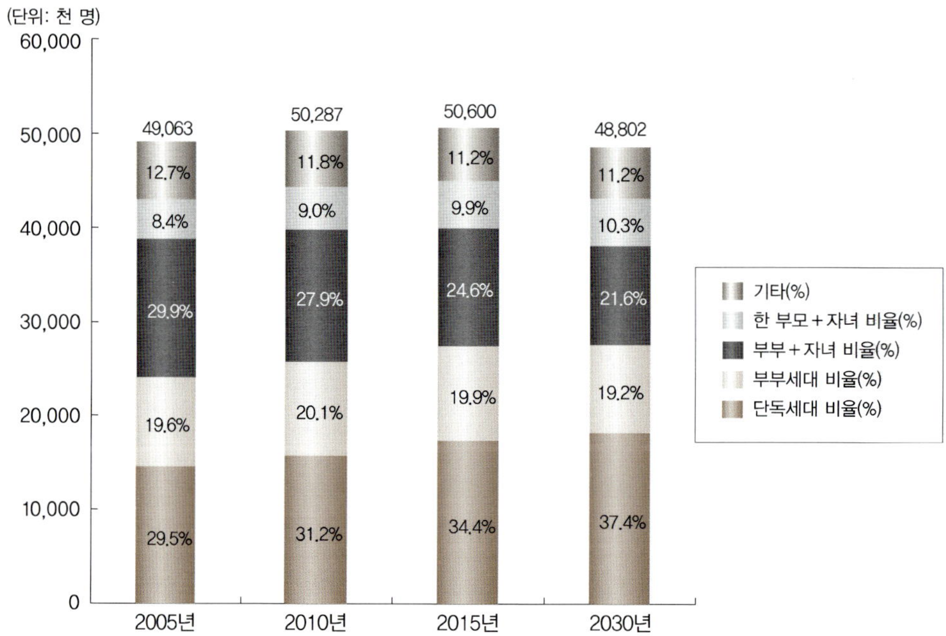

그림 1-3 세대수 변화 추이

출처: 国勢調査および国立社会保障 · 人口問題研究所「日本の将来推計人口(2006年推計)による不動産流通センター資料.

Chapter 02

부동산시장 변화

Chapter 2 ··· 부동산시장 변화

다음으로는 일본 부동산시장의 변화에 대해서 살펴보기로 하자. 일본의 부동산시장이 어떻게 변화해 왔는지, 또한 부동산시장의 변화가 임대주택시장에는 어떠한 영향을 미쳐왔는지에 대해 살펴봄으로써 향후 한국 임대주택시장의 변화를 간접적으로 예측하는 데 도움이 될 것이다.

1 지가 변동

일본 부동산 버블의 진실

[그림 2-1]과 [그림 2-2]는 지난 28년간 주택지와 상업지의 지역별 지가변동률 추이를 나타낸 것이다. 먼저 주택지의 경우 1987년 3대 도시권이 지방도시 보다 먼저 급등을 시작하여 1988년에는 한 해 동안 무려 46.6%나 급등하였으며, 1992년부터는 금락을 시작하였는데 1993년에는 한 해 동안 무려 14.5%나 급락을 하였다. 한편 지방도시의 경우에는 3대 도시권 보다 2년 늦은 1989년부터 급등을 시작해, 1991년에는 한 해 동안 13.6%나 급등하였다. 지가의 하락도 3대 도시권 보다 1년 늦은 1993년에 하락을 시작하였다.

바로 이 시기가 일본의 부동산 버블과 붕괴의 시점으로 볼 수 있는데, 우리가 그동안 알고 있던 바와는 다르게 일본의 부동산 버블과 버블 붕괴에는 지역에 따라 다소 상이한 특징을 나타냈다. 그 특징으로는 첫째, 대도시 지역인 3대 도시권의 지가 상승이 먼저 시작되고, 그 뒤 시차를 두고 중소도시인 지방도시의 지가 상승이 나타났다는 점이다. 둘째, 지가가 하락할 때도 역시 대도시 지역인 3대 도시권의 지가 하락이 먼저 시작되고, 그 뒤 시차를 두고 중소도시인 지방도시의 지가 하락이 나타났다는 점이다. 셋째, 상승과 하락폭에 있어서도 대도시 지역인 3대 도시권과 중소도시인 지방도시에 있어서도 상당한 차이를 나타냈는데, 3대 도시권의 경우에는 상승 시 그 상승폭이 지방도시에 비해 매우 컸으며, 하락 시에도 그 하락폭이 지방도시에 비해 매우 컸던 것으로 나타났다.

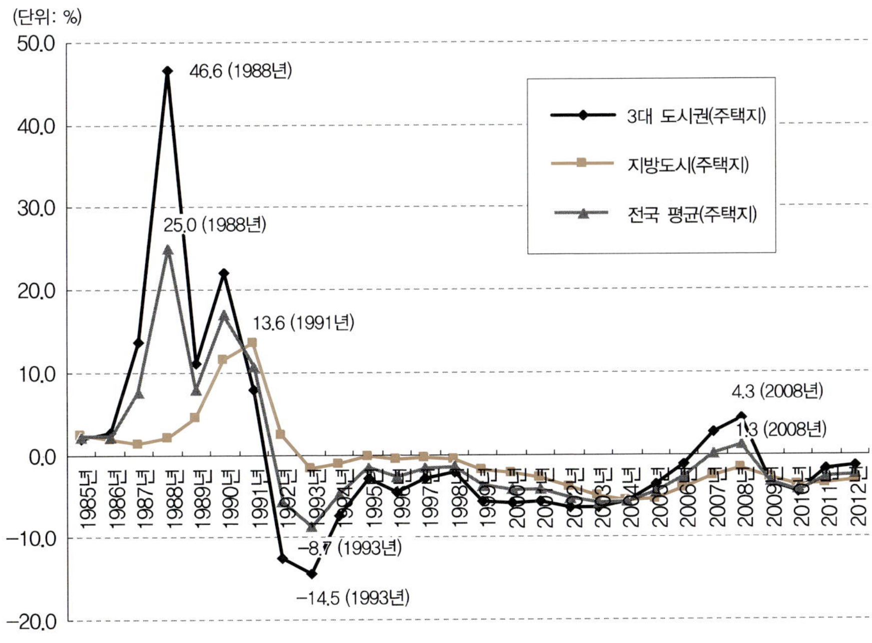

▌그림 2-1▌ 지가변동률 추이(주택지)

출처: 三井不動産株式会社(2012). 「不動産関連統計集 2013」, 三井不動産株式会社 pp. 2~3.

상업용지의 경우에도 주택용지와 거의 비슷한 변화 추이를 나타냈으나, 3대 도시권과 지방도시 모두 그 상승과 하락 폭이 주택용지에 비에 더욱 크게 나타났다는 것을 알 수가 있다.

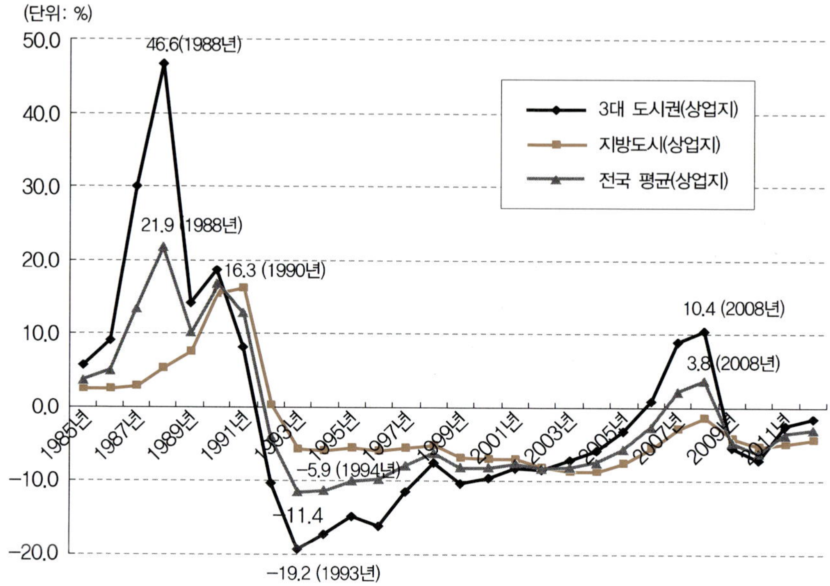

▌그림 2-2▐ 지가변동률 추이(상업지)

출처: 三井不動産株式会社(2012).「不動産関連統計集2013」, 三井不動産株式会社 pp. 2~3.

끝없이 하락하는 지방도시, 그리고 부동산 양극화의 심화

〈표 2-1〉은 지역별・용도별 토지가격 지수를 나타낸 것인데 그 특징을 살펴보기로 하자.

먼저 토지가격 상승 시 그 상승폭을 살펴보면, 3대 도시권 상업용지의 상승폭이 가장 높게 나타났으며, 그 다음으로 3대 도시권 주택용지, 지방도시 상업용지, 지방도시 주택용지 순으로 크게 나타났다는 것을 알 수 있다. 하락 시 하락폭은 3대 도시권 상업용지가 가장 높게 나타났으며, 지방도시 상업용지, 3대 도시권 주택용지, 지방도시 주택용지 순으로 크게 나타났다는 것도 알 수 있다.

또한 버블 직전인 1984년 토지가격을 기준으로 살펴보면 현재의 토지가격은 3대 도시권 주택지, 지방도시 주택지, 3대도시 상업지, 지방도시 상업지의 순으로 토지가격이 많이 회복된 것으로 나타났다.

따라서 토지가격 자체만 놓고 살펴본다면, 일본의 부동산 버블과 붕괴는 지역적으로는 대도시 지역, 용도별로는 상업용지가 주도를 하였으며, 버블 붕괴 후에는 토지가격의 회복은 지역적으로는 대도시 지역이, 용도별로는 주택용지의 가격 회복이 큰 것으로 나타났다.

특히 3대 도시권의 주택용지의 경우에는 현재의 토지가격 수준이 버블 직전인 1984년 토지가격의 98.2% 수준까지 회복되어, 토지가격이 버블 직전의 가격 수준까지 거의 회복된 것을 알 수 있다.

하지만 3대 도시권의 경우에는 주거 및 상업시설 등의 수요가 유지되어 토지가격이 안정・회복 국면에 진입하고 있는데 비해, 지방도시의 경우에는 아직도 주거 및 상업시설 등의 수요가 급감하고 있어 향후 추가적인 가격하락의 가능성이 존재하고 있으며, 이러한 지역적 양극화는 앞으로도 더욱 심화될 것으로 예상된다.

표 2-1 지역별・용도별 토지가격지수

구분	84년(=100) 대비 고점가격	고점(=100) 대비 현재가격	84년(=100) 대비 현재가격
3대 도시권(주택지)	255.4	38.5	98.2
지방도시(주택지)	145.1	57.6	83.6
3대 도시권(상업지)	322.3	20.8	67.0
지방도시(상업지)	165.4	30.4	50.2

출처: 三井不動産株式会社(2012).「不動産関連統計集2013」, 三井不動産株式会社 pp.2-3.

단순한 토지보유는 현명한 선택일까?

[그림 2-3]은 6대도시와 전국의 토지가격과 명목GDP, 평균주가의 지수를 비교[1]한 것이다. 놀라운 것은 일본의 토지가격지수가 평균주가지수를 상회한 기간이 단 한번도

1) 물론 부동산 자산이 매매차익(C.G.)과 임대소득(I.G.)이 있다는 점을 고려한다면 이 지수 비교에는 임대소득(I.G.)은 고려되고 있지 않다. 하지만 단순하게 아무런 행위도 하지 않고 토지를 보유하고 있다는 가정하에는 단순 비교는 가능하리라 생각된다.

없었다는 점이다. 또한 명목GDP지수를 상회한 기간도 지가가 급등한 1990년과 1991년 고작 2년간, 그것도 6대도시[2]의 경우만 조금 상회하였을 뿐, 그 이전과 이후의 기간 동한 한번도 명목GDP지수를 상회한 적이 없다. 물론 지방도시[3]의 경우는 전 기간에 걸쳐서 명목GDP지수를 단 한번도 상회한 적이 없다.

우리는 지금까지 토지를 장기적으로 보유할 때 매우 유리한 자산일 거라는 막연한 기대를 가지고 왔다. 하지만 일본의 경우를 살펴본다면 과연 단순한 토지의 소유가 유리한 자산증식의 수단이라는 생각이 맞지 않을 수도 있다는 생각이 든다.

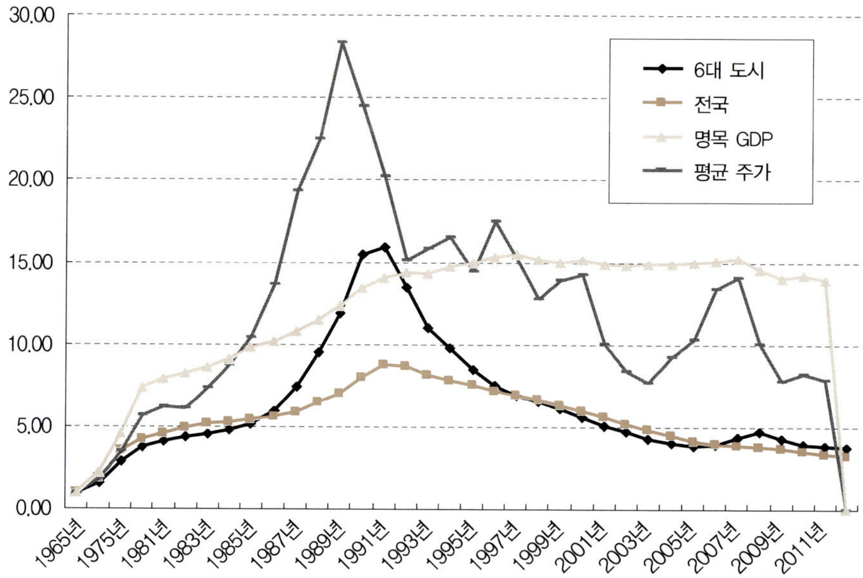

▌그림 2-3▐ 토지가격지수(1965년=1)

출처: 三井不動産株式会社(2012).「不動産関連統計集2013」. 三井不動産株式会社, p. 21.

---

2) 도쿄(東京), 요코하마 시(横浜市), 나고야 시(名古屋市), 쿄토 시(京都市), 오사카 시(大阪市), 고베 시(神戸市) 등 6개 도시

3) [그림 2-3] 토지가격지수에서는 지방도시의 토지가격지수는 나타내지 않고 있지만, 전국지가지수에서 6대 도시를 제외한 지수인 지방도시의 토지가격지수는 전국지가지수 보다 낮다는 것을 추정할 수 있다.

2 토지거래

토지거래가 늘면 가격이 상승할까?

[그림 2-4]의 토지거래 건수 추이를 살펴보면, 지금까지 우리가 생각했던 "토지거래가 증가하면 가격이 상승한다"라는 토지거래와 가격상승에 대한 개념이 틀릴 수도 있다는 생각이 든다.

일본 토지거래 건수 추이의 특징을 살펴보면, 첫째, 대도시 지역과 지방 중소도시 지역의 거래건수 추이에 이원화된 패턴이 존재한다는 점이다. 물론 가격상승률이 최고점이었던 시기(3대 도시권 1987년, 지방권 1990년) 이후에 두 지역이 모두 거래 건수가 감소했다는 점에서는 일치한다. 하지만 대도시 지역의 토지거래량은 그 이후 가격 하락이 지속됐던 시기에도 거래가 증가하거나 유지되었던 것에 비해 지방 중소도시의 경우에는 거래회복이 더 이상 일어나지 않고 지속적으로 거래 건수가 하락해 왔다는 점이다. 즉 토지거래 패턴이 대도시와 지방도시가 상반된 이원화된 패턴을 보이고 있다.

둘째, 대도시 지역의 경우 토지가격이 급등했던 버블기에 해당하는 1998년부터 1991년에 오히려 거래 건수가 크게 감소했다는 점이다.

셋째, 토지가격의 급락과 하락이 지속됐던 1992년 이후 토지거래 건수가 오히려 증가・유지됐다는 점이다.

넷째, 토지가격이 안정되었던 2004년 이후에는 토지거래 건수가 증가하다가 글로벌 금융위기(리먼사태)라는 악재가 발생한 2008년 이후에는 토지가격이 하락하고 토지거래 또한 감소했다는 점이다.

결국 지방도시의 경우에는 가격의 하락과 토지거래의 감소라는 이론적 모델과 같은 패턴을 보였던 반면에 대도시의 경우에는 다소 상이한 패턴을 보여 왔다.

따라서 일본 대도시 지역의 장기 토지거래 패턴을 통해 알 수 있는 점은 첫째, 토지가격의 상승 초기에는 거래량도 상승하지만 가격 폭등이 지속되면 오히려 토지거래량이 감소하고, 그 이후에는 가격이 폭락했다는 점, 둘째 가격 하락이 지속되더라도 그 가격 하락 폭에 대한 예측이 어느 정도 가능한 비교적 안정된 시장에서는 토지거래가 증가·유지될 수도 있다는 점, 셋째 비교적 안정된 시장[4]에서는 토지가격 상승 시에는 거래량이 증가, 그리고 가격 하락 시에는 거래량 감소라는 이론적 모델이 적용된다는 점이다.

결국 "토지거래량 증가는 토지가격의 상승"이라는 이론은 시장이 안정되거나 예측 가능할 때에는 적용이 되지만, "토지가격이 폭등하거나 폭락하는 불안정하고 예측이 불가능한 시장"하에서는 적용되지 않을 수도 있다는 것과 거래량이 동반되지 않는 가격 급등은 가격 급락의 전 단계일 수도 있다는 것을 일본의 사례를 통해 알 수 있다.

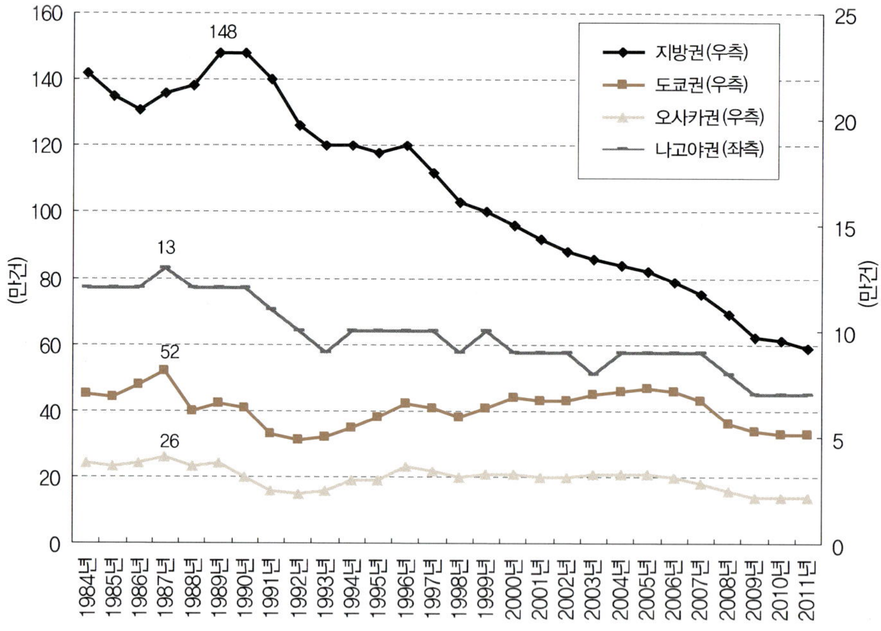

▌그림 2-4▌ 토지거래 건수 추이

출처: 三井不動産株式会社(2012). 不動産関連統計集 2013. 三井不動産株式会社, p. 26; 法務省(2012). 法務統計月報.

---

4) 일본의 3대 도시권은 2004년 이후 안정된 시장으로 진입.

3 주택시장

버블이 붕괴되기 직전 주택공급은 감소

[그림 2-5]는 신규주택의 착공 추이를 나타낸 것인데 그 특징을 살펴보기로 하자.

첫째, 1992년 버블이 붕괴되기 이전에 일본은 이미 총 호수, 임대주택, 분양주택 모두 공급감소로 돌아섰다. 둘째, 임대주택의 경우에는 1987년을 고점으로 1992년과 1996년 두 해를 제외하고는 2000년까지 하락한 후, 다시 2006년까지 상승 후 하락하고 있다. 셋째, 분양주택의 경우에는 1990년을 고점으로 1992년까지 하락 후 다시 상승하여 2006년까지 30~40만호의 안정된 공급을 보이다가 이후 하락하고 있다. 넷째, 임대주택이 분양주택 보다 공급의 증감이 선행되었고, 임대주택은 그 증감 폭이 매우 큰데 비해 분양주택은 상대적으로 그 증감 폭이 작았다.

임대주택 과잉공급이 임대주택관리업을 발전시킨다?

여기서 문제가 되는 것은 임대주택인데, 임대주택의 경우에는 버블 붕괴 전후에 과잉공급된 물량으로 인해 이후 급격한 공급 감소를 보이기 시작했으며, 또한 이러한 과잉공급으로 1990년 이후 공실률 문제가 심각하게 대두되었을 것으로 추정된다. 따라서 경쟁력이 없는 임대주택은 경영의 어려움을 겪기 시작했을 것이고, 이 시기를 지나면서 "소유자 중심의 시장에서 입주자 중심의 시장"으로 주택임대시장이 변화하게 되었다. 결국 임대주택의 소유자는 임대주택 경영의 어려움을 해결하기 위해, 보다 전문적인 임대주택관리의 필요성을 절감하기 시작했으며 이 때문에 전문적인 임대주택관리업체에 대한 수요가 증가하기 시작했다. 일본의 임대주택관리업은 이 시기를 기점으로 급속한 발전을 시작했으며, 보다 대형화된 기업형 임대주택관리업체가 시장을 장악하기 시작했다.

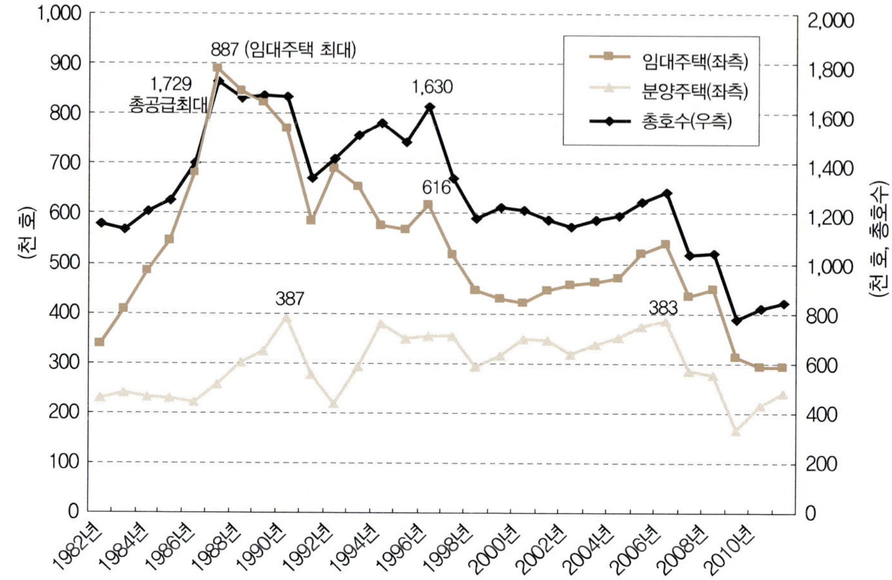

▌그림 2-5▐ 신규주택[5] 착공 호수 추이[6]

출처: 国土交通省. 月刊住宅着工統計; 三井不動産株式会社(2012). 不動産関連統計集 2013. 三井不動産株式会社, p. 81.

클릭 Q&A ---● 일본의 주택 형태

일본의 주택의 형태는 만숀(マンション), 아파토(アパト), 단독주택(一戸建) 등 크게 3가지로 나눌 수 있다. 여기서 우리가 이해하는데 문제가 되는 개념이 만숀과 아파토다. 특히 아파토의 경우에는 한국의 아파트와 발음이 유사하기 때문에 일본의 아파토가 한국의 아파트라고 잘못 이해하는 경우가 많다. 또한 일본의 만숀과 아파토를 한국어로 한 단어로 정의하기는 매우 어렵기 때문에 이러한 의미의 이해가 더욱 어려울 지도 모른다.

일본에서 만숀이라는 단어가 나오기 시작한 것은 1955년 초부터라고 한다. 만숀은 한국의 아파트의 개념과 유사하지만 반드시 일치하지는 않는다. 따라서 만숀을 아파트로 번역할 경우 그 의미에 대한 혼돈을 가져올 수도 있다. 또한 아파토도 한국의 다가구와 다세대 주택과 유사하지만 완전

---

5) 일본의 주택에는 급여주택(給与住宅, 사택이나 관사 등)과 持家(소유하고 있는 가옥) 등이 있으며, 특히 持家의 호수는 분양주택의 호수를 넘어서고 있다. 하지만 한국의 주택시장 실정과 매우 상이한 바, 持家에 대한 집계는 생략하였다.

6) 그래프의 변화추이 비교를 용이하게 하기 위해 총 호수는 우측 단위를 나머지는 좌측단위로 이원화하였다.

히 일치하지 않기 때문에 한국어로 번역할 때 적절한 단어를 찾을 수가 없는 것이 사실이다.

만숀과 아파트는 둘 다 공동주택에 속한다. 만숀은 공동주택 중 비교적 대규모로 한국의 아파트와 같은 형태라고 이해하면 무난할 것 같다. 하지만 일본의 만숀에는 한국의 아파트 형태의 공동주택에 철근콘크리트의 엘리베이터가 있는 4~5층 이상, 20~30세대 전후의 중층 이상의 주거건물도 포함된다. 이러한 형태를 한국에서는 아파트라고 부르지 않고 원룸이나 오피스텔 등으로 부르고 있다.

아파토는 소규모의 공동주택으로 목조나 경량 철골조의 엘리베이터가 없는 대개 4층 이하, 10세대 전후의 주택을 의미한다. 현재 한국에는 이러한 형태의 공동주택이 거의 없는 것으로 알고 있어 더욱 의미를 설명하기가 어려운 지도 모른다.

따라서 본서에서는 이러한 의미의 혼돈을 고려하여, 그냥 일본어 그대로 만숀과 아파토로 표기하고자 하니 이 점에 유의하기를 바란다.

안정된 단독주택 공급량

다음으로는 분양주택과 임대주택 공급(착공) 추이의 특징에 대해서 살펴보기로 하자. 먼저 분양주택 공급의 특징을 살펴보면, [그림 2-6]에 나타난 바와 같이 첫째, 만숀은 공급의 증감 폭이 크게 나타났으나, 단독주택은 비교적 안정적으로 공급이 이루어 졌다는 점이다. 둘째, 만숀은 버블붕괴 직전인 1990년에 248천 호로 고점을 이룬 후 급감하였으며, 1994년 공급회복 후 2006년까지 비교적 안정적으로 공급된 후 감소하였다. 셋째, 단독주택의 경우에는 버블붕괴 전후에 다소 감소 하기는 하였으나 매년 10~15만 호의 수준에서 만숀 보다는 비교적 안정적으로 공급되었다는 점이다.

이러한 버블 붕괴 이후 공동주택 공급의 증가현상에는 정부의 도심회귀에 대한 적극적인 정책과 직주근접에 대한 수요증가가 주요 원인으로 작용했을 것으로 추정된다. 또한 단독주택의 공급추이는 일본의 단독주택 시장규모와 수요에서 찾아 볼 수가 있는데

일본의 주택시장 구조는 한국과 매우 다르다. 〈클릭 Q&A〉에 나타난 바와 같이 한국은 공동주택이 전국 71%, 서울 83%로 높은 비율을 점유하고 있는데 비해, 일본은 단독주택 비율이 55.3%로 단독주택이 공동주택의 비율보다 높다. 통상 일본은 주거의 최종

목적지가 공동주택이 아닌 단독주택이라는 점이 한국의 특성과 매우 상이하다. 따라서 경유지에 해당하는 공동주택인 만숀은 시장상황의 변화에 따라 그 수요가 매우 민감하게 변화하는 데 반해, 최종 목적지에 해당하는 단독주택은 시장상황의 변화에 덜 민감하게 변화함으로써, 그 공급량도 만숀 보다는 비교적 안정적이었던 것으로 추정된다. 최근에는 임대주택시장에서도 단독주택의 수요가 점점 늘어나고 있다고 하니 일본의 주택시장은 한국의 사정과는 사뭇 다르다고 할 수 있다. 하지만 최근에는 한국에서도 단독주택에 대한 수요가 점점 증가하고 있는 추세에 있으니 향후 단독주택의 시장규모가 더욱 늘어날 것으로 생각되며 공동주택의 시장성장률 보다 높을 가능성이 충분히 있다고 할 수 있다.

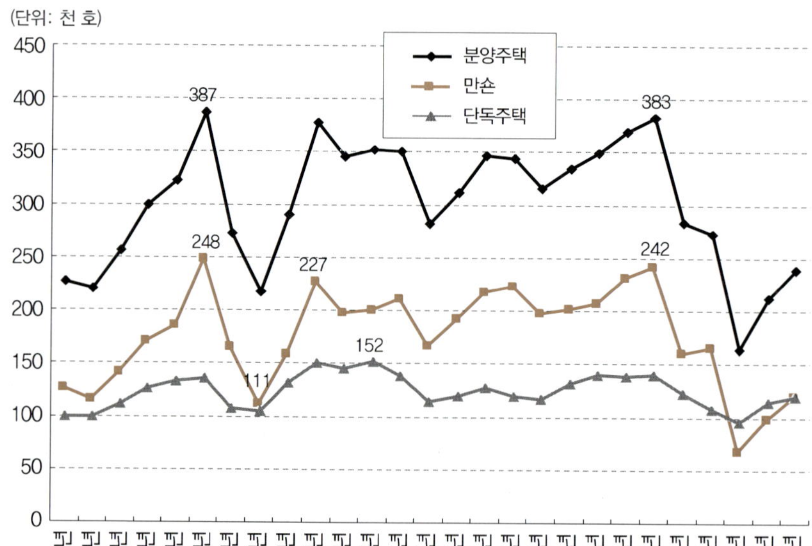

▌그림 2-6▌ 분양주택 용도별 착공 호수 추이

출처: 三井不動産株式会社(2012). 不動産関連統計集 2013 . 三井不動産株式会社. p. 90; 国土交通省. 月刊住宅着工統計, 建築着工統計調査報告.

클릭 Q&A ---• 한국과 일본의 주택유형 차이

◉ 한국과 일본의 주택유형별 호수

(단위: 만 호)

구 분	단독주택	공동주택	기타	계
전국	4,089	10,426	161	14,676
서울	405	2,095	24	2,524
일본	27,450	20,684	1,488	49,622

◉ 한국과 일본의 주택유형별 구성비

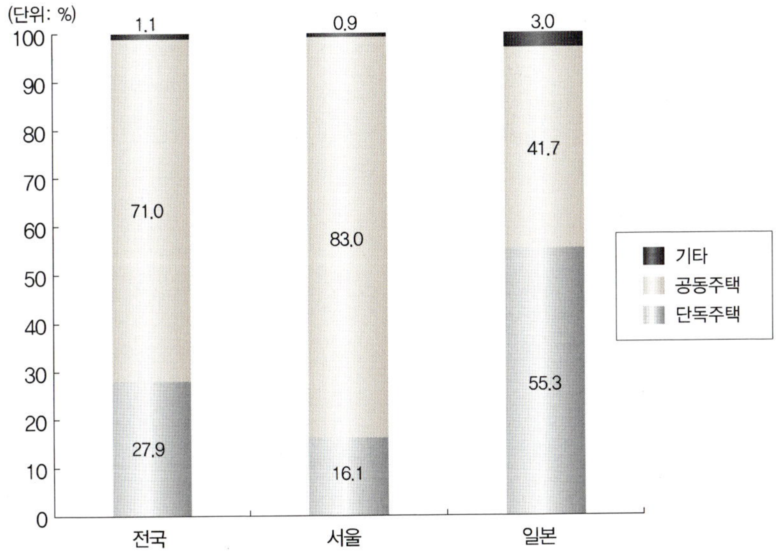

임대주택, 소형평형 증가 · 중대형 감소

다음은 임대주택의 규모별(전용면적 기준) 공급(착공) 추이의 특징에 대해서 살펴보기로 하자. [그림 2-7]의 임대주택 규모별 착공호수 추이를 나타낸 것인데 그 특징을 살펴보면, 첫째, 중대형 평형(100m^2 이상, 71~100m^2)의 경우에는 1996년 고점 이후 지속적으로 하락하는 추세는 보이고 있다는 점이다. 둘째, 중소형 평형(51~70m^2)은 고점 이후 2008년까지 120～140천 호 내외의 비교적 안정적인 공급이 이루어졌다는 점이다. 셋째, 소형평형(50m² 이하)의 경우에는 1996년 고점 이후 하락하다가 2000년 이후에 공급이 급증했는데, 그 공급량도 더 적은 평형일수록 공급량이 많았다는 점이다. 넷째, 글로벌 금융위기 이후 2009년부터 소형주택의 공급이 급감했다는 점이다.

이러한 임대주택 공급의 추이의 원인은 매우 다양할 것으로 생각되지만, 그 원인을 몇 가지 생각한다면 첫째, 가족형 세대수가 감소하고 단독세대수가 증가하고 있는 일본의 세대수 구성 변화를 들 수가 있겠다. 둘째, 중소형규모에 해당하는 51~70m²의 주택에 대한 수요가 꾸준한 것은 핵가족화 및 한 부모세대의 증가, 그리고 주택시장 장기침체에 따른 주택의 소형화 추세(다운사우징화) 등에서 그 원인을 찾을 수 있겠다. 셋째, 1996년 이후 소형주택 공급의 급감은 글로벌 금융위기에 따른 부동산 경기침체 재현에 대한 우려와 소형주택의 공급과잉 등에서 그 원인을 찾을 수 있겠다.

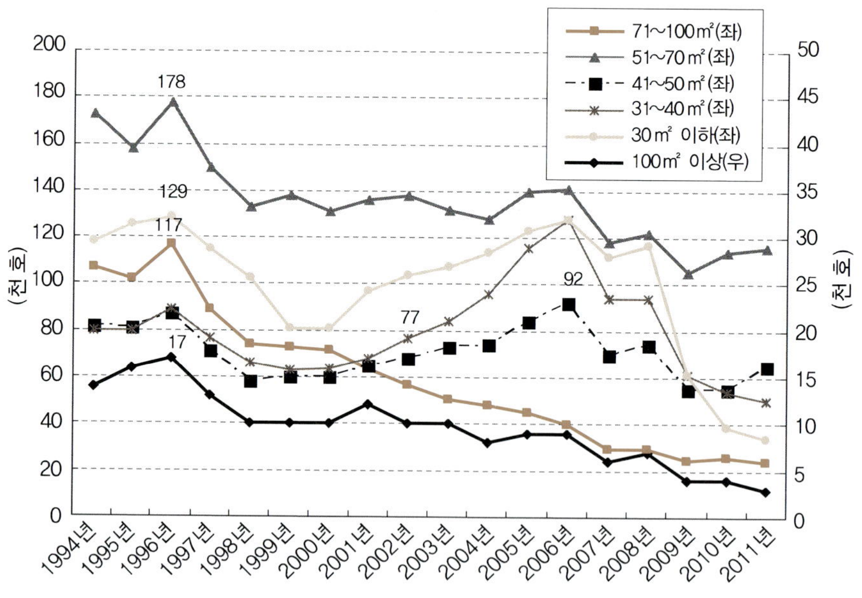

▌그림 2-7▌ 임대주택 규모별 착공 호수 추이

출처: 三井不動産株式会社(2012).「不動産関連統計集2013」. 三井不動産株式会社, p. 88.

한국의 경우에도 최근에 소형주택에 대한 수요가 급증하고 있는데, 이는 단독세대수의 증가에서 그 원인을 찾을 수가 있다. 하지만 소형주택에 대한 수요가 끝없이 증가할 수는 없기 때문에 과잉공급이 발생할 경우 공급의 급감과 공실의 증가, 수익성의 악화 문제 등이 발생할 가능성이 매우 높기 때문에 특히 임대주택관리업체에서는 이에 대한 충분한 고려가 있어야 할 것이다.

신규 만숀 분양가는 장기침체기에도 큰 변동이 없었다!

[그림 2-8]와 [그림 2-9]는 지역별 만숀 평균분양가와 평당 평균분양가의 추이를 나타낸 것이다. 추이의 특징을 살펴보면, 첫째, 도쿄구부(2005년) 상승을 시작으로 수도권(2006년)과 전국(2007년) 순으로 상승을 하였으며, 그 상승폭은 도쿄구부〉수도권〉전국 순으로 크게 나타났다. 또한, 2008년 이후 하락 시에는 그 반대인 도쿄구부가 먼저 하락하고 이어서 수도권과 전국 순으로 하락이 시작되었으며, 그 하락 폭도 도쿄구부〉수도권〉전국 순으로 크게 나타났다. 둘째, 만숀 평당 평균분양가는 1993년 이후에 일시적으로 하락하였으나, 이후 비교적 안정적인 수준에 머물다가 2007년 상승 후 다시 안정을 찾았다.

1993년부터 2003년까지 일본의 주택가격은 전체적으로 하락 국면에 있었지만 신규 만숀 분양가는 하락 시장의 상황과는 다르게 비교적 안정된 수준을 유지하였다는 점은 한국의 시장 상황과 비교했을 때 쉽게 이해가 되지 않을 지도 모른다. 이는 일본 주택시장의 상황을 이해한다면 충분히 이해가 가능하다. 일본은 주택구입 시 신규주택의 선호도가 매우 높고 기존 재고주택에 대한 선호도가 매우 낮은 편이며, 이는 신규주택과 재고주택의 가격적인 측면에도 정확히 반영이 되고 있다.

일본의 경우에는 주택을 구입하면 일반적으로 다음 날부터 사용한 만큼 가격이 떨어진다. 즉 감가상각비만큼 가격이 떨어진다는 것이다. 이는 기존 주택의 경우 건물을 사용한 기간에 비례해서 건물의 유지관리비와 수선비 등이 많이 발생이 되고, 또한 기존 재고주택을 구입하면 건물에 대한 문제가 발생할 가능성이 높기 때문에 구입을 꺼리는

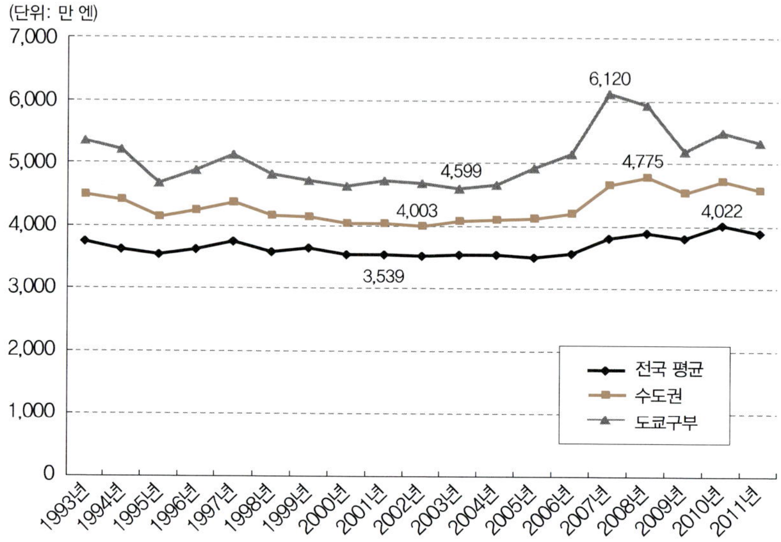

▌그림 2-8▐ 지역별 만숀 평균분양가 추이

출처: 三井不動産株式会社(2012).「不動産関連統計集2013」. 三井不動産株式会社, p. 102; (株)不動産経済研究所.「全国マンション市場動向」.

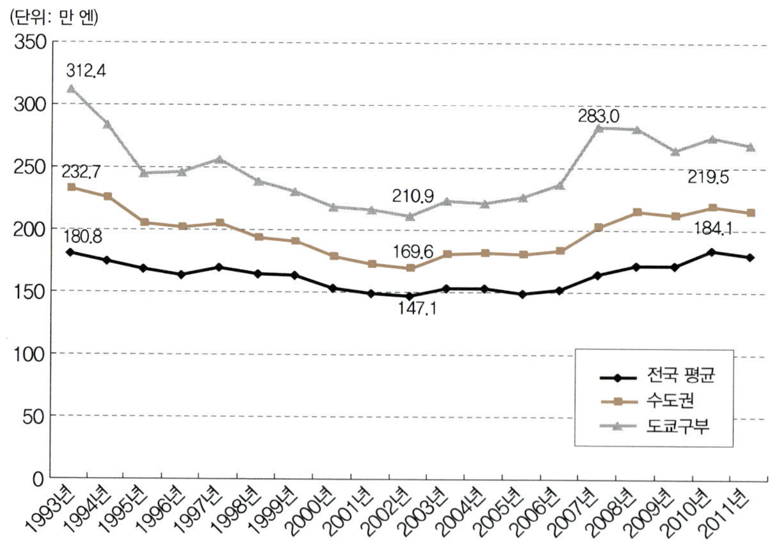

▌그림 2-9▐ 지역별 만숀 평당 평균분양가 추이

출처: 三井不動産株式会社(2012).「不動産関連統計集2013」, 三井不動産株式会社, p. 102; (株)不動産経済研究所.「全国マンション市場動向」.

것에 기인하는 데, 한국의 주택시장을 고려할 때는 쉽게 이해가 되지 않는 부분이기도 하다. 하지만 한국의 주택시장도 일본과 같이 안정된 시장으로 접어든 후에는 일본과 같은 현상이 발생할 가능성이 충분이 있다.

노후 만숀 급증, 해결방안은?

[그림 2-10]은 만숀의 건축 년별 호수 구성비를 나타낸 것이다. 건축된 지 20년 이상이 지난 노후화된 만숀의 비율이 2005년 기준으로 31%에 이르렀다. 이는 1990년 7.0%, 2000년 24.1%이었던 점을 고려한다면, 향후 노후화된 만숀의 비율이 더욱 증가할 것으로 예상된다. 특히 2008년 이후 만숀의 공급이 급감한 상황을 고려한 다면 현재는 노후화된 아파트의 비율을 약 50% 이상이 될 것으로 추정된다.

일본의 경우 최근 도시재생의 문제가 정책의 중요한 사안으로 대두되고 있는데, 이 중에서도 노후화된 주택의 기능향상과 재생의 문제가 크게 부각이 되고 있다. 한국의 경우에는 재건축이나 재개발을 통해서 이러한 문제를 해결해 왔고, 또한 앞으로도 이러한 방법들을 통해서 해결해 나가려고 할 것이다. 그럼 일본의 경우에는 왜 재건축이나 재개발을 통해서 해결하면 간단한 문제를 정부가 이렇게 머리 아파하고 있을까? 이는 일본의 경우 주택의 수요증가가 정체된 상황이기 때문에 재건축이나 재개발 사업이 특정한 지역을 제외하고는 수익성이 나오지 않기 때문이다. 결국 집을 새로 지으려면 집주인이 그 비용을 대부분 부담하여야 하기 때문에 재건축이나 재개발사업을 하기가 현실적으로 상당히 어렵다.

최근 한국도 재건축과 재개발사업이 수익성 악화로 특정 지역을 제외하고는 상당히 어려운 현실에 처해 있다. 그리고 이러한 상황은 앞으로 더욱 심화될 가능성이 상당히 높다. 특히 공동주택 비율이 절대적으로 높은 한국의 상황을 고려한다면 이러한 문제해결이 어쩌면 일본의 경우 보다 더욱 어려워 질 수도 있다는 점을 지금부터 유념해야 할 필요가 있다.

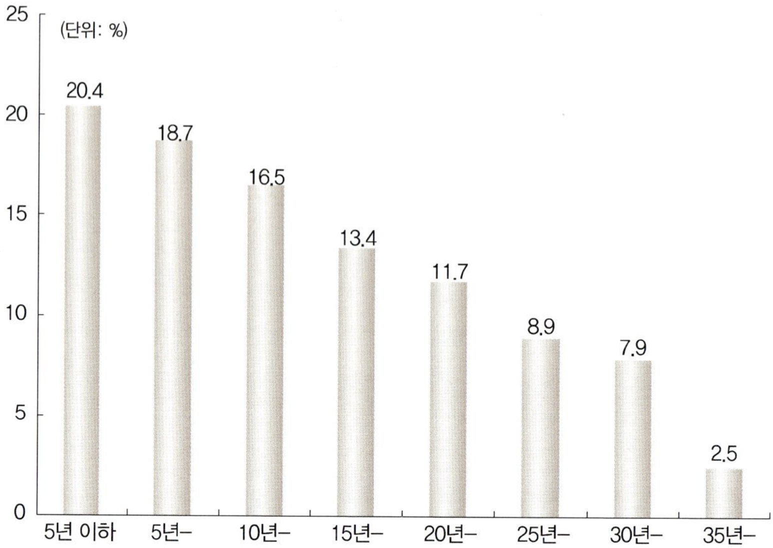

▌그림 2-10▐ 만숀 건축 연별 호수 구성비(2005년)

출처: 国土交通省 자료.

주택의 14%가 빈집

앞에서도 잠시 언급했지만 최근 일본의 부동산정책의 화두는 도시재생문제이다. 이 중에서도 가장 문제가 되는 것이 공가(空家, 빈집)의 문제이다. 과거에는 공가의 문제가 지방 중소도시에 극한 된 문제였지만, 최근에는 대도시 지역까지도 공가의 문제가 대두되기 시작되었다. 〈표 2-2〉와 같이 일본의 공가율[7]은 인구 및 세대수가 증가했던 2003년까지도 계속 증가하여, 1973년 5.5%였던 공가율이 2003년에는 12.2%로 약 2.2배 증가했으며, 인구감소가 시작된 2008년에는 13.1%로 증가하였다. 그리고 이러한 공가율은 계속 증가 추세에 있다는 점을 감안한다면 현재는 공가율이 14% 전후에 이를 것으로 추정된다. 그리고 세대수 감소가 본격적으로 시작되는 2015년 이후에는 공가율이 더욱 증가할 것으로 예상되는데, 이러한 추세를 고려한다면 공가율이 20%에 육박할

7) 빈 주택 수 ÷ 전체 주택 수

날도 머지 않았을 지도 모른다. 즉 5채중 1채가 빈집이 되는 시대가 곧 다가올 지도 모른다는 말이다.

그리고 이것은 어디까지나 전국 평균치에 불과하다. 따라서 지방 중소도시의 경우에는 공가율이 이보다 훨씬 높을 것으로 추정되며, 공가문제가 매우 심각한 수준이 이르고 있다.

현재로서는 별다른 해결방안이 없는 상황이기 때문에 일본의 공가문제는 향후 더욱 심각해질 것으로 생각된다. 또한 대도시의 경우에도 공가의 문제가 더욱 심화될 것으로 예상되며, 이러한 공가 문제는 주택시장에 있어서 커다란 변수로 작용될 것이다.

현재 일본의 빈집이 약 760만호에 이른다는 것은 우리로서는 선뜻 이해가 되지 않으며, 마치 남의 일처럼 생각될 것이다. 하지만 한국도 집계된 통계자료는 없지만, 전국에는 이미 많은 빈집들이 있을 것으로 추정되며, 앞으로 더욱 늘어날 것이라는 것은 이미 다수의 전문가들에 의해 지적되어 왔다. 이제 일본의 빈집문제는 우리의 일이 될 수도 있다.

한국의 자가주택보유율은 낮은 수준일까?

〈표 2-2〉에는 또 한 가지 흥미로운 데이터가 있다. 바로 일본의 자가주택보유율이다. 일부 한국의 전문가들은 한국의 자가주택보유율과 주택보급률이 아직 낮은 수준이라서 주택가격이 더 상승할 여지가 있다고 말하곤 한다. 하지만 일본과만 비교한다면 그 대답은 "No"다. 일본의 자가주택보유율은 1983년 62.4%(전국평균)를 고점으로 감소 후 더 이상 증가하지 않는 것으로 나타났다. 그리고 〈표 2-2〉에는 없지만 도쿄와 오사카의 자가주택보유율은 각각 약 45%와 약 52% 수준인 것으로 나타났다.

한국의 자가주택보유율에 대한 통계는 집계되지 않고 있으나 이와 유사한 자가주택거주비율이 있는데, 2012년 한국의 자가거주비율[8]은 전국 53.8%, 서울 40.4%로 나타

---

8) 통계청 자료.

났다.

여기서 자가주택보유와 자가주택거주와는 의미상 차이가 있다. 자가주택보유는 실제 주택을 보유하고 있는 것이고, 자가주택거주는 실제 주택을 보유하고 있는 사람 중에 자기 집에 직접 거주하는 것으로, 자기 집이 있으나 임대를 살고 있는 사람은 집계되지 않는 다는 것이다. 따라서 정확한 집계는 아니지만, 자기집을 임대주고 남의 집에 임대를 사는 사람의 비율이 약 5%로 내외 정도만 되더라도 한국은 이미 일본의 자가주택보유율과 비슷한 수준에 있다고 말 할 수 있다.

결과적으로 모든 사람이 집을 구입하는 것이 아니라 일부는 평생 집을 구입하지 않고 남의 집에 임대로 살며, 평생 동안 자기집을 구입하는 사람의 비율은 일본의 경우 전체의 약 60%(도쿄의 경우는 45%) 밖에 되지 않으며, 이미 한국은 일본과 비슷한 수준에 이르고 있어서, 일부 전문가가 예측하는 주택을 구입하는 사람이 늘어나서 주택의 가격이 오를 것이란 것은 논리에 맞지 않을 수도 있다.

다음으로 주택보급률에 대해서 생각해 보기로 하자. 〈표 1-2〉는 없지만 일본의 주택보급률은 1973년 105%에서 2008년에는 115%로 증가한 것으로 나타났다.

한국의 경우에는 2012년 현재 전국의 주택보급률이 115.4%(서울 100.1%)에 이르고 있다. 이는 이미 일본의 2008년 주택보급률 수준을 넘어선 수치이다. 일본이 주택보급률이 115%인 2008년 이후 주택보급률이 주택가격에 영향을 미쳤을까? 대답은 "No"이다. 일본 어느 부동산관련 분석자료에도 주택보급률이 주택가격을 상승시킬 것이라는 내용은 찾아보기 힘들다. 아니 본적이 없다. 따라서 단순한 비교이지만 일본의 경우를 생각한다면, 더 이상 한국도 주택보급률이 낮아서 주택가격이 상승할 것이라는 논리는 앞으로 피하는 것이 좋을 듯 하다.

표 2-2 주택 소유 및 공가 현황

(단위: 천)

구 분	1973년	1978년	1983년	1988년	1993년	1998년	2003년	2008년
주택총수	31,059	35,451	38,607	42,007	45,879	50,246	53,891	57,586
세대총수	29,651	32,835	35,197	37,812	41,159	4,360	47,255	49,598
공가수	1,720	2,679	3,302	3,940	4,476	5,764	6,593	7,568
공가율	5.5%	7.6%	8.6%	9.4%	9.8%	11.5%	12.2%	13.1%
자가주택 보유율	59.2%	60.4%	62.4%	61.3%	59.8%	60.3%	61.2%	61.1%

출처: 総務省. 「住宅 · 土地統計調査」.

임대주택, 5채 중 1채가 빈집!

일본의 임대주택의 공실률은 더욱 심각한 수준에 와 있다. [그림 2-11]과 같이 2008년 일본의 임대주택 공실율은 18.7%에 이른다. 조금 더 보태면 5채 중에 1채가 빈집이라는 얘기다. 2005년부터 인구감소기에 진입했고, 2015년부터는 세대수 감소가 시작되는 점을 고려한다면 향후에는 임대주택의 공실문제가 심각한 사회적 문제로 확대되고, 임대주택시장 구조 변화에 크나큰 변수로 작용할 것임은 어렵지 않게 예측할 수 있을 것이다. 이제 임대주택사업도 아무나 하는, 아니 아무나 할 수 없는 일이 될 지도 모른다. 아니 아무나 한다면 큰 낭패를 볼 수도 있을 것이다.

결국 이러한 일본의 임대주택의 높은 공실률은 전문 주택임대관리업의 발전의 큰 원인이 되었고, 이러한 추세로 인해 당분간 기업형 임대주택관리업체의 시장점유율은 더욱 높아질 것이라는 예측은 충분히 할 수 있을 것이다.

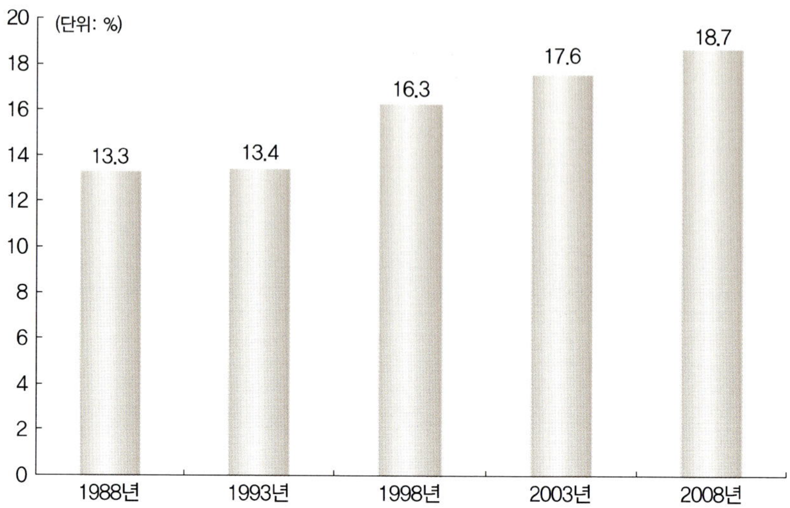

▌그림 2-11▐ 임대주택 공실률 추이

출처: 総務省「住宅·土地統計調査」.

고령자의 주택보유율이 증가하고 있다

고령화 사회는 지금까지 우리가 알고 있던 것보다 더욱 많은 문제점을 야기시킬 수도 있다. 〈표 2-3〉은 세대주 연령별 주택보유율 추이를 나타내고 있는데, 그 특징을 살펴보면, 첫째, 주택의 신규와 교체 수요층인 50세 이하의 주택보유율이 감소하고 있다는 점이다. 특히 신규 구입 수요층인 35세 미만의 주택보유율이 크게 낮아졌다는 점이다. 둘째, 고령인구의 주택보유율이 증가했다는 점이다. 60세 미만의 주택보유율은 낮아진 반면에 60세 이상의 주택보유율은 연령대가 높을수록 더욱 높아지고 있다.

이러한 연령별 주택보유율의 추이는 주택시장에 있어서 큰 변화를 가져다 줄 수가 있으며, 여러 가지 문제점도 야기시킬 수 있는데, 그중에서도 신규주택 구입시장의 급속한 규모축소로 인한 신규주택의 공급감소와 주택거래의 부진으로 인한 주택시장의 침체를 야기할 수 있다.

하지만 임대주택 관리시장에 있어서는 호재가 될 수도 있다. 먼저 고령층의 다주택

소유자는 주택의 유지관리의 어려움으로 인해 전문 관리회사에 대한 수요가 증가할 가능성이 높다. 또한 젊은 층들이 주택취득을 구입이 아닌 상속에 의존하게 됨으로써 상속 받기 전까지는 임대주택에 거주하는 수요가 증가할 것으로 예상되며, 이에 따른 임대주택시장의 확대가 기대된다.

▌표 2-3▐ 세대주 연령별 주택보유율 추이 (단위: %, 전국)

구분	평균	25세 미만	25~29세	30~34세	35~39세	40~44세
1983	62.0	7.6	24.8	45.5	59.8	68.2
1988	61.1	4.5	17.9	38.3	56.6	66.0
1993	59.6	3.1	13.0	31.6	51.9	64.2
1998	60.0	2.7	12.6	29.0	48.6	62.4
2003	60.9	2.7	12.6	28.9	46.8	60.8
2008	59.5	2.5	11.5	29.8	46.0	57.7
구분	45~49세	50~54세	55~59세	60~64세	65~74세	75세 이상
1983	73.1	77.0	80.1	78.3	76.1	76.1
1988	71.7	75.1	79.3	80.3	77.4	75.5
1993	70.1	73.8	77.1	79.9	79.8	77.5
1998	69.7	73.2	76.7	79.2	81.2	79.4
2003	69.1	73.2	76.7	78.9	80.0	80.3
2008	66.7	72.4	75.9	78.8	80.0	80.9

출처: 総務省.「住宅 · 土地統計調査」; 三井不動産株式会社(2012).「不動産関連統計集2013」. 三井不動産株式会社, p. 63.

한국의 LTV 수준 적정한가!

[그림 2-12]는 주택 유형별 대출비율을 나타낸 것이다. 주택 유형별 대출 현황을 살펴보면, 담보대출 비율이 주문주택 62.7%, 분양주택 71.3%, 중고주택 58.9%에 이르고 있다. 현재 한국의 담보대출비율(LTV)은 은행권의 경우 법정한도 최대 60%로 제한되어

있다. 예외적으로 보금자리론과 생애최초주택은 70%를 인정하고 있으며, 제2금융권의 경우도 지방의 경우 70%를 인정하고 있다.

일본의 경우 신규주택의 대출비율이 한국의 LTV 보다 다소 높은 62.7~71.3%의 수준을유지하고 있으며, 기존 재고주택은 한국의 LTV와 비슷한 58.9%를 나타내고 있다. 한국의 경우에는 신규주택과 기존 재고주택에 모두 동일하게 LTV를 적용하고 있다는 점을 고려할 때, 현재의 LTV 수준은 일본과 비교했을 때, 적정한 수준이라고 판단된다. 최근 부동산시장 활성화를 위해 LTV의 완화 및 자율적용 등이 필요하다는 지적이 제기되고 있다. 주택담보대출 비율을 늘려 거래를 활성화시키자는 취지에서 이다. 하지만 LTV를 완화하여 일시적으로 거래를 활성화시킬 수는 있다고 하더라도, 만약 주택가격이 추가적으로 하락한다면 부동산 시장뿐만 아니라, 금융기관을 포함한 경제 전체에 심각한 문제를 야기할 수도 있다. 이는 일본의 버블 붕괴 후의 모습을 보면 짐작이 가능하리라 생각된다. 현재 일본의 주택시장이 비교적 안정된 상황에 있다는 점을 고려한다면

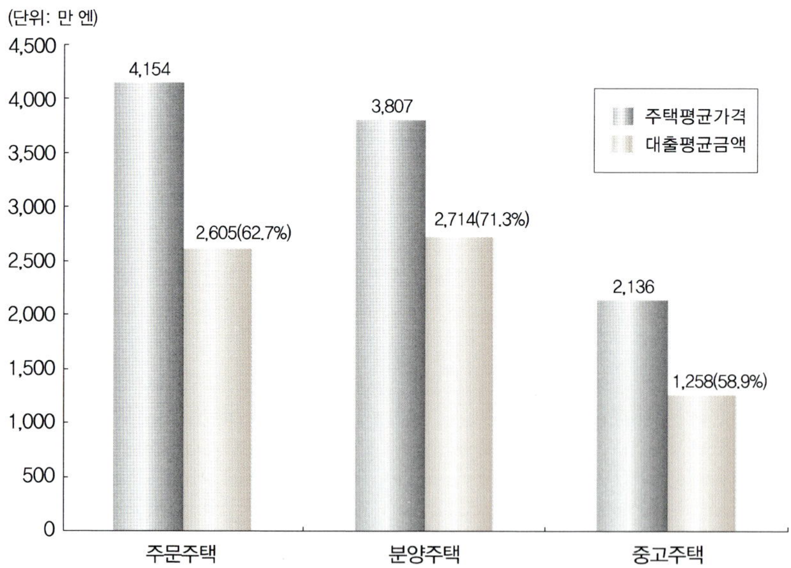

그림 2-12 주택 유형별 대출 현황(전국, 2011년)

출처: 国土交通省. 「住宅市場動向調査結果」. 三井不動産株式会社(2012). 「不動産関連統計集2013」. 三井不動産株式会社, p. 73.

현재 한국의 LTV 수준은 아마 최대치에 근접해 있을 지도 모른다. 특히 기존 재고주택의 경우에는 일본 보다 오히려 높은 수준이다. 따라서 기존 재고주택에 대한 LTV 완화는 자칫 시장을 더욱 어려운 상황에 놓이게 할 수도 있다. 만약 LTV에 대한 완화를 하려고 한다면 신규주택에 대해서만 제한적으로 시행하는 방법이 현재의 상황에서는 적정하다고 생각한다. 그리고 기존 재고 주택에 대해서는 지금부터 더욱 철저한 관리를 해 나가야 할 필요가 있다.

또한 최근 전국의 아파트 매매가격 대비 전세가 비율이 65%에 이르고 있는데, 이는 대출이 제로인 아파트라 하더라도 향후 주택가격이 추가적으로 하락한다면, 세입자의 전세보증금을 일부 돌려받지 못하는 불행한 사태가 발생할 가능성이 상당히 높다. 따라서 이에 대한 대책마련도 매우 시급하다고 생각된다.

한국의 아파트 가격은 적정 수준일까?

[그림 2-13]은 수도권 아파트가격에 대한 근로자세대 연 소득의 배율에 대한 추이를 나타내고 있다. 수도권은 버블이 시작된 1986년 4.5였던 것이 버블기인 1990년 8.5로 고점을 이룬 뒤 2002년에는 1986년 수준인 4.4까지 하락한 후 현재 6.3까지 상승하였다. 전용면적 70㎡의 경우에도 수도권 평균과 거의 비슷한 변화를 나타내고 있다.

2013년 한국의 도시근로자 월평균소득이 478만 원 정도로 이르고 있다. 연 소득으로 환산한다면 약 5천7백 만 원에 이른다. 일본의 버블기인 집값의 연 소득배율 8.5를 적용할 때, 최고점의 집값 수준은 약 4억 9천 만 원이라는 계산이 나온다. 또한 2013년 8월 서울의 전용 85㎡의 아파트 평균가격이 5억 2096만 원으로 연 소득배율이 9.1이 된다.[9]

물론 다양한 요인을 모두 고려하지 않은 단순한 비교이지만, 서울의 집값 수준은 소득대비 일본의 버블기와 거의 비슷한 수준이라고 볼 수 있다. 따라서 향후 집값이 추가 하락할 가능성이 있으며, 이에 대한 신규 구택 구입자와 임대주택관리업체의 주의가 요구된다.

9) 통계청 발표자료, 2013년 8월.

그럼 이러한 높은 주택가격의 수준에서 임대주택은 적정한 수익성을 담보할 수 있을까? 이를 위해 아파트 평균가격 5억 2096만 원에 수익률 6%를 가정하고 월 임대료 계산해 보니, 월 임대료 수준은 약 260만 원이 나온다. 현실적으로 월 260만 원이라는 높은 임대료를 지불할 수 있는 가구가 과연 얼마나 될까? 상식적으로 판단하더라도 이러한 임대료 수준은 도저히 시장에서 받아들일 수 없는 수준이다. 결국 현재의 높은 집값 수준에서는 임대주택의 적정 수익을 확보한다는 것은 거의 불가능 할 지도 모른다. 이점도 그냥 지나치지 않기를 바란다.

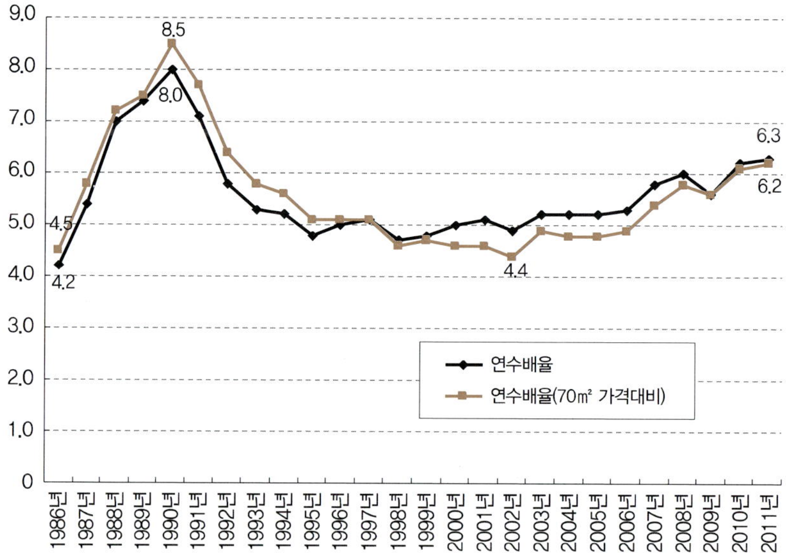

▌그림 2-13▐ 수도권 아파트 가격에 대한 근로자세대 연수배율(年収倍率[10]) 추이

출처: 不動産経済研究所. 「全国マンション市場動向」; 総務省. 「貯蓄動向調査」, 「家計調査」; 三井不動産株式会社(2012). 「不動産関連統計集2013」, 三井不動産株式会社. p. 72.

10) 年收倍率은 「全国マンション市場動向」자료 중 首都圈(東京都. 埼玉県. 千葉県. 神奈川県)의 신규 판매 민간분양 아파트의 평균가격을 근로자세대 평균 연 수입으로 나눈 값이고, 연수배율(70㎡ 가격대비)은 신규 판매 민간분양 아파트 중 전용면적 70㎡ 아파트 평균가격을 근로자세대 평균 연 수입으로 나눈 값임.

임대수익은 안정적일까?

[그림 2-14]에 일본의 평균 임대료 지수추이를 나타낸 것인데, 일본의 평균 임대료는 주택가격 변동과는 상이한 패턴을 보이고 있다. 일본 임대료 변화의 특징을 정리하면, 첫째, 일본의 주택지 가격 하락이 가장 심했던 1993년과 1994년에 임대료는 오히려 다른 기간에 비해 상승했다는 점을 들 수 있다. 둘째, 도쿄구부 임대료의 경우 1999년까지 상승 후 2002년까지 하락한 후 이후 안정된 수준을 유지하고 있다. 셋째, 전국의 임대료는 2002년까지 상승 후 안정된 수준을 유지하고 있다. 넷째, 임대료 최고 수준과 최소 수준의 차이가 도쿄구부는 7.4, 전국은 10.2로 큰 편차를 보이지 않고 10% 전후의 비교적 안정된 수준을 유지하고 있다.

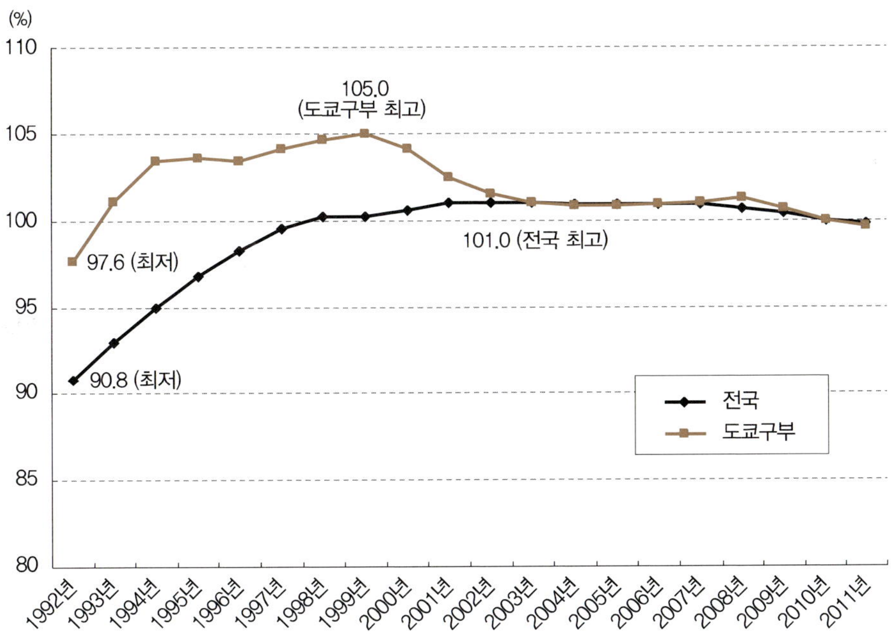

▮그림 2-14▮ 평균 임대료 지수 추이(2010년=100)

출처: 総務省. 「消費者物価指数」; 三井不動産株式会社(2012). 「不動産関連統計集2013」, 三井不動産株式会社, p. 122.

하지만 같은 기간 전국 주택지 가격은 −71%, 3대 도시권은 −90.2%나 크게 하락하였다는 점을 고려하면 도저히 믿기 힘든 수치라는 생각이 든다. 일본의 주택 임대료는 가격의 등락과는 별개로 임대수요와 수요자의 임대료 지불능력에 따라 변동하였으며, 그 변동 폭도 가격과는 다르게 비교적 안정된 수준을 유지하고 있었음을 알 수 있다.

결국 임대주택의 장기 보유자들은 공실률을 고려하지 않는다면, 주택가격이 하락한 시기에도 안정적으로 임대수익의 확보가 가능했다는 결론이 나온다.

따라서 임대주택의 수익률은 장기적으로 안정적으로 유지할 수 있으며 결국 중요한 변수는 주택의 공실률이 될 것으로 판단된다.

4 일본의 임대주택 관련 시장환경 변화 핵심 포인트

인구 · 세대수 변화

Point 1. 인구 · 세대수 감소

▶ 일본은? 인구 2005년 이후 감소, 세대수 2015년 이후 감소

▶ 한국은? 인구 2018년 or 2030년 이후 감소, 세대수 증가 당분간 지속

▶ 한국의 임대주택시장은? 당분간 성장 가능하나 단기 공급과잉의 우려 존재

Point 2. 고령화 인구 급증

▶ 일본은? 급속한 증가, 2012년 24.3% ⇒ 2055년 인구의 40%

▶ 한국은? 고령화의 급속한 진행, 2013년 14.7% ⇒ 2039년 40.8%

▶ 한국의 임대주택시장은? 노인대상 임대주택 시장 성장가능성 높음

Point 3. 단독세대 증가

▶ 일본은? 2005년 29.5% ⇒ 2015년 34.4% ⇒ 2030년 37.4%

▶ 한국은? 2013년 25.9% ⇒ 2020년 29.6% ⇒ 2030년 32.7%

▶ 한국의 임대주택시장은? 1인 가구수 대상 임대주택 시장 성장가능성 높음

Point 4. 가족형 세대 감소

▶ 일본은? 2005년 29.9% ⇒ 2015년 24.6% ⇒ 2030년 21.6%

▶ 한국은? 2010년 37.0% ⇒ 2015년 32.4% ⇒ 2030년 22.5%

▶ 한국의 임대주택시장은? 가족형 주택시장 축소, 대형 주택시장 축소 가능성 높음

Point 5. 인구의 양극화

▶ 일본은? 3대 도시권 인구구성비: 1980년 47.8% ⇒ 2010년 51.1%
(2005년 이후 총인구는 감소)

▶ 한국은? 수도권(서울+경기+인천): 1980년 35.5% ⇒ 2005년 42.7% ⇒ 2010년 49.1%
광역시(인천 제외): 2005년 21.0% ⇒ 2010년 20.4%
(기간 내 총인구 증가)

▶ 한국의 임대주택시장은? 수도권 인구 집중 지속가능성 높음, 수도권이 핵심 시장.

부동산 시장환경 변화

Point 6. 상승과 하락은 대도시가 주도, 양극화 심화

▶ 일본은? 대도시 선행 상승·선행 하락, 상승·하락폭 대도시가 컸음
2004년 이후 대도시권 가격 및 거래 회복, 지방 하락 지속 중

▶ 한국은? 서울·수도권 하락, 지방 상승·보합·하락 중

지방 하락 가능성 있음

▶ 한국의 임대주택시장은? 추가 하락의 가능성 높음,
매입 · 직접 개발 방식 사업의 리스크 높음
당분간 위탁방식의 사업 중심으로 진행

Point 7. 단독주택 안정적 공급 · 55.3% 점유

▶ 일본은? 단독주택 수요 안정적 유지, 전체 주택의 55.3% 점유

▶ 한국은? 최근 단독주택 관련 수요 증가

▶ 한국의 임대주택시장은? 단독 및 저층 임대주택사업 중 · 장기적 고려 필요

Point 8. 주택공급: 소형 급증 · 중형 안정적 · 대형 급감

▶ 일본은? 소형 2000년 이후 공급 급증, 중형 안정적 공급, 대형 1996년 이후 하락 지속

▶ 한국은? 소형 수요 · 공급 급증, 최근 도시형 생활주택 · 오피스텔 등 소형 공급과잉

▶ 한국의 임대주택시장은? 1인 가구 대상 소형 임대주택사업 중점 전개
핵가족 · 한부모세대를 대상으로 한 중형 주택사업도 적극 검토

Point 9. 임대주택공급 > 분양주택 공급

▶ 일본은? 임대주택 버블기와 버블붕괴 후인 1996년까지 공급 급증 후 감소
1980년 전부터 이미 임대주택공급이 분양주택 공급을 추월
총주택수 약 4960만 호 임대주택수 약 1337만 호(약 27%)

▶ 한국은? 분양주택 공급 중심(민간)
임대도 분양주택 임대(비제도권 임대) 비중 높음(653만 가구)
제도권 임대주택 수 공공임대주택

총주택수 1734만 호 임차가구수 793만 가구(45.7%)

비제도권 임차 653만 가구(37.6) · 제도권 임차 140만 가구(8.1)

제도권 임차 140만여 가구 중 민간임대 약 44만 호(약 30%)

▶ 한국의 임대주택시장은? 기업형 임대주택사업을 위한 임대주택 물량의 절대 부족

개인 임대주택사업자 및 비제도권 임차 위주의 시장이

당분간지속될 가능성 높음

민간 임대주택수 일본의 약 3.3% 수준

Point 10. 공실률: 주택 13.7% · 임대주택 18.7%, 임대주택 100%로 월세

▶ 일본은? 주택 공실률 13.1%, 임대주택 공실률 18.7%(2008년 기준)

현재는 주택 공실률 15% 내외, 임대주택 공실률 20% 내외 추정

▶ 한국은? 관련 통계자료 전무

최근 전 · 월세 시장 가격 폭등, 소형 오피스텔 등 과잉공급으로 공실 우려

월세시장은 보증부월세 비율 높음

높은 주택가격으로 인해 수익률 확보 어려움 예상

2013년 도시근로자 월평균소득 478만 원, 서울 아파트평균가 5억 2096만 원

수익률 6%를 가정 시, 월 임대료 수준 약 260만 원, 매우 높은 수준

▶ 한국의 임대주택시장은? 향후 공실 리스크 고려 필요

임대수익률 확보가 관건

Point 11. 주택보유율: 고령자 증가 VS 45세 미만 감소

▶ 일본은? 고령자 주택보유율은 증가하고 50세 미만의 주택보유율은 급격히 감소

고령 주택소유자들의 주택관리의 어려움 증가(공실, 세금문제 등)

신규 구입이 아닌 상속에 의한 주택 취득이 급격히 증가

▶ 한국은? 관련 통계는 없으나 최근 4, 50대의 주택구입 감소 추세

향후 주택가격 급등이 없을 경우 젊은 층은 구입 보다 임대를 선호
상속에 의한 주택 취득이 증가할 것으로 예상

▶ 한국의 임대주택시장은? 젊은 계층의 임대주택 선호 지속적 증가 예상
임대주택시장의 확대 예상
고령 다주택 소유자의 주택관리 위탁업무 증가 예상

Point 12. 자가주택보유율 62.4%(도쿄 45%) 주택보급률 115%

▶ 일본은? 자가주택보유율(2008년): 전국 61.1%, 도쿄 45%, 오사카 52%
자가주택보유율은 1978년 이후 증가 없이 60% 전후 수준 유지
전국 주택보급율: 1973년 105% ⇒ 2008년 115%

▶ 한국은? 자가거주비율 전국 53.8% 서울 40.4%(2012년)
자가주택 보유율은 일본과 비슷한 수준으로 추정
주택보급률이 전국 115.4%, 서울 100.1%(2012년)

▶ 한국의 임대주택시장은? 자가주택보유율과 주택 보급률은 이미 고점수준
분양주택시장 축소와 임대주택시장의 확대가 예상
연간 멸실 주택수 72,127호(최근 3년 평균)

Point 13. 부동산 단순 보유는 유리할까?

▶ 일본은? 단순히 보유만 하면 손해, 각종 세금 등 발생
버블붕괴 후 보유에서 활용으로 전환

▶ 한국은? 최근 주택은 보유 시 손해, 가격하락·임대수익률 4% 미만

▶ 한국의 임대주택시장은? 단순 보유에서 활용으로 전환 예상
기존 토지를 활용한 임대주택사업 시장 확대 예상

Point 14. 주택의 노후화

▶ 일본은? 20년 이상 노후주택비율 급증

1990년 7.0% ⇒ 2000년 24.1% ⇒ 2005년 30.9% ⇒ 현재 ?

▶ 한국은? 재개발 · 재건축 사업의 부진과 주택시장 침체로 인한 공급감소로 노후주택비율 증가 예상

▶ 한국의 임대주택시장은? 리모델링 · 리노베이션 수법을 활용한 임대주택시장 확대 예상

Point 15. 임대수익의 안정성

▶ 일본은? 버블붕괴 후 주택용지 가격: 전국 −70%, 3대 도시권 −90.2%로 폭락

같은 기간 평균임대료 고점과 저점의 편차는 7~10% 이내

오히려 상승했던 기간도 존재

▶ 한국은? 주택가격 하락, 전 · 월세 가격 상승

임대수익률 지속적 상승 예상

▶ 한국의 임대주택시장은? 매매차익의 시장에서 임대수익의 시장으로 급속한 전환 예상

주택임대사업 안정적 수익 확보 가능

주택시장 침체 시에도 임대주택사업 시장 확대 예상

Part 2

일본의 임대주택시장과 임대주택관리업 현황

Chapter 03

임대주택시장 현황

Chapter 3 ··· 임대주택시장 현황

일본의 임대주택시장 규모 한국의 약 30배

일본의 민간임대주택시장 규모는 13366천 호(2008년 기준)로 총 주택시장(총 주택수 49598천 호, 2008년 기준)의 약 27% 정도를 차지하고 있다. 하지만 일본의 경우 분양주택도 임대하는 경우가 있으나, 일본의 통계 집계에 있어서 분양주택과 임대주택을 별도로 집계한다는 점을 감안한다면 민간임대주택시장의 규모는 이보다 큰 규모에 이를 것으로 추정된다.

한국의 제도권 민간임대주택 규모는 정확한 통계는 없지만 국토부 자료[1]에 의하면 약 44만 호로 추정된다. 〈표 3-1〉은 한국과 일본의 주택관련 지표를 비교한 것인데 일본 대비 한국의 인구수(39.4%)와 가구수(34.6%)에 비해 임대주택수(3.1%)는 매우 적은 것을 알 수 있다. 인구수와 가구수를 고려해 일본 대비 약 35% 수준을 가정한다면 한국은 약 468만 호의 임대주택이 필요하다는 단순 계산이 나온다. 물론 두 나라의 임대주택 관련 시장의 성격 차이가 있다는 점을 생각하면 이렇게 단순 계산을 한다는 것은 조금 무리라고 생각하지만, 결과적으로 한국의 민간임대주택수가 매우 적은 것만은 사실이다.

하지만 여기에 한국의 비제도권 임차 약 653만 가구를 포함하면 이야기가 달라진다(물론 일본의 민간임대주택수에도 분양주택 중 임대하고 있는 주택수는 포함되지 않고 있다).

따라서 한국의 임대주택수가 현재 부족한지 충분한지는 객관적인 통계집계가 이루어진 후에 정확히 판단할 수 있을 것 같다.

---

1) 2010년 인구센서스, 국토부 자료.

표 3-1 임한국과 일본의 임대주택 관련 지표

구분	인구수	가구수	민간임대주택수
한국	50,219만 호	17,950만 호	44만 호
일본	127,411만 호	51,842만 호	1,337만 호
한국/일본 비율	39.4%	34.6%	3.1%

출처: 한국 통계청 자료, 日本統計局資料.

임대주택 공급은 주택가격 변동과 상관관계가 낮다

[그림 3-1]의 민간임대주택시장 현황을 살펴보면, 1983년 이후 총 주택수 증감은 6~9% 내에서 비교적 안정적인데 반해, 민간임대주택수 증감은 시기에 따라 매우 불안정한 것을 알 수 있다. 또한 1988년 전후부터 1998년까지 크게 증가한 뒤 이후 크게 감소한 것을 알 수 있다. 이 시기는 일본의 부동산 버블기와 버블 붕괴 후의 기간임을 알 수 있는데, 이는 주택가격이 급락했던 버블 붕괴 이후에도 상당기간 민간임대주택의 증가가 있어왔으며, 오히려 주택가격이 비교적 안정되었던 2003년 이후에는 오히려 그 전 기간보다 민간임대주택의 공급이 급감한 것을 알 수 있다.

결과적으로 일본에 있어서 민간임대주택의 공급은 주택가격의 변동과 상관관계를 크게 가지지 않고 있다는 것을 알 수 있다. 이는 [그림 2-14]에서 설명한 것과 같이 임대료 수익이 주택가격의 변동에 크게 영향을 받지 않았다는 점에서 그 원인을 찾을 수가 있는데, 따라서 임대주택에 대한 수요가 발생하면 주택가격의 변동에 크게 상관없이 수요에 대응해서 공급이 이루어졌다는 것을 알 수 있다. 즉 일본의 민간임대주택의 공급은 수요와 공급에 의해서 이루어져 왔다는 점, 그리고 민간임대주택수는 꾸준히 증가하고 있다는 것을 알 수 있다.

이는 최근 한국의 원룸, 도시형생활주택, 오피스텔 등 소형주택의 과잉공급문제와 연관 지어 생각해 볼 수 있는데, 한국의 이러한 소형주택 미분양 문제는 주택시장의 침체, 즉 가격 하락과는 크게 상관관계가 없을 수도 있으며, 결국 임대수요에 비해 훨씬 많은 물량이 단기에 과잉 공급되었기 때문에 발생되었다는 데 그 원인을 찾을 수 있겠다. 그리고 이러한 문제는 결국 임대수요가 증가해야만 해결될 수 있기 때문에, 현재 한국의 소형 임대시장의 구조를 고려해 볼 때 문제해결을 위해서는 상당 기간이 필요할 것이다.

또한 전술한 [그림 2-5]의 신규 주택 착공 호수 추이의 특징에서 임대주택의 경우 1986년부터 1996년까지의 기간의 착공 호수가 다른 기간에 비해 상대적으로 많았다는 점도 이를 뒷받침하고 있다.

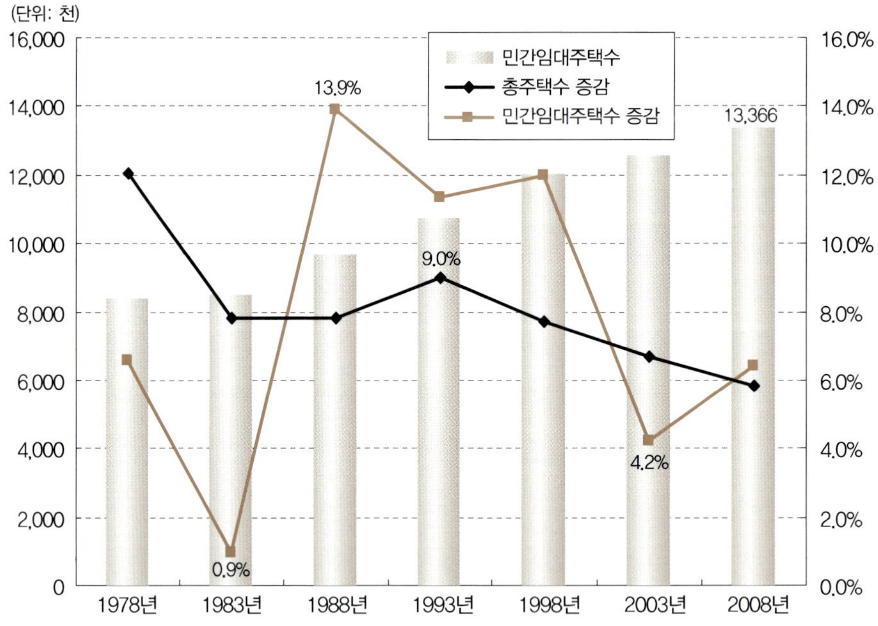

▌그림 3-1▐ 민간임대주택 현황

출처: 総務省.「住宅 · 土地統計調査」.

임대주택 매우 안정적인 투자상품이다!

[그림 3-2]는 2003년부터 2012년까지 10년간 도쿄권 임대만숀의 면적별 평균 임대료 추이를 나타낸 것이다. 먼저 원룸의 경우 10년간 평균 임대료가 70,925엔이며, 최고 수준과 최저 수준의 임대료의 차는 3.5%에 불과하다. 또한 1LDK[2]-2DK과 2LDK-3DK도 10년간 평균 임대료가 각각 107,898엔과 134,256엔인데, 최고 수준과 최저 수준의 임대료 차는 각각 4.0%와 3.5%로 큰 변동 없이 안정적인 임대료 수준을 유지하고 있는 것으로 나타났다. 즉 면적의 크기에 관계없이 임대료 수준이 장기적으로 안정되게 유지되어 왔다.

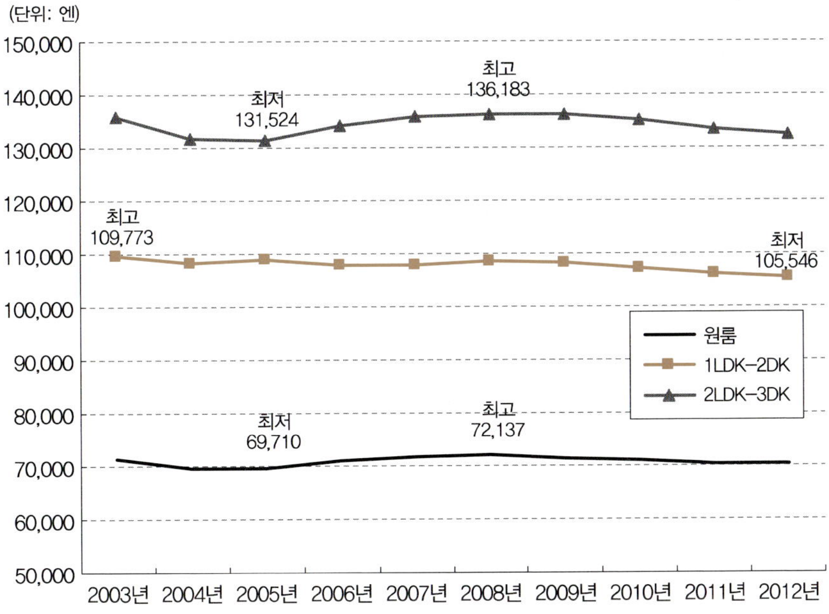

그림 3-2 도쿄권 임대만숀 평균 임대료 추이

출처: 住宅新報社. 「住宅新報」.

2) 1LDK에서 앞의 숫자 1은 방의 개수, L은 Living, D는 Dining, K는 Kitchen을 의미하는데, 즉 1LDK는 방이 1개, Living, Dining, Kitchen이 있는 집을 의미한다.

또한 일본 도쿄의 경우 2004년에서 2008년 글로벌금융위기 전까지 주택가격이 크세 상승했는데 이 시기에도 임대주택의 임대료 수준은 큰 상승 없이 안정된 수준에서 유지되고 있는 것을 알 수 있다.

따라서 일본의 경우를 살펴볼 때 임대주택의 임대료는 주택가격의 상승과 하락에 크게 영향을 받지 않으며 장기적으로 안정된 수준을 유지하는 것은 결국 임대주택이 주택시장의 변동 리스크에 영향을 받지 않고 예측 가능한 수익률을 제공할 수 있는 매우 안정적인 투자상품이라는 것을 뒷받침하고 있다.

클릭 Q&A ---● 일본의 주택면적 표기

일본은 주택의 면적을 표기할 때, ㎡와 평으로 표기하기도 하지만, 1LDK・2DK과 같은 방식으로 표기하는 경우가 많다. 여기서 맨 앞의 숫자는 방의 개수를, L은 Living, D는 Dining, K는 Kitchen을 각각 의미하는데, 예를 들어 1LDK의 경우에는 방이 1개, Living, Dining, Kitchen이 있는 집을 의미한다.

다음은 면적이 문제가 되는데, 평균적으로 원룸은 전용면적이 약 17㎡ 내외, 1DK는 약 25~29㎡ 내외, 1LDK・2DK는 약 36~40㎡ 내외, 2LDK・3DK는 약 50㎡ 내외, 3LDK는 약 70~75㎡ 내외의 면적이라고 생각하면 좋다.

노후 만숀의 급증, 해결방법은 없다

[그림 3-3] 분양만숀의 건축년도별 재고 추이를 살펴보면, 10년 이하의 주택구성비율이 감소하고 있는데(특히 5년 이하의 신축주택의 구성비율은 크게 감소하고 있다) 반해 20년 초과된 노후주택의 구성비율이 크게 증가하고 있음을 알 수 있다.

2011년에는 20년 초과 노후화 주택 재고 수 구성비가 40.0%로, 5년 이하 신축주택 재고 수비율 13.5%의 약 3배에 달하는 것을 알 수 있는데, 그 원인은 주택수요의 감소로 인한 신규주택 공급의 감소와 노후주택이 재건축・재개발 등 재생이 활발히 이루어지지 않고 있다는 데서 찾을 수 있다. 특히 공동주택인 만숀의 경우에는 단독주택보다 재건축이나 수선 등이 더욱 어렵기 때문에 만숀의 이 같은 노후화 비율 증가는 앞으로도 지속될 것으로 예상되며, 이러한 노후화된 공동주택에 대한 문제는 향후 더욱 심각한 사회적 문제로 대두될 가능성이 매우 높을 것으로 생각된다.

더욱 문제가 되는 것은 일본 정부도 현재로서 이러한 노후주택 문제를 해결할 수 있는 특별한 대안이 없는 상황이라는 점이다. 현재로서 유일한 방법은 소유자가 자기 돈을 들여서 새로 짓거나 고치는 수밖에 없다.

이제 주택도 "오래 타면 가격이 내리고 고치는 데 수리비가 많이 드는" 자동차와 같은 상품이 되어 가는 것일까?

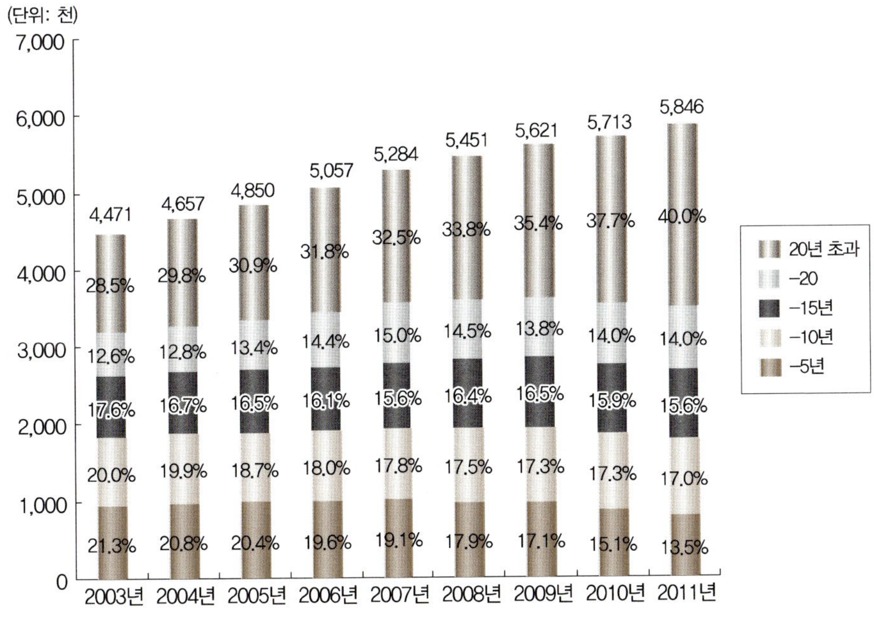

▌그림 3-3▌ 분양 만숀 건축년별 재고추이(천 호)

출처: (社)高層住宅管理業協会. 「マンション管理集宅主宅受託調査」.

Chapter 04

일 본 의 임 대 주 택 관 리 업

임대주택관리업 현황

Chapter

4 ··· 임대주택관리업 현황

2013년 6월 27일 주택임대관리업에 대한 신설을 담은 주택법 개정안이 국회를 통과함으로써 한국은 임대주택관리업의 시대를 맞이하게 되었다. 이는 일본보다 약 20~40[1]년 가량이 늦은 것으로 앞으로 한국 임대주택관리업의 갈 길은 아주 멀고도 험하리라 예상된다.

클릭 Q&A ··· 주택임대관리업 관련 주택법 개정안의 주요 내용

가. 생활권의 광역화 등 정주패턴의 변화에 따라 지역주택조합의 조합원 거주요건을 특별시·광역시·특별자치시·특별자치도·도 단위의 동일한 생활권 거주로 완화함
나. "주택임대관리업"을 임대를 목적으로 하는 주택의 유지·보수 및 개량, 임대료 징수 및 임차인 관리, 그 밖에 임차인의 주거 편익을 위한 업무를 수행하는 것으로 정의함
다. 일반적인 주택사업과 동일하게 지역주택조합의 경우에도 주택건설사업계획승인 신청시 확보하여야 하는 대지의 범위에 국·공유지가 포함된 경우에는 해당 토지의 관리청이 해당 토지를 사업주체에게 매각하거나 양여할 것을 확인한 서류를 제출하는 경우에는 확보한 것으로 봄
라. 주택조합의 사업추진 관련 자료를 조합원들이 공유할 수 있도록 관련 서류 및 자료가 작성된 후 15일 이내 인터넷 등에 이를 공개하도록 함
마. 주택임대관리업을 행하려는 자는 시장·군수·구청장에게 등록하도록 하고, 주택임대관리업의 영업형태를 자기관리형, 위탁관리형 및 기타로 구분함
바. 주택임대관리업자에 대하여 행정상의 지원을 할 수 있는 근거를 마련함
사. 주택임대관리업자에 대한 등록말소, 영업정지 및 과징금 부과에 대한 근거를 규정함
아. 자기관리형 주택임대관리업을 수행하는 주택임대관리업자는 임대인과 임차인의 권리를 보호하기 위해 보증상품에 가입하도록 함
자. 자기관리형 주택임대관리업자는 「임대주택법」 제6조에 따른 임대사업자 등록을 한 것으로 봄

---

1) 일본은 1965년 이후부터 임대주택관리업자가 등장하기 시작하여 약 40여 년이 지났으며, 전국적인 임대주택관리협회는 1995년에 설립되어 약 20여 년이 지났다.

차. 국토해양부장관 및 시장·군수·구청장은 임대인과 임차인의 권리를 보호하기 위해 필요한 경우에는 주택임대관리업자에게 업무 또는 재산에 관한 자료의 제출이나 보고를 명할 수 있도록 함
카. 주택임대관리업의 효율적인 업무수행을 위하여 주택임대관리업자 단체를 설립할 수 있도록 함
타. 주택임대관리업 등록을 하지 아니하고 운영한 자 또는 거짓이나 그 밖의 부정한 방법으로 등록한 자, 영업정지 기간에 영업을 하거나 등록이 말소된 후 영업을 한 자에 대한 벌칙근거를 마련함
파. 주택임대관리업의 등록사항 변경신고를 하지 아니하거나 보증상품에 가입한 사실을 입증하는 서류를 제출하지 아니한 자에 대해 과태료 부과 근거를 마련함

한국에도 중·소형 임대주택관리업체는 이미 존재하고 있으며, 최근에는 일본 대형 임대관리업체와 합작하여 설립한 우리레오PMC, KD리빙 등 전문적인 임대관리업체가 속속 등장하고 있다. 또한 다수의 대형 건설업체와 금융권 등도 임대주택관리업에 진출하기 위해 준비를 하고 있다.

하지만 법적 미비로 인해 아직까지는 전대와 서브리스 등 일본과 같은 임대관리업체의 기능을 제대로 수행할 수가 없는 상황이다.

따라서 일본 임대주택관리업체에 대해서 살펴보는 것은 향후 임대주택사업을 본격화하려는 업체들에게는 많은 도움이 되리라 생각된다.

[일본 임대주택 관리업체의 특징 3가지]
–대도시권에 집중되어 있다.
–대부분 중개업을 겸업하고 있다.
–대부분 법인형태로 운영되고 있다.

2012년 일본의 임대주택관리업 등록업자 수는 전국적으로 총 1,579개에 달한다. 그리고 이 등록업자는 지역적으로 도쿄권에 가장 많은 35.4%가 위치해 있으며, 다음으로 오사카권 16.7%, 나고야권 4.5% 순으로 많이 위치해 있다. 결국 임대주택 관련 수요가

가장 많은 대도시 지역, 그중에서도 일본의 최대 대도시 지역인 이들 3대 도시권에 전체의 56.6%가 위치해 있는 셈이다. 이는 한국의 경우에도 비슷한 추이를 나타낼 것으로 예상되는데, 한국의 매입임대사업자 등록 현황이 이를 뒷받침하고 있다(p. 68 〈클릭 Q&A〉 참조).

한국 매입임대사업자의 지역별 업체현황을 살펴보면, 수도권(서울, 경기, 인천) 지역에 가장 많은 전체의 60.4%가 위치해 있으며, 광역시(인천 제외) 지역에 그다음으로 많은 20.5%의 업체가 위치하고 있다. 결국 대도시 지역인 이 두 지역에 전체 업체의 약 81%가 위치하고 있는 셈이다. 따라서 한국도 향후 임대주택관리업체가 수도권 및 광역시를 중심으로 업체가 생겨날 것이며, 특히 초기단계에는 이러한 집중현상이 더욱 편중될 것으로 예상된다.

현재 한국에도 일본의 임대주택관리업체와 제휴하여 설립된 몇 개의 업체가 있는 것으로 파악된다. 하지만 이 업체들은 법 개정이 이루어질 때까지 일본에서와 같이 폭 넓은 관리업무를 수행할 수 없다.

일본의 경우 임대주택관리업체는 중개업무를 수행할 수 있다. 특히 서브리스 방식[2]의 경우에는 임대주택의 소유자가 아닌 관리업체가 입주자와 계약하게 된다. 이를 전대계약이라고 하는데, 아직까지 한국에서는 전대계약이 불가능하다. 또한 임대관리업체의 중개업무도 불가능한 것으로 안다.

하지만 일본에서는 이러한 중개업무가 매우 중요한 업무 중 하나가 되며, 따라서 대다수의 임대주택관리업체가 이러한 중개업무를 수행하게 된다. 일본에서는 이렇게 임대주택관리업체가 중개업을 함께 수행하게 되는데 이렇게 중개업을 겸업하는 비율은 3대 도시권이 96.4%(도쿄권 97.7%, 오사카권 94.7%, 나고야권 92.9%), 그리고 기타 지역의 94.2%의 임대주택관리업체가 중개업을 겸업하고 있다. 결국 일본의 대부분의 임대주택관리업체는 임대관리와 더불어 중개업무를 병행(전국 평균 95.4%)하고 있다는 것을 알 수 있다.

---

2) 서브리스 방식은 마스터계약에 의해서 임대주택전체를 일괄로 임차하는 방식인데, 이때 입주자는 임대주택의 소유주가 아닌 관리업체와 계약을 하게 된다(전대계약).

그럼, 일본의 임대관리업은 어떤 형태로 운영되고 있을까?

2013년 초기 주택임대관리업 관련법이 국회를 통과하기 전에 대부분의 언론에서는 "기업형 주택임대관리업"이란 표현을 기사에서 자주 다루어 왔던 것으로 기억한다. 이 "기업형 주택임대관리업"이란 단어가 법인을 뜻하는 것인지, 아니면 대형업체를 뜻하는 것인지는 정확히 알 수는 없지만 개인사업자가 아니라는 것만은 명확히 알 수 있다.

그럼 우리보다 훨씬 먼저 임대주택관리업을 시작한 일본의 경우에는 어떠한 형태로 운영되고 있는지 알아보기로 하자. 일본의 임대주택관리업체는 대부분 법인의 형태로 운영되고 있는데, 전국적으로는 94.5%가 법인화 운영을 하고 있다. 이는 100개 업체 중 95개 업체가 법인화된 형태로 운영되고 있는 것을 의미하는데, 100개 중 5개 사업자만이 개인사업자 형태로 운영되고 있는 셈이다.

표 4-1 임대주택관리업 등록업자 수(2012년 3월)

지 역		법인	개인	계	구성비	중개업자	중개업 겸업률
도쿄권	埼玉	59	2	61	3.9%	61	100.0%
	千葉	41	3	44	2.8%	41	93.2%
	東京	288	4	292	18.5%	287	98.3%
	神奈川	160	1	161	10.2%	156	96.9%
	소계	548	10	558	35.4%	545	97.7%
오사카권	京都	65	8	73	4.6%	70	95.9%
	大阪	131	6	137	8.7%	130	94.9%
	兵庫	52	1	53	3.4%	49	92.5%
	소계	248	15	263	16.7%	249	94.7%
나고야권	愛知	50	3	53	3.4%	49	92.5%
	三重	11	6	17	1.1%	16	94.1%
	소계	61	9	70	4.5%	65	92.9%
3대 도시권		857	34	891	56.6%	859	96.4%
기타 지역		635	53	688	43.4%	648	94.2%
총 계		1,492	87	1,579	100.0%	1,507	95.4%

출처: 国土交通省.「賃貸管理業者の登録状況について」, 2012年 5月 24日 公表.

클릭 Q&A ● 한국의 매입임대사업자[3] 현황(2012년)

구분	사업자수	사업자 비율	임대호수	임대호수비율	평균 호수
총계	45,226	100.0%	274,708	100.0%	6.1
수도권 소계	27,327	60.4%	114,710	41.8%	4.2
서울	12,217	27.0%	43,962	16.0%	3.6
경기	12,304	27.2%	54,827	20.0%	4.5
인천	2,806	6.2%	15,921	5.8%	5.7
광역시 소계	9,262	20.5%	67,471	24.6%	7.3
부산	4,218	9.3%	31,843	11.6%	7.5
대전	974	2.2%	3,941	1.4%	4.0
대구	840	1.9%	15,722	5.7%	18.7
광주	2,647	5.9%	10,529	3.8%	4.0
울산	583	1.3%	5,436	2.0%	9.3
지방 소계	8,637	19.1%	92,527	33.7%	10.7
강원	773	1.7%	10,554	3.8%	13.7
경남	1,566	3.5%	6,996	2.5%	4.5
경북	913	2.0%	11,257	4.1%	12.3
전남	607	1.3%	13,476	4.9%	22.2
전북	1,075	2.4%	9,787	3.6%	9.1
충남	2,425	5.4%	25,568	9.3%	10.5
충북	772	1.7%	12,043	4.4%	15.6
세종	129	0.3%	916	0.3%	7.1
제주	377	0.8%	1,930	0.7%	5.1

출처: 국토교통부 주택토지실 주택정책관 주거복지기획과.

3) "매입임대주택"이란 임대사업자가 매매 등으로 소유권을 취득하여 임대하는 주택 "「주택법」 제2조제1호의2에 따른 준주택 중 대통령령으로 정하는 오피스텔을 포함한다"를 말하며, 매입임대사업자는 매입임대주택을 대상으로 임대사업을 하는 자를 말한다.

이를 지역별로 세부적으로 살펴보면, 대도시 지역인 3대 도시권은 96.2%(도쿄권 98.2%, 오사카권 94.3%, 나고야권 87.1%)가 법인 형태로 운영이 되고 있으며, 그 밖의 기타 지역은 3대 도시권 보다 조금 낮은 92.3%가 법인 형태로 운영하고 있는 것으로 나타났다. 즉 지역적으로 큰 차이를 보이지는 않지만 등록업체수가 많은 대도시권 지역일수록 법인화된 임대주택관리업자의 비율이 기타 지역보다 높은 것으로 나타났다.

민간임대주택의 85%는 개인이 소유, 100호 미만 소유자가 96%

임대주택관리업체는 대부분이 법인의 형태로 운영하고 있다. 그러면 임대주택관리업체가 관리하고 있는 민간임대주택은 어떤 대상이 주로 소유를 하고 있을까?

전술한 바와 같이 일본의 민간임대주택 총 호수는 1,257만 호에 달하고 있다. 이중 법인이 소유하고 있는 임대주택 수는 195만 호로 전체의 15.5%에 지나지 않는다. 나머지 84.5%에 해당하는 1,062만 호의 민간임대주택은 개인이 소유하고 있는 것으로 나타났다. 즉 민간임대주택의 실제 소유주의 약 85%는 개인이 소유하고 있으며, 법인이 소유하고 있는 비율은 약 15%에 불과하다. 따라서 대부분 법인 형태로 운영되고 있는 임대주택관리업체가 관리하고 있는 임대주택의 대부분은 법인 소유(임대주택관리 회사 직접 소유분과 다른 법인이 소유한 임대주택)가 아닌 개인 소유의 임대주택인 것이다.

그럼 일본은 임대주택관리 업체가 임대주택을 과연 몇 호씩 소유하고 있을까?

[그림 4-1]은 임대주택 규모별 소유호수 비율을 나타낸 것인데, 일본의 임대주택 소유호수 규모별 비율은 20~50호 미만의 비율 26.8%로 가장 높은 것으로 나타났다. 그 다음으로 10~20호 미만이 26.8%, 5~10호 미만이 17.8%, 5호 미만이 10.5%, 50~100호 미만이 10.0% 순으로 높게 나타났다. 결국 100호 미만의 소유자가 96%로 대부분을 차지하고 100호 이상의 소유자는 4%에 정도로 나타났다.

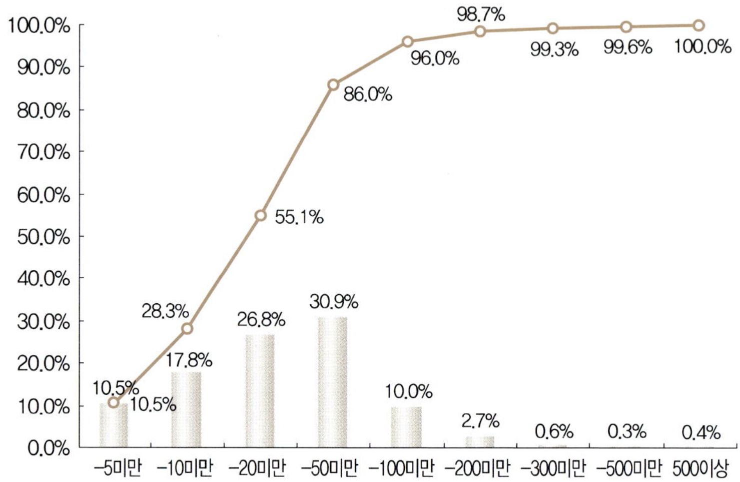

▌그림 4-1▌ 임대주택 규모별 소유호수 비율

출처: 総務省.「住宅 · 土地統計調査」; 日本賃貸住宅管理協会.「民間賃貸住宅市場の実態調査」, 2000年 1月.

하지만 일본 민간임대주택의 소유자 대부분인 85%가 개인 소유자인 점을 감안한다면, 20~50호 미만의 소유자가 가장 많다는 사실은 한국보다 개인의 주택 소유 호수가 상당히 많다는 것을 알 수 있다. 이는 일본의 경우 개인이 아파토(10세대 전후)나 소규모 만숀(30~50세대 전후) 전체를 혼자 소유하고 있는 것이 일반적이며, 경우에 따라서는 이러한 임대주택을 개인이 여러 동 소유하고 있는 경우도 있기 때문이다.

임대주택관리업체당 평균 관리호수는 약 8,000호?

일본의 임대주택관리업체가 관리하고 있는 임대주택관리호수는 어느 정도나 될까? 〈클릭 Q&A〉(p. 68) 한국의 매입임대사업자 현황을 살펴보면 한국의 경우에는 매입임대사업자 당 임대호수는 전국 6.1호, 서울 3.6호, 그리고 가장 사업자 당 임대호수가 많은 지역인 전남의 경우에도 22.2호에 지나지 않는다. 이는 전술한 일본의 민간임대주택 소유 호수와 비교 하더라도 상당히 낮은 수치라는 것을 알 수 있다. 따라서 매입임대사업자는 다주택 소유자인 개인이 대부분일 것이라는 생각이 든다.

하지만 일본의 경우에는 사정이 완전히 다르다. 일본의 임대주택관리업체 당 평균 관리호수를 대략 계산해 보니 약 7,960호 규모라는 결과가 나온다. 이는 한국의 사정과 비교 했을 때 엄청난 규모라고 할 수 있다. 하지만 실제로 일본의 임대주택관리업체 대부분이 이렇게 많은 호수를 관리하고 있지는 않다. 그 이유는 다음 장에서 자세히 설명하겠지만, 일본의 경우 상위 업체들의 업체당 관리호수가 우리가 상상하는 규모를 초월하기 때문이다. 일본의 임대주택관리업체 1~15위까지의 업체가 관리하고 있는 총 호수는 2012년 기준으로 약 350만 호에 이른다. 업체당 평균 약 233천 호를 관리하고 있는 셈이다. 그리고 1위 업체인 다이토켄타구는 혼자서 약 70만 호의 임대주택을 관리하고 있다. 업체수로는 전체 임대주택관리업체의 약 0.95%에 해당하는 업체가 전체 임대주택의 약 25% 정도를 관리하고 있는 셈이다. 따라서 전술한 업체당 관리호수 약 7,960호는 이러한 대형 임대주택관리업체의 관리 호수가 반영된 결과에 기인한 것이다.

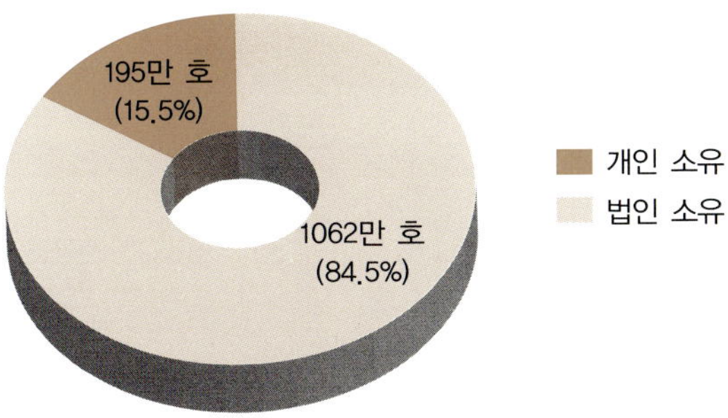

▌그림 4-2▌ 민간임대주택 경영 형태별 호수

출처: 総務省.「住宅 · 土地統計調査」; 日本賃貸住宅管理協会.「民間賃貸住宅市場の実態調査」. 2012年 1月.

일본은 대형 임대주택관리업체가 대부분 일까?
자본금 1억 엔 미만이 90.5%, 1억 엔 이상은 4.0%에 불과

[그림 4-3]은 임대주택관리업 등록업자의 자본금 규모별 업자수를 나타낸 것인데, 자

본금 규모별로 업자수를 살펴보면 자본금 1000～2000만 엔 미만의 업체가 39.4%로 가장 높게 나타났으며, 자본금 200～500만 엔 미만의 업체수가 20.5%, 2000～5000만 엔 미만의 업체수가 13.9% 순으로 높은 것으로 나타났다. 그리고 자본금 1억엔 이상의 업체는 전체의 4.0%로 낮게 나타났으며, 특히 10억 엔 이상의 업체는 0.9%에 지나지 않은 것으로 나타났다. 이는 지금 우리가 생각하고 있는 "기업형 임대주택관리업"이란 의미와는 조금 맞지 않는 것 같다. 최근에 임대주택관리업이 시작되면서 임대주택관리업체의 대부분이 자본금 수십억, 아니 수백억 이상의 큰 회사들일 것이라는 막연한 상상을 하고 있는데 일본의 자료를 통해서 실제로 지금 우리가 막연히 상상하고 있는 그런 큰 임대주택관리업체는 매우 극소수라는 게 분명해졌다. 따라서 임대주택관리업이 본격적으로 시작되더라도 중·소형 임대주택관리업체가 상당 부분을 차지할 것이며, 결국 이러한 중·소 관리업체는 지역밀착형 비즈니스를 중점적으로 전개해 나가며 대형 업체와 경쟁하게 될 것이다.

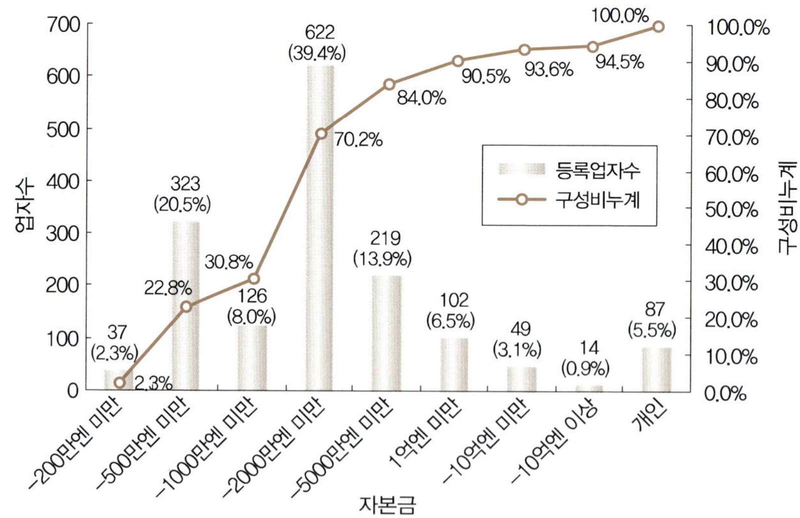

그림 4-3 임대주택관리업 등록업자의 자본금 규모별 업자수(2012년 3월)

출처: 国土交通省. 「賃貸管理業者の登録状況について」 2012年5月24日 公表.

앞서 기술한 바와 같이 일본의 임대주택관리업은 중개업을 대부분 겸업한다고 하였는데, 이는 중개업자 중 법인 사업자가 중개업과 함께 임대관리업을 서비스 차원에서 진행하는 경우가 많다는 것도 하나의 요인일 것이다. 일본에서는 임대주택관리업체에게 임대주택물건에 대한 전속계약의 자격이 주어지기 때문인데, 중개업자는 중개를 주 업무로 하고 부수적으로 임대주택의 기본적인 관리 등을 수행하는 형태로 임대주택관리업을 수행하고 있는 경우도 많다.

따라서 일본의 중개사업자 중 법인사업자의 자본금별 현황을 참고로 알아 두면 많은 도움이 될 것으로 생각된다. 일본은 전국적으로 105,159개소의 중개업자(법인사업자)가 영업 중에 있으며, 이중 자본금 규모가 1000~2000만 엔 미만의 중개업자가 39.9%로 가장 많은 것으로 나타났다. 그 다음으로 500만 엔 미만의 중개업자가 31.2%로 높은 것으로 나타났으며, 자본금 10억 엔 이상의 중개업소는 전체의 1.1%에 지나지 않은 것으로 나타났다.

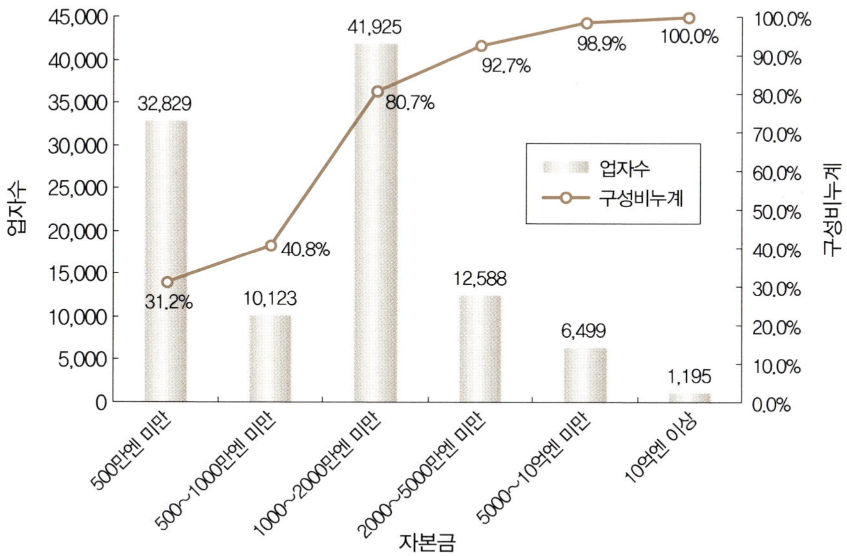

▮그림 4-4▮ 중개업자(법인사업자) 자본금별 업자수

출처: (財)不動産適正取引推進機構. 「宅建業者と取引主任者の統計概要」 2009년 3월.

임대주택 개인 경영자, 고령자가 대부분이다

일본에서 임대주택사업을 개인이 경영하고 있는 분들은 연령대가 어떻게 될까?

[그림 4-5] 임대주택 개인 경영자의 연령 분포를 나타낸 것이다. 자료에 의하면 임대주택 개인 경영자는 연령이 60세 이상인 분들이 60.4%로 가장 높게 나타났으며, 50-59세의 분들이 23.6%로 그 다음으로 높게 나타났다. 그리고 40세 미만인 경영자들은 겨우 4.9%에 지나지 않는 것으로 나타났다.

이런 임대주택 개인 경영자의 고령자 비율은 현재 일본의 어려운 임대주택시장 상황을 고려할 때(공실률이 약 20% 전후) 향후에 본인이 사망하거나 스스로 임대주택을 경영할 수 없는 개인 경영자가 점점 증가할 것이라는 예측이 가능하다.

따라서 이러한 임대주택은 본인이 사망할 경우 상속에 의해 자식에게 승계가 되거나, 스스로 경영이 어려운 경우 상당 비율이 임대주택관리 전문업체에게 관리를 위탁할 가능성이 상당히 높다. 또한 자식에게 상속이 승계될 경우에도 여러 가지 사정 상(직장,

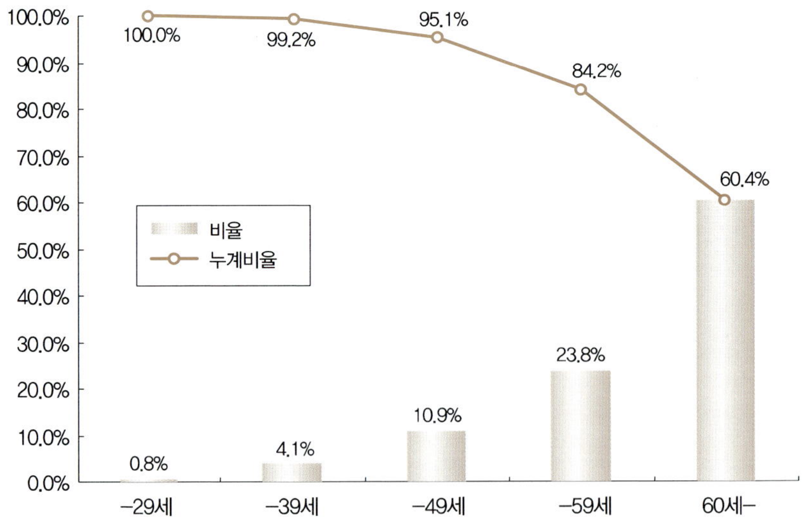

▌그림 4-5▐ 임대주택 개인 경영자의 연령 분포

출처: 総務省. 「住宅 · 土地統計調査」; 日本賃貸住宅管理協会. 「民間賃貸住宅市場の実態調査」 2000년 1월.

원거리 등) 본인이 직접 관리를 하지 못하여 매각하거나 아니면 전문 임대주택관리회사에게 위탁할 가능성이 상당히 높다고 할 수 있다.

따라서 이러한 임대주택 개인 경영자의 고령자화는 임대관리업체에 있어서는 새로운 비즈니스 찬스가 될 수 있으며, 향후 일본의 임대주택관리 시장의 새로운 변수로 작용할 것으로 예상된다.

참고로 중개업자의 연령 추이를 살펴보기로 하자. [그림 4-6]은 중개업자(개인사업자) 평균연령 추이를 나타낸 것인데 개인사업을 하고 있는 중개업자의 경우 평균연령은 62.5세(2008년)로 상당히 높으며, 이러한 고령화 추세는 점점 가속화되어 왔다는 것을 알 수 있다.

[그림 4-7]은 중개업자(개인사업자) 연령계층별 구성비(2009년 3월)를 나타낸 것이다. 개인사업을 하고 있는 중개업자의 경우 세부 연령별 분포를 살펴보면, 60~65세의 연령대의 비율이 37.7%로 가장 높게 나타났으며, 그 다음으로 70~79세의 연령대 비율이 20.2%로 높게 나타났다. 특히 80세 이상의 연령대 비율이 6.5%로 40세 미만의 연령대

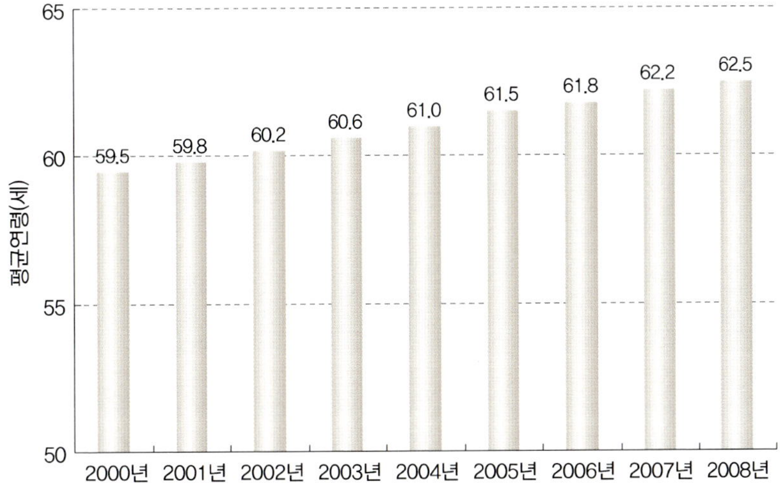

그림 4-6 중개업자(개인사업자) 평균연령 추이

출처: 総務省.「住宅 · 土地統計調査」; 日本賃貸住宅管理協会.「民間賃貸住宅市場の実態調査」2000년 1월.

비율인 3.8% 보다 약 1.7배 이상 높게 나타났다.

이러한 일본의 추세는 현재 한국의 중개업자의 특성과 상당히 차이가 있다고 볼 수 있다. 일본에서는 중개업자가 젊은 층 보다 고령자들이 많이 수행하고 있으며, 이러한 추세는 더욱 가속화될 것으로 생각된다.

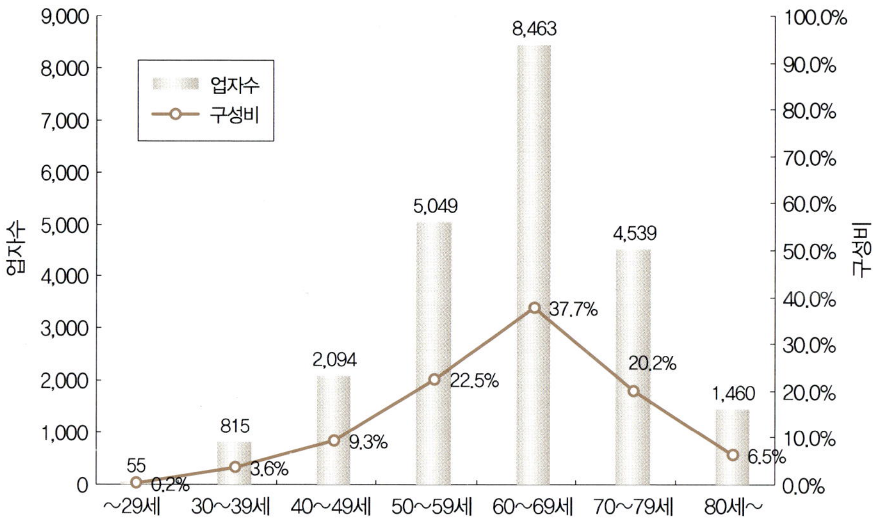

▌그림 4-7▐ 중개업자(개인업자) 연령계층별 구성비(2009년 3월)

출처: (財)不動産適正取引推進機構. 「宅建業者と取引主任者の統計概要」 2009년 3월.

일본 임대주택관리업 1위 다이토켄타쿠, 주택관리호수 747,153호

전술한 [그림 4-3]에서 나타난 바와 같이, 일본의 임대주택관리업 등록업자의 자본금 규모는 우리가 생각하는 것과 는 다르게 자본금 1000~2000만 엔 미만 규모의 중소업체가 39.4%로 가장 많은 것으로 나타났다. 그리고 소형업체에 해당하는 자본금 200~500만 엔 미만의 업체수가 20.5%로 그 다음으로 많은 것으로 나타났다. 그리고 우리가 생각하고 있는 기업형 임대주택관리업체 규모에 해당하는 자본금 1억 엔 이상의 업체는 전체의 4.0%로 매우 낮게 나타났으며, 특히 10억 엔 이상의 대형 임대주택관리업체는 0.9%에 지나지 않다는 것을 알 수 있었다.

하지만 최근 한국의 임대주택관리업체와 합작법인을 설립한 일본의 임대주택관리업 2위와 5위 업체인 레오팔레스21과 다이와리빙은 우리가 생각하는 것 이상의 큰 규모의 업체이다. 먼저 레오팔레스21의 경우에는 자본금이 무려 628억 엔, 원화로 환산하면 약 7000억 원 규모이며, 매출은 4594억 엔으로 5조를 넘고 있다. 그리고 다이와리빙은 자본금 1억 엔과 매출 2178억 엔의 회사인데, 그 지주회사인 다이와공업㈜은 자본금 무려 1101억 엔, 매출은 1조 2천억 엔이 넘는 회사이다.

따라서 현재 임대주택관리업을 시작하려는 국내의 대형 업체들에게 있어서는 이와 같은 대형 업체들이 일본의 임대주택관리업 시장에서 어떠한 역할을 하고 있으며, 어느 정도의 시장을 점유하고 있는지에 대해서 매우 궁금해 할 것이다. 또한 현재 임대주택관리업을 운영하고 있거나 향후 임대주택관리업을 시작하려는 중소업체들에게 있어서도 가장 큰 경쟁상대가 될 수도 있는 대형업체에 대해서 궁금해 할 것이다.

그럼 지금부터 일본의 상위 15개 임대주택관리업체에 대해서 자세히 알아보기로 하자. 그리고 상위 5위 업체에 대해서는 10장에서 더욱 자세히 알아보기로 하자.

대형 임대관리업체가 임대주택관리시장을 지배
상위 1% 업체가 전체 임대주택관리 호수의 25%를 점유

〈표 4-2〉는 최근 6년간 일본의 상위 15개 업체의 기업별 임대주택관리 호수 추이를 정리한 것이다.

이들 상위 15개 업체가 관리하는 임대주택 수는 총 3,466,564호(2012년 기준)에 달하고 있다. 그리고 이들 업체들이 어느 정도 민간임대주택시장을 점유 있는 지를 파악하기 위해서 2012년 민간임대주택 호수 자료가 없는 관계로 2008년 시점에서 파악해 보았다.

일본의 임대주택관리 상위 15개 업체가 2008년에 관리하고 있는 임대주택 총 호수는 2,756,502호, 그리고 2008년 민간임대주택 총 호수는 1,337만 호이다. 따라서 이들 상위 15개 업체가 관리호수 규모로 민간임대주택시장의 약 20.6%를 점유하고 있는 셈이다. 그리고 2012년 민간임대주택 총 호수 자료는 없지만, 만약 민간임대주택 총 호수가 2008년 이후 연 1%로 씩 성장한다고 가정[4]한다면, 2012년 상위 15개 업체의 민간임대주택시장 추정 점유율은 약 25% 내외가 된다는 추정도 가능하다.

이는 2008년 기준으로 임대주택관리업자 총 등록자수 1,579개의 겨우 100분의 1(0.95%)에 해당하는 15개의 대형 임대관리업체가 전체시장의 약 4분의 1이상을 점유하고 있다는 정말 엄청난 결과인 셈이다.

더욱 놀라운 것은 다이토켄타구, 레오팔레스21, 세키스이하우스, 스타쯔그룹, 다이와리빙 등 상위 1위~5위 업체의 경우에는 지난 5년간 순위 변동이 전혀 없이 관리호수를 지속적으로 늘리고 있으며, 이들 상위 5개 업체의 시장 점유율은 계속 증가 추세에 있다는 점이다.

전술한 바와 같이 한국의 제도권 민간임대주택의 규모가 약 40만 호로 추정되는데, 1~3위의 업체인 다이토켄타쿠, 레오팔레스21, 세키스이하우스 등은 한국의 민간임대주택 총 호수인 40만 호를 훨씬 넘어서는 임대주택을 한 개의 회사가 관리하고 있는 셈이니, 이는 정말 놀라운 일이 아닐 수 없다.

표 4-2 임대주택관리업 상위 15개 업체의 임대주택 관리 호수 추이

순위	2012년		2011년		2010년	
	회사명	호수	회사명	호수	회사명	호수
1	다이토켄타구	694,205	다이토켄타구	645,030	다이토켄타구	598,926
2	레오팔레스21	556,207	레오팔레스21	571,656	레오팔레스21	551,773
3	세키스이하우스	489,967	세키스이하우스	472,570	세키스이하우스	454,751
4	스타쯔그룹	319,767	스타쯔그룹	297,195	스타쯔그룹	279,552
5	다이와 리빙	297,948	다이와리빙	273,810	다이와리빙	248,621
6	에이플	192,309	에이플	183,810	에이플	171,587
7	하우스메이트그룹	170,657	하우스메이트그룹	166,340	미니테크	167,443

4) 〈표 4-3〉 민간임대주택 호수 추이 참고.

8	미니테크	166,260	미니테크	163,900	하우스메이트그룹	159,917
9	토켄코포레이션	153,936	토켄포레이션	148,652	토켄포레이션	130,000
10	Taisei Housy	80,058	Taisei Housy	80,056	학생정보센터	78,000
11	학생정보센터	81,000	학생정보센터	79,600	에이플보증	72,842
12	에이플보증	72,898	아파만숍홀딩스	67,240	아파만숍홀딩스	67,249
13	토큐부동산그룹	66,936	토큐부동산그룹	66,291	Taisei Housy	64,806
14	죠구치아토무	62,330	죠구치아토무	58,362	토큐부동산그룹	64,502
15	아파만숍홀딩스	62,086	암스인터네셔날	55,442	죠구치아토무	55,375

출처: 全国賃貸住宅新聞社. 「週刊全国賃貸住宅新聞」.

순위	2009년		2008년		2007년	
	회사명	호수	회사명	호수	회사명	호수
1	다이토켄타구	554,752	다이토켄타구	507,702	다이토켄타구	456,777
2	레오팔레스21	518,040	레오팔레스21	454,287	레오팔레스21	396,312
3	세키스이하우스	434,074	세키스이하우스	410,176	세키스이하우스	386,016
4	스타쯔그룹	249,639	스타쯔그룹	230,659	스타쯔그룹	180,259
5	다이와리빙	228,289	다이와리빙	196,711	미니테크	170,176
6	미니테크	166,868	미니테크	174,806	다이와리빙	169,184
7	에이플	159,882	하우스메이트그룹	148,380	하우스메이트 그룹	141,470
8	하우스메이트그룹	150,324	에이플	148,117	에이플	137,143
9	토켄 코포레이션	122,000	토켄코포레이션	106,004	토켄코포레이션	86,568
10	학생정보센터	76,000	아파만숍홀딩스	76,109	학생정보센터	68,000
11	에이플보증	72,279	학생정보센터	74,000	에이플보증	67,651
12	아파만숍홀딩스	71,861	에이플보증	69,809	Taisei Housy	56,545
13	Taisei Housy	60,342	토큐부동산그룹	54,575	파나홈	49,960
14	토큐부동산그룹	58,192	Taisei Housy	54,305	토큐부동산그룹	49,810
15	하세코라이브네트	54,000	파나홈	50,862	미쯔이부동산리스	49,435

대형 임대관리업체의 시장점유율 더욱 확대

[그림 4-8]은 임대주택관리 상위 15개 업체를 세 그룹(1위~5위, 6위~10위, 11위~15위)으로 나누어서 지난 6년간의 관리호수와 증감추이를 나타낸 것이다. 분석결과 이들 세 그룹 모두가 지난 6년간 지속적인 증가추이를 보이고 있다. 그리고 그룹별 6년간 연평균 증가율은 1위~5위 그룹 8.3%, 6위~10위 그룹 4.9%, 11위~15위 그룹은 4.8%로 상위 그룹의 증가율이 더 높은 것으로 나타났다. 즉 더 규모가 큰 업체의 성장률이 더 높다는 결과이다. 그리고 이들 상위 15개 업체의 전체 연평균 증가율은 7.1%로 높은 성장률을 기록하고 있다.

그럼 민간임대주택시장의 성장률은 어떠할까?

〈표 4-3〉의 민간임대주택 총호수 증가추이를 나타낸 것이다.

민간임대주택 호수는 1999년~2003년의 5년간 총 4.2% 증가를 보이고 있는데, 이는 이 기간 동안 민간임대주택시장 규모가 매년 평균 0.8%씩 성장하고 있다는 것을 의미한다. 그리고 2004년~2008년의 5년간은 총 6.4% 증가를 보이고 있는데, 이 기간 동안 민간임대주택시장 규모는 연간 1.3%씩 성장했다는 것을 의미한다. 결과적으로 민간임대주택시장은 1999~2008년까지 10년간 호수규모로 연간 약 1%로 정도씩 성장을 해왔다는 결론이 나온다.

이에 비해 임대주택관리 상위 15개 업체의 연평균 성장률은 7.1%로 민간임대주택시장의 전체 평균 성장률의 약 7배 이상씩 성장을 해오고 있으니, 이러한 추세라면 일본의 임대주택관리시장은 이들 상위 15개 업체가 대부분을 점유할 수도 있다는 불안한 생각마저 든다. 그리고 특히 이들의 성장률은 이들 중 규모가 큰 상위 5개 업체가 그 성장을 주도하고 있다는 점도 깊이 눈여겨 봐야 할 필요가 있다.

최근 발표된 2013년 일본 임대주택관리 호수 랭킹[5]을 살펴보면, 이들 1~5위 업체는 순위 변동이 전혀 없이 전년 대비 평균 7.3%의 높은 성장률을 기록하고 있는 것으로 나타나고 있는데 이는 2012년 성장률인 4.3%의 1.7배에 해당하는 높은 성장률이다.

5) 全国賃貸住宅新聞社「週刊全国賃貸住宅新聞」, 2013년 7월 15일자.

업체별로 관리호수와 성장률을 살펴보면, 1위인 다이토켄타구는 +7.6%(747,153호), 2위 레오팔레스21 −1.8%(546,204호), 3위 세키스이하우스 +3.3%(506,353호), 4위 스타쯔그룹 +12.9%(361,163호), 5위 다이와리빙 +14.3%(340,609호) 등으로 2위인 레오팔레스21을 제외하고[6]는 모두 관리호수가 전년 대비 증가하고 있다는 것을 알 수 있다.

또한 이들 상위 5개 업체의 2013년 총 관리호수는 2,501,482호로서 2008년 이후 민간임대주택 호수가 연 1%로 씩 증가한다고 가정[7]한다면, 이들 상위 5개 업체가 현재 전체 임대주택 총 호수의 약 18% 정도를 점유하고 있다는 추정도 가능하다. 5개 상위 업체가 전체 민간임대주택시장의 20%로 가까이를 점유한다는 것을 실로 놀라운 결과가 아닐 수 없다.

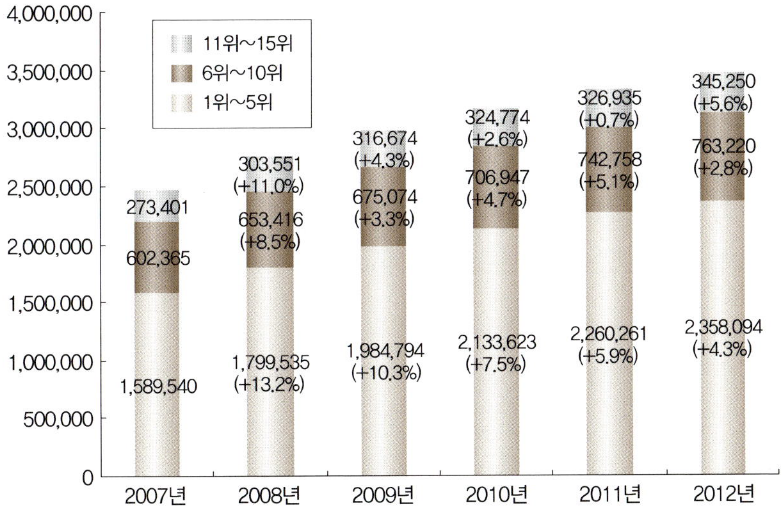

▌그림 4-8▐ 상위 15개 임대관리업체 관리호수 추이[8]

출처: 全国賃貸住宅新聞社. 「週刊全国賃貸住宅新聞」.

---

6) 레오팔레스21은 2009년 초 실적이 급속히 악화되어 적자가 지속되었다. 그 후 2010년부터 3개년 계획에 의해 신축물건 사업을 대폭 축소하고 기존 물건의 임대사업으로 전환하였다.

7) 〈표 4-3〉 민간임대주택 호수 추이 참고

8) ( )안 수치는 전년대비 증가율

그리고 현재 이들 업체의 성장률을 고려할 때 이들 업체들의 시장 점유율은 더욱 높아질 것으로 예상되며, 결국 일본의 민간임대주택시장은 대형업체가 더욱 시장을 지배할 것으로 생각된다. 그리고 이들 대형 업체들 간의 경쟁은 더욱 치열해 질 것이며, 중소 임대주택관리업체는 생존을 위해 더욱 어려운 싸움을 해 나가야 할 것으로 생각된다.

표 4-3 민간임대주택 호수 추이

구분	1973년	1978년	1983년	1988년	1993년	1998년	2003년	2008년
호수(만 호)	789	841	849	967	1,076	1,205	1,256	1,337
5년 증가율	-	6.6%	1.0%	13.9%	11.3%	12.0%	4.2%	6.4%
연평균 증가율	-	1.3%	0.2%	2.8%	2.3%	2.4%	0.8%	1.3%

출처: 総務省統計局.「住宅 · 土地統計調査」.

상위 5개 업체가 임대주택의 약 20%를 점유

[그림 4-9]는 이들 상위 15개 임대관리업체의 2012년 관리 호수 및 구성비를 나타낸 것이다. 1위 업체인 다이토켄타구는 관리호수가 694,205호(2013년 747,153호)로 전체의 20%를 차지하고 있으며, 2위 레오팔레스21은 556,207호(2013년 546,204호)로서 16%를, 3위 세키스이하우스는 489,967호(2013년 506,353호)로 14.1%를 각각 점유하고 있는 것을 알 수 있다. 이는 결국 이들 상위 3개 업체가 상위 15개 업체 전체 관리호수 중 절반에 해당하는 50.1%를 점유하고 있는 것이며, 1~5위의 상위 5개 업체는 상위 15개 업체 전체 관리호수 중 무려 68%를 점유하고 있다.

결국 일본의 임대관리주택 시장은 현재 상위 5개 업체가 전체 민간임대주택시장의 약 20%로 가까이를 점유하고 있으며, 이들 업체들의 성장률 추이를 고려할 때 상위 5개 업체의 임대주택시장 점유율은 더욱 높아질 것으로 예상된다.

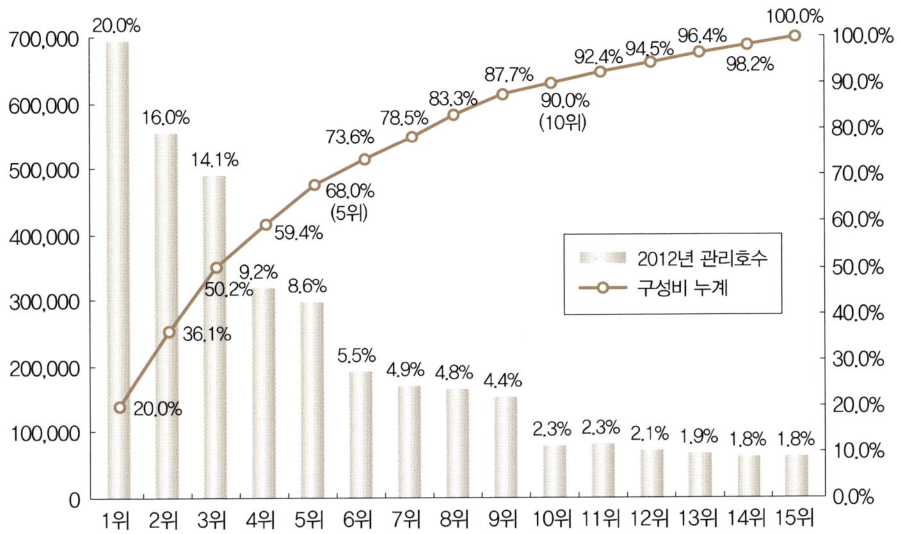

▌그림 4-9▐ 상위 15개 임대관리업체 관리 호수 및 구성비(2012년)

출처: 全国賃貸住宅新聞社 「週刊全国賃貸住宅新聞」

일본임대주택시장규모는 우리가 알고 있는 것 보다 훨씬 더 크다 분양만숀 중 일부도 임대주택으로 활용

일본의 민간임대주택시장 관련 분류 및 통계의 집계는 한국과 다소 상이한 점이 있어, 이해하는 데 조금 어려움이 따를 것으로 생각된다. 일본의 민간주택시장은 분양주택시장[9]과 임대주택시장으로 나뉜다. 임대주택은 처음부터 임대만을 목적으로 건설한 주택을 말하며, 대개 소유자는 개별소유자가 아닌 한 개인, 법인, 또는 공동이 소유하게 된다. 하지만 분양주택은 개별 호수의 소유자가 다수 존재하며, 대개 조합이 설립되어 있으며, 소유자가 직접 거주하기도 하지만 임대를 하는 경우도 많다.

이러한 분양주택의 형태는 만숀과 단독주택이 있다. 1985~2011년 27년간 분양주택 총 공급호수는 8,124천호 공급되었는데, 이중 만숀이 4746천 호(58.4%), 단독주택이 3378천 호(41.6%)가 공급되었다. 같은 기간 임대주택은 분양주택의 약 1.8배에 해당하

9) 한국의 비제도권 임대주택시장으로 이해하면 좋을 듯 하다.

는 14667천 호가 공급되었다.

〈표 4-4〉는 일본의 주택유형별 호수 및 구성비를 나타낸 것인데, 민간임대주택은 전체 주택재고 총수의 26.9%를 차지하고 있으며, 분양주택이 포함된 자가 주택은 61.1%를 차지하고 있다. 여기서 우리가 알아야 할 것은 모든 분양주택에 소유자가 직접 거주하지는 않으며, 그중 일부는 임대를 놓는다는 점이다. 특히 분양만숀의 경우에는 더 그렇다고 생각해야 한다. 결국 일본의 임대주택시장은 임대주택이 전부가 아니라 분양주택의 일부도 포함된다고 봐야 할 것이다. 따라서 일본의 임대주택시장 규모와 임대주택 관련 업체에 대한 규모 및 특성을 파악하기 위해서는 분양주택, 특히 분양만숀에 대해서도 살펴볼 필요가 있다.

표 4-4 일본의 주택유형별 호수 및 구성비(단위: 천 호, 2008년)

구부	호수	구성비
총주택수	49,598	100.0%
자가	30,316	61.1%
민간임대	13,366	26.9%
공공임대	3,007	6.1%
기타	2,909	5.9%

출처: 総務省.「住宅 · 土地統計調査」.

분양만숀관리 상위 15개 업체 관리호수 2,716,114호
임대주택관리 상위 15개 업체 관리호수의 78.4%

〈표 4-5〉는 기업별 분양만숀 관리 수탁호수 상위 15개 업체의 연도별 순위와 관리호수를 나타낸 것이다. 이들 상위 15개 업체의 2012년 총 관리호수는 2,716,114호로 2012년 임대주택관리 상위 15개 업체의 총 관리호수 3,466,564호의 78.4%에 이른다. 하지만 이중 어느 정도의 비율이 임대가 되고 있는지는 정확한 집계가 없어 그 규모를 정확히 파악할 수는 없지만 그 규모는 상당할 것으로 추정되고 있다.

▌표 4-5▌ 분양만숀 관리 상위 15개 회사의 기업별 수탁호수

순위	2009년		2010년		2011년		2012년	
	회사명	호수	회사명	호수	회사명	호수	회사명	호수
1	다이쿄astage	340,643	니혼하우징	353,171	니혼하우징	364,364	니혼하우징	375,412
2	니혼하우징	340,467	다이쿄astage	346,313	다이쿄astage	352,690	다이쿄astage	256,377
3	토큐커뮤니티	284,052	토큐커뮤니티	287,869	토큐커뮤니티	292,626	토큐커뮤니티	295,789
4	하세코 커뮤니티	205,364	하세코 커뮤니티	214,228	하세코 커뮤니티	221,135	하세코 커뮤니티	231,297
5	일본종합 주생활	162,190	미쯔이부동산 주택서비스	163,988	미쯔이부동산 주택서비스	169,464	미쯔이부동산 주택서비스	173,496
6	미쯔비시지쇼 커뮤니티	155,256	일본종합 주생활	162,673	미쯔비시지쇼 커뮤니티	164,731	미쯔비시지쇼 커뮤니티	167,525
7	미쯔이부동산 주택서비스	154,220	미쯔비시지쇼 커뮤니티	161,103	일본종합주생	163,418	일본종합 주생활	163,031
8	스미토모부동 산건물서비스	144,878	스미토모부동 산건물서비스	150,611	스미토모부동 산건물서비스	155,016	고진샤계획 연구소	157,709
9	고진샤계획 연구소	138,139	고진샤계획 연구소	143,187	고진샤 계획연구소	147,311	스미토모부동 산건물서비스	157,309
10	다이와 라이프넥스트	126,262	다이와 라이프 넥스트	129,213	다이와라이프 넥스트	131,907	다이와라이프 넥스트	136,710
11	노무라 리빙서포트	101,745	노무라 리빙 서포트	109,778	노무라리빙 서포트	115,776	커뮤니티원	127,736
12	커뮤니티원	101,118	커뮤니티 원	105,716	커뮤니티원	110,045	노무라리빙 서포트	119,540
13	마루베니 커뮤니티	94,071	마루베니 커뮤니티	98,042	마루베니 커뮤니티	98,949	마루베니 커뮤니티	102,633
14	이토츄어번 커뮤니티	71,392	이토츄 어번 커뮤니티	73,620	이토츄어번 커뮤니티	73,941	다이와서비스	76,748
15	다이와서비스	63,271	다이와 서비스	67,894	다이와서비스	71,629	이토츄어번 커뮤니티	74,802

출처: マンション管理新聞社「マンション管理新聞」各年5月25日付.

또한 이들 분양만숀 관리회사는 임대주택과 마찬가지로 건물의 관리, 조합의 관리, 운영관리 및 지원, 계약 업무 등 폭넓은 업무를 수행하고 있어서 관리회사의 수익 면에 있어서도 결코 무시할 수 없는 규모라고 할 수 있다. 따라서 현재 한국의 임대주택시장의 규모를 생각할 때 한국의 대형 임대관리업체들은 임대주택관리와 더불어 분양주택의 관리도 당분간 병행을 해 나가야만 규모의 경제와 수익성 창출이라는 목표를 단기간에 달성할 수 있을 것으로 생각된다.

또한 향후 한국의 주택관리 시장도 일본과 같이 임대주택관리와 분양주택의 관리 등 크게 두 부분으로 나뉘어 진행될 가능성이 상당히 높을 것으로 생각되며, 이런 맥락에서 일본의 분양만숀 관리 회사의 순위 및 규모 등 그 특징 및 변화에 대해서 알아 두는 것도 현재 임대주택관리업을 운영하고 있는 업체와 향후 임대주택관리사업에 진출하려고 계획하고 있는 업체들에 다소 도움이 될 것으로 생각된다.

분양만숀관리 상위 5개 업체 총 관리호수 1,432,371호

기업별 분양만숀 관리 수탁호수도 임대주택관리 업체 순위와 같이 1위에서 5위까지는 크게 순위변동 없이 유지되고 있는 추세를 보이고 있다. 2012년 기준 1위 니혼하우징(375,412호), 2위 다이쿄astage (356,377호), 3위 토큐커뮤니티(295,789호), 4위 하세코커뮤니티(231,297호), 5위 미쯔이부동산주택서비스(173,496호) 등 1～5위까지 업체의 총 관리 호수는 1,432,371호로 1～15위까지 업체들의 총 관리 수탁호수의 52.7%를 점유하고 있다.

이는 임대주택관리업체의 경우와 마찬가지로 상위 5개 업체의 점유율이 매우 높은 것을 알 수 있다.

[그림 4-10]은 분양만숀관리 상위 15개 업체를 임대주택관리업체와 같이 세 그룹(1~5위, 6~10위, 11~15위)으로 나누어서 분양아파트 관리 수탁호수 추이를 나타낸 것이다. 분양만숀관리 업체는 임대주택관리 업체의 경우와는 조금 다르게 1～5위의 상위권 업체의 호수 점유율과 증가율이 높지 않은 것을 알 수 있다. 또한 그룹별 증가율을 살

펴보면 2009~2012년까지 4년간 평균 증가율에 있어서도 1~5위 업체가 2.4%, 6~10위 업체 2.9%, 11~15위 업체가 5.1% 씩 증가를 했으며, 전체적으로는 평균 연평균 3.0%씩 증가한 것으로 나타났다. 이러한 분양만숀관리 상위 15개 업체의 증가추이는 임대주택관리 상위 15개 업체의 전체 연평균 증가율 7.1%(그룹별 6년간 연평균 증가율은 1위~5위 그룹 8.3%, 6위~10위 그룹 4.9%, 11위~15위 그룹은 4.8%)보다 상당히 낮은 수치라는 것을 알 수 있다. 이는 일본의 최근 분양만숀 시장의 침체와도 깊은 관련이 있다고 생각되는데, 중요한 것은 이들 대형업체들이 어려운 시장상황 속에서도 성장을 지속해 나가고 있다는 점이며, 이 점은 우리가 기억해 둘 필요가 있다.

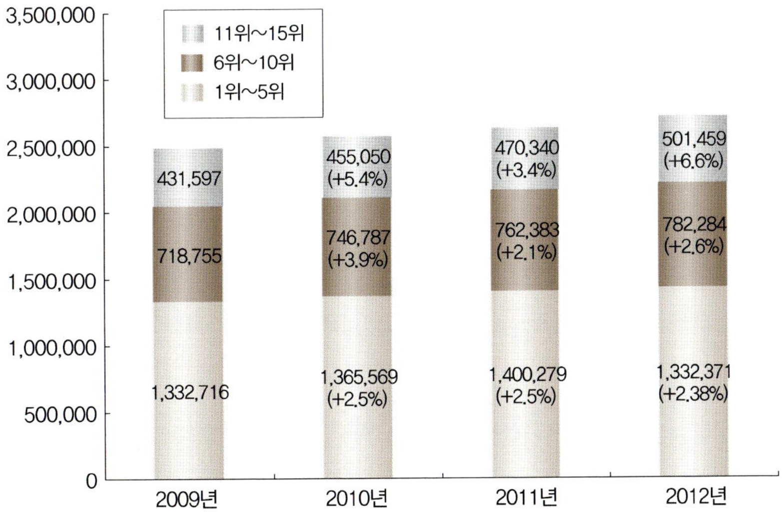

▌그림 4-10▌ 상위 15개 기업 분양만숀 관리 수탁호수 추이

출처: マンション管理新聞社「マンション管理新聞」各年5月25日付

[그림 4-11]은 상위 15개 기업의 분양만숀 관리 수탁호수 구성비를 나타낸 것인데, 임대주택관리업에 비해 상대적으로 상위권 회사의 비율이 낮다는 것을 알 수 있는데, 전술한 임대주택관리업체의 내용과 비교해 가면 그 차이를 쉽게 이해할 수 있을 것이다.

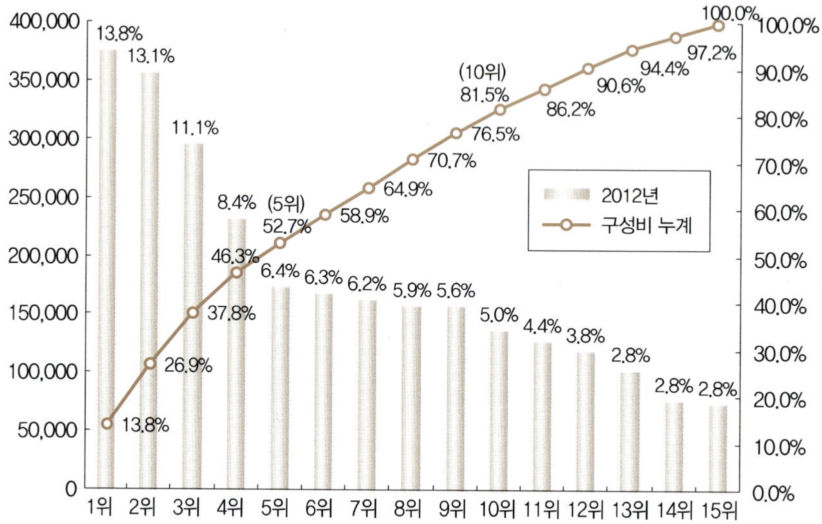

그림 4-11 상위 15개 기업 분양만숀 관리 수탁호수 구성비(2012년)[10]

출처: マンション管理新聞社. 「マンション管理新聞」 各年5月25日付.

지금까지 임대주택과 분양만숀 관리업체에 대한 특징과 변화에 대해서 살펴보았다.

전술한 바와 같이 일본의 경우에는 이들 관리업체들이 부동산 중개관련 자회사를 설립하고 이들을 통해 입주자들을 직접 모집하고 직접 계약을 체결할 수 있다. 따라서 일본의 대형 관리업체의 경우의 대부분이 부동산 중개관련 자회사를 설립하고 있다. 물론 이들 대형 관리업체는 자사의 부동산 중개 자회사를 통해 입주자를 직접 모집하고 직접 계약을 체결하기도 하지만 전문 부동산중개 법인들을 통해 입주자를 모집하기도 한다. 따라서 일본의 경우에는 대형 중개업체가 이미 오래 전부터 활발하게 활동을 하고 있으며, 이들이 임대주택의 입주자들을 모집하는데 중요한 역할을 하고 있다.

따라서 대형 임대주택관리업체가 직접 중개계약을 통해 상당한 수익을 창출하고 있다는 점을 생각할 때, 일본의 임대주택관련 중개건수가 어느 정도에 이르며 중개건수의 업체별 순위와 중개건수에 대해서 살펴보는 것도 도움이 될 것으로 생각한다.

---

10) (　)안 수치는 전년대비 증가율.

〈표 4-6〉은 업체별 임대중개 건수 추이를 나타낸 것인데 참고로 살펴보기를 바라며, 향후 기회가 생길 때 이들 업체들에 대한 자세한 내용을 설명하기로 하겠다.

▌표 4-6▌ 업체별 임대중개 건수 추이

구분	2008년		2009년		2010년	
	업체명	중개건수	업체명	중개건수	업체명	중개건수
1위	에이플	21.66	레오팔레스21	34.09	에이플	18.53
2위	다이토켄다쿠	15.22	에이플	19.78	다이토켄타쿠	17.44
3위	미니미니	14.27	다이토켄타쿠	16.73	미니미니	13.25
4위	하우스메이트	4.9	미니미니	14.1	하우스메이트	5.85
5위	조구치아토무	4.7	토켄코포레이션	5.37	토켄코포레이션	5.29
구분	2011년		2012년		2013년	
	업체명	중개건수	업체명	중개건수	업체명	중개건수
1위	다이토켄타쿠	19.34	다이토켄타쿠	21.07	다이토켄타쿠	21.57
2위	에이플	17.79	에이플	16.54	에이플	15.33
3위	미니미니	13.65	미니미니	14.25	미니미니	14.62
4위	토켄코포레이션	5.44	토켄코포레이션	5.65	토켄코포레이션	5.79
5위	조구치아토무	5.32	하우스메이트	5.27	하우스메이트	5.58

출처: マンション管理新聞社.「マンション管理新聞」各年5月25日付.

Part 3 일본 임대주택관리업의 이해

Chapter 05

일본의 임대주택관리업

일본 임대주택관리업의 기능과 변화

Chapter

5 ··· 일본 임대주택관리업의 기능과 변화[1)]

1 임대주택관리업의 의의

1) 임대주택관리와 임대주택관리업

우리가 타인이 소유하고 있는 주택을 사용하기 위해서는 타인이 소유하고 있는 주택의 소유권을 직접 소유하는 방법과 타인이 소유하고 있는 주택을 사용의 대가를 지불하고 사용하는 두 가지 방법이 있다. 우리는 전자의 경우를 매입이라고 하며 후자의 경우를 임대차(임차)라고 한다. 그리고 임대차의 대상이 되는 주택을 임대주택이라고 말한다.

임대차는 그 대상이 되는 임대주택의 소유자, 즉 임대인으로부터 사용할 수 있는 권리를 일정 기간 동안 취득하는 것으로 임차인은 그 대상 주택을 사용하는 대가로 임대인에게 일정한 대가, 즉 임대료를 지급하여야 한다. 또한 사용하기로 한 일정 기간, 즉 계약기간이 종료하면 임차인은 임대인에게 그 임대주택을 돌려주어야 한다.

이때 임대인이 임차인에게 지불하는 일정한 임대료와 임대인이 임대주택을 사용할 수 있는 권리와 기간은 모두 임차인과의 계약에 의해서 정해지게 되는데, 이런 의미에서 임대인과 임차인의 관계는 모두 임대계약에서 출발한다고 할 수 있다.

이러한 임대계약의 종료는 임대인이 임대주택에서 퇴거함으로써 종료가 되는데, 임대

---

1) 賃貸不動産経営管理士練習テキスト，賃貸不動産経営管理士協議会，2012年3月；賃貸不動産管理の知識と実務，　賃貸不動産経営管理士協議会，大成出版社，2013年3月；（独立法人）日本賃貸住宅管理協会ホームページ，国土交通省資料.

계약 중에는 임대인과 임차인 각자에게 권리와 의무가 존재하게 된다. 따라서 계약기간 중에는 이러한 각자의 권리와 의무가 상충되어 이를 둘러싼 임차인과 임대인의 다양한 의견 충돌과 마찰이 발생할 수 있으며, 경우에 따라서는 이러한 문제를 해결하기가 매우 어려운 상황이 발생할 수도 있으며, 극한 경우에는 법적인 다툼에 이르기도 한다.

따라서 임대주택의 임대차에 있어서 이러한 문제의 발생을 사전에 방지할 수 있는 명확한 내용의 임대차계약과 객관적인 절차가 매우 중요하다고 할 수 있으며, 이를 통해 발생되는 문제들을 상당부분 해소할 수가 있다. 하지만 계약이 모든 문제들을 해결할 수는 없으며 따라서 임대차 계약기간 중에는 상시 임차인, 즉 입주자와 다양한 문제가 발생하게 되는데 원활한 임대주택사업을 위해서는 이러한 계약기간 중에 발생하는 문제를 원활하게 해결하는 것이 무엇보다도 중요하다고 할 수 있다.

임대주택관리란 바로 이러한 문제들을 원만하게 해결하기 위해 임대인과 임차인, 두 당사자 간의 계약관계 및 대상 물건의 이용 등에 대한 사항들을 관리해 나가는 것이다. 그리고 이러한 업무를 중점적으로 수행하는 회사를 임대주택관리업체라고 한다.

임대주택관리업체의 업무는 크게 입주 전 단계와 입주 중 단계, 그리고 계약이 종료된 후 퇴거 시의 단계 등 3가지로 분류할 수 있다.

먼저 입주 전 단계에는 입주자의 모집과 임대차계약 업무가 주요 업무이다. 하지만 입주자의 원활한 모집을 위해서 임대주택관리업체는 대상이 되는 임대주택의 사전관리, 보수, 입주자 마케팅 등 부가적인 업무도 수행하여야만 한다.

입주 중 단계에서는 관리업체의 업무가 보다 종합적이고 복잡해지는데, 이는 관리업체의 규모와 성격에 따라서 그 업무의 범위가 결정된다. 이 단계에서는 입주자가 불편함 없이 거주를 지속하기 위한 지원업무를 주요 업무로 하고 있는데, 이에는 건물의 문제가 발생할 경우 신속히 처리하는 유지·보수의 업무가 매우 중요하다고 할 수 있다.

마지막으로 퇴거 시의 단계에서는 입주자와의 재계약 유인 및 임대료의 재협상 등 재계약을 위한 노력을 기울여야 하며, 만일 재계약이 이루어지지 않아 계약이 종료되는 경우에는 입주자가 원활하게 퇴거할 수 있도록 유도해야 한다. 하지만 일본의 경우에는 한국과는 다르게 계약기간이 끝나고 퇴거할 때에 대상 물건을 임대 이전의 상태로 원상회복시켜야만 한다. 따라서 이러한 원상회복을 둘러싸고 임차인과 임대인 간의 의견 차이로 여러 가지 문제와 마찰이 발생하고 있는데 이에 대한 부분은 한국의 상황과 매우 다른 점이라 할 수 있다.

하지만 향후 한국도 임대주택시장에서 전문 임대주택관리회사에게 위탁경영을 할 경우가 많이 발생하게 될텐데 이때 관리회사는 건물의 유지・관리에 따른 비용과 책임을 명확히 해야 하므로 한국도 이와 비슷한 문제들이 발생될 것으로 예상된다.

한편 일본의 경우에는 대형 임대주택관리업체가 전술한 업무를 수행하는 것 이외에도 개인 또는 법인이 보유한 토지에 임대주택을 건설하는 업무도 함께 수행하고 있다. 따라서 임대주택을 새로 건설한 후에 건설된 임대주택을 계속해서 관리하는 형태로 업무를 수행하기도 한다. 이 경우 소유자에게 장기적으로 안정된 수익을 확보할 수 있도록 보장해 주는 경우가 많은데 이 경우에는 대부분 서브리스계약에 의해 업무를 수행하게 된다. 서브리스계약에 대해서는 6장에서 자세히 설명하기로 하자.

이렇듯 일본의 임대주택관리업체는 다양한 업무를 수행하게 되는데, 이를 위해서 다양한 임대업무 계약방식이 존재하고 있다. 이에 대해서도 차차 알아보기로 하자.

2) 임대주택 관리 시장과 임대주택관리에 대한 니즈 변화

(1) 전통적인 임대주택관리 시장

일본의 임대주택시장은 오랫동안 소유자인 임대인이 임차인에 대해서 우월한 지위를 유지하고 있었다. 따라서 상대적 약자인 임차인의 권리를 보호하기 위해서 오랫동안 임차인의 권리보호를 위한 법적・제도적 장치가 마련되어 왔다. 하지만 임대주택의 수요가 공급을 훨씬 웃돌았던 과거의 전통적인 임대주택시장에서 임차인의 권리를 찾기란 그리 쉬운 일이 아니었다. 따라서 소유자인 임대인 중심의 시장은 일본에서도 상당 기간 계속 지속되어 왔다.

이러한 전통적인 시장에서는 임대주택을 찾는 임차인의 수가 많아 임대인은 임차인을 구하기 위해 그다지 노력할 필요가 없었으며, 반대로 임차인은 집을 구하기가 어려운 상황에서 다른 집을 구하기보다는 현재의 집에서 장기간 거주하기를 희망하고 있었고, 또한 일본의 경우 새로운 집으로 이사를 가기 위한 비용[2]이 상당히 들기 때문에 가능하면 기존의 임대주택에 장기적으로 거주하기를 희망하고 있었기 때문에 주인이나 건물에 대해서 불평불만을 하거나 이로 인해 집주인과 마찰이 생기는 것을 극도로 자제하였다.

따라서 소유자인 임대인은 큰 노력 없이도 임대주택을 스스로 관리할 수 있었으며, 본인이 하기 번거로운 임대료 수납 등의 업무에 대해서만 중개업소나 임대주택관리 업체에 위탁하였고 그 대신 그들에게 전속계약의 권리를 부여하였다.

하지만 임대주택의 공급이 증가하여 임차인의 수요보다 임대주택의 수가 초과하고 공실률이 늘어나면서 소유주가 직접 관리하는 전통적인 임대주택시장은 크게 줄어들게 되었다.

(2) 전문 임대주택관리의 시대가 도래

시대가 변함에 따라 임대주택시장에도 많은 변화가 있었다. 그중 가장 중요한 변화는 바로 일본의 부동산 버블 붕괴라고 할 수 있다. 일본은 1991년 이후 부동산 버블이 붕괴되면서 부동산시장이 불황기를 맞이하게 되었다. 이전에는 한번도 경험하지 못한 부동산 불황에 임대주택 소유자들은 두려움과 공포에 빠지게 되었으며, 엎친 데 덮친 격으로 부동산 버블기와 버블 붕괴 직후에 해당하는 1980년부터 중반부터 1990년대 초반까지 임대주택이 대규모로 공급되었다.

---

2) 일본의 경우에 새로 집을 얻기 위해서는 중개수수료(월 임대료 1개월 치), 보증금(礼金, 월 임대료의 1~3개월 치), 그리고 사례금(敷金, 월 임대료의 1~2개월 치)을 지불해야만 한다. 따라서 새로 이사를 갈 경우에는 선불 임대료를 포함해서 월 임대료의 4~7개월 치의 목돈이 필요하게 된다. 여기서 사례금은 계약기간 종료 후에 한 푼도 돌려받을 수가 없다. 하지만 재계약을 하는 경우에는 재계약 중개수수료(월 임대료 1/2개월치)만 지불하면 된다.

설상가상으로 일본의 인구 증가마저 둔화되기 시작하여 임대인들의 수요는 과거만큼 크게 늘지 않았고 그 결과 과잉 공급된 임대주택은 남아돌기 시작하였다. 결국 이 시기를 기점으로 임대인은 임차인을 구하기가 매우 어려워지기 시작했는데 임차인을 구하기 위해서는 과거에 하지 않았던 상당한 노력을 해야만 하였다.

반대로 임대인과 건물에 대하여 임차인들의 다양한 요구와 욕구가 생겨나기 시작했으며, 집주인인 임대인과도 동등한, 아니 우월적인 입장으로 서서히 바뀌기 시작하였다.

이렇게 변화된 시장에서 소유주인 임대인이 과거와 같이 스스로 임대주택을 관리하는 데 많은 어려움이 생겨나기 시작하였고, 이러한 어려움을 해결해 주기 위한 전문 임대주택관리업자가 필요하게 되었다.

임차인들도 마찬가지로 소유자가 직접 관리하는 임대주택 보다 전문 임대주택관리업자가 관리하는 임대주택에 대한 만족도가 높아지고 이에 대한 선호가 높아지게 되었다.

따라서 이 시기를 기점으로 해서 일본의 임대주택관리업은 급속도로 발전하게 되었으며, 일본의 임대주택시장은 바야흐로 "소유자(임대인)의 시대에서 임차인의 시대"로 바뀌게 되었다.

또한 이 시기를 기점으로 제도적 측면에서도 다양한 임대차 계약 형태가 생겨나게 되었다. 따라서 임대주택의 보다 효율적인 활용을 위해서는 어떤 계약을 선택할 것인가도 중요하게 되었는데, 이로 인해 전문적인 지식을 바탕으로 한 전문가의 필요성이 더욱 높아지게 되었다.

한편 이 시기에는 개인 소유자를 중심으로 한 임대주택시장에만 변화가 있었던 것이 아니다. 1990년대 중반부터 일본은 부동산 펀드를 시작으로 부동산 증권화가 급속히 진전되었다. 부동산 펀드나 증권화를 통해 조성된 자금은 임대주택시장에도 유입되기 시작하였는데, 이렇게 투자된 임대주택은 대부분 한 주체가 실질 소유자가 아닌 소유권이 불특정 다수의 투자자가 되는 경우가 일반적이었다. 따라서 이러한 불특정 다수의 투자자가 소유자인 임대주택에 대한 관리수요가 증가하기 시작하였다.

더욱이 이 시기에는 정보화의 진전으로 임대주택에 대한 정보가 일반인들에게 공개되기 시작하였고, 이러한 정보의 전달을 효율적으로 수행하기 위해서도 전문적인 관리업체가 필요하게 되었다. 뿐만 아니라 임대주택시장 환경의 변화에 대응한 발 빠른 대응, 임대인에 대한 경영 지원, 그리고 투자자들의 안정적 수익확보를 위한 전문적인 관리운영의 필요성도 증대되었다.

결국 이러한 다양한 시장의 니즈와 요구에 의해 임대주택관리업무 전반에 걸쳐서 전문적이고 종합적으로 업무를 수행할 수 있는 임대주택관리업체에 대한 수요가 늘어나게 되었고, 이는 임대주택관리업 시장의 급속한 발전과 확대를 가져다주었다.

(3) 새로운 임대주택관리 시장으로

이러한 임차인 중심의 임대시장의 변화로 인해 임차인을 소비자자로 인식하고 그 권리를 소비자 보호적 관점에서 파악하려는 움직임이 활발해지기 시작하였다. 즉 임대차계약의 관계를 소비자 보호적 관점에서 파악하기 시작하였고 임대주택관리 업체도 임차인인 권리를 보호하기 위해 노력하기 시작하였다.

또한 신규 임대주택의 대량공급과 시장의 장기 불황 등으로 임차인을 구하기가 점점 어려워지자, 우량한 임차인과 장기 계약을 하고자 하는 임대인의 니즈도 커지기 시작하였는데, 이로 인해 임대주택관리에 있어 임차인의 입장을 보다 중요시 하게 되었다.

(4) 누구를 위한 임대주택관리인가?

이렇게 시대가 바뀌면서 임대주택을 둘러싼 환경과 관리에 요구되는 시각이 크게 변화하는 가운데 임대주택 관리는 누구를 위해서, 어떻게 행해져야만 하는가가 최근에 자주 제기되고 있다.

원래 임대주택 관리는 임대인의 임대경영을 위해서 라는 측면이 강조되었으며, 임대주택관리는 임대인에게 관리위임을 받아 임대료 수납 등의 업무를 시작으로 출발하였고 그후 시장환경 변화와 함께 투자자 등을 포함한 임대인의 수익 극대화를 위해 노력해 왔으며, 최근에는 임차인의 권리를 보호하기 위해서도 노력하고 있다.

그러나 임대주택은 단순히 소유자와 임차인만을 위해 존재하는 것이 아니다. 임대주택은 국가의 한정된 유용한 자원이다. 따라서 이의 적절한 이용과 촉진은 입주자와 이용자의 이익은 물론이고, 그 물건을 포함한 주변의 환경과 도시의 발전, 그리고 공공복지에도 공헌하는 것이다. 따라서 임대주택 관리를 이러한 사회 전체와의 관계로서 파악하는 것도 중요하리라 생각된다.

2 임대주택관리업의 업무

1) 임대주택관리업의 범위

아직까지 한국은 부동산 임대관리 업무의 범위가 명확하지 않다. 일본의 부동산 임대관리의 경우 크게 입주자 모집과 계약 등에 관한 입주자 관리업무와 건물의 유지·관리 등에 관한 건물관리 업무 등으로 나눌 수 있는데, 한국의 경우에는 일반적으로 입주자 관리업무는 중개업자가 주로 수행하고 부동산임대관리업자는 대부분 건물관리업무만을 수행하고 있다[3]. 따라서 한국의 부동산임대관리업자는 통상 포괄적·종합적이지 못하고 매우 제한적인 업무만을 수행하고 있는데 이는 중개업무를 자유롭게 수행할 수 없는 법적 제약이 있기 때문일 것으로 생각된다.

따라서 현재 한국의 부동산 임대관리업의 업무에 대해서 논한다는 것은 주택임대관리업이 시작되는 한국의 시장상황을 고려할 때 큰 의미가 없을 것으로 생각된다. 오히려 일본의 부동산임대 관리업과 중개업의 차이에 대해서 알아보는 것이 현시점에서는 더욱 의미가 있을 것으로 생각된다.

부동산 중개의 의미는 일본의 경우도 한국과 거의 비슷한데, 부동산 중개란 중개대상물에 대해서 거래당사자 간의 매매·교환·임대차 기타 권리의 득실·변경에 관한 행

---

3) 한국의 경우에는 부동산 관리업자 또는 건물 관리업자란 표현이 오히려 적절할지도 모른다.

위를 알선하는 것을 말한다. 일반적으로 중개란 제3자의 입장에서 거래당사자 쌍방을 위해 어떤 일을 주선하는 것을 의미하는 것으로 부동산 중개에서는 소개・매개라는 용어로 혼용되고 있다[4].

이러한 부동산 중개의 의미를 기초로 부동산 임대관리와 부동산 중개에 대한 차이를 살펴보기로 하자. 부동산 임대관리와 부동산 중개의 차이점을 살펴보면 다음과 같다.

첫째, 부동산 중개는 포괄적인 알선업무를 수행한다. 하지만 부동산 임대관리는 입주자 알선과 건물관리에 관한 업체 알선 등 제한적인 알선 업무를 수행한다.

둘째, 부동산 중개는 일반적으로 거래의 계약이 최종 목표로서 계약이 성사되면 그 업무도 종료된다. 하지만 부동산 임대관리는 계약이 최종 목표가 아니다. 따라서 계약 후 입주자 및 건물의 관리, 소유자의 경영지원 업무 등을 수행한다. 또한 소유자와의 계약에 의해 이러한 업무를 장기적으로 수행할 수도 있다. 즉 입주자가 재계약을 하거나 입주자가 바뀌어도 그 업무를 지속적으로 수행한다는 말이다.

셋째, 부동산 중개는 거래 완료 시점까지 당사자 간의 채권・채무 관계 조정・대리 업무를 수행한다. 하지만 부동산 임대관리는 거래 전뿐만 아니라 거래완료 후에도 이러한 업무를 수행하게 된다. 입주자의 임대료 연체 등에 관한 대응 업무 등이 이에 해당한다고 할 수 있다.

넷째, 부동산 중개는 제3자의 입장에서 거래 쌍방을 위해 일을 한다. 하지만 부동산 임대관리는 다분히 소유자 입장에서 업무를 수행한다. 이는 부동산 임대관리의 최종 목표가 소유자의 장기적 수익확보와 극대화라는 데서 알 수 있다.

[그림 5-1]은 일본의 부동산업 분류를 정리한 것인데, 부동산업을 크게 부동산 중개업과 부동산 임대・관리업으로 분류하고 있다.

먼저 부동산 중개업은 건물과 토지의 매매업무와 대리・중개 업무로 나뉘게 된다. 건물과 토지의 매매업무에는 택지분양, 주택분양, 중고주택 매매 등이 있으며, 대리・중개 업무로는 분양판매 대리, 중고주택 매각 중개, 임대주택 중개 등이 있다.

---

4) 방정식・장희순(2011), 부동산학총론(제2판), 부연사, p.342.

부동산 임대 · 관리업은 부동산임대업, 주택임대업, 주차장업, 부동산관리업으로 나뉘게 된다. 부동산임대업의 경우에는 건물과 점포의 임대업무를 수행하고, 주택임대업은 아파트임대와 기타 주택임대 업무를 수행한다. 또한 우리에게는 다소 생소한 주차장업인데 현재 GS칼텍스와 일본의 파크24의 합작회사인 GS파크24가 이에 해당하며, 마지막으로 부동산 관리업은 빌딩 · 점포의 관리, 분양주택관리업, 임대주택관리업이 이에 해당 된다.

따라서 우리가 알고자 하는 임대주택관리업은 부동산 관리업의 한 분분에 해당한다고 할 수 있으며, 이와 유사한 업종으로는 부동산임대업, 주택임대업, 주차장업 등이 있다.

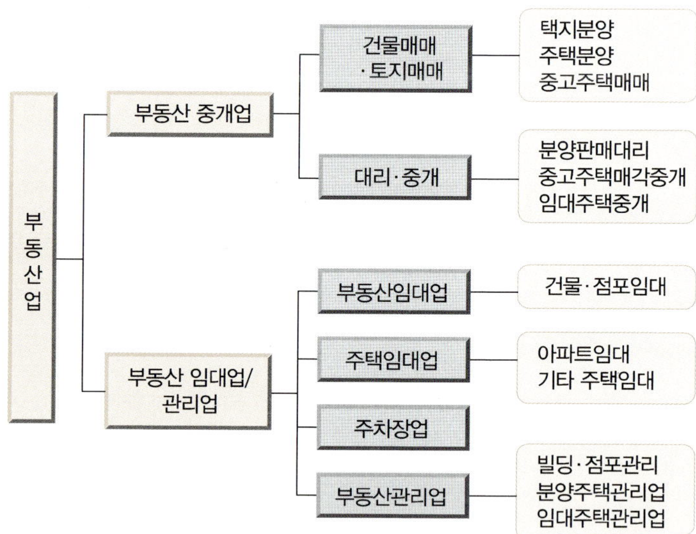

그림 5-1 부동산업의 분류

출처: 賃貸不動産経営管理士練習テキスト, 賃貸不動産経営管理士協議会, 2012年 3月. p. 16.

2) 임대주택관리업의 업무

다음으로는 일본의 임대주택관리업무에 대해서 살펴보자. 일본의 임대주택관리업의 업무는 크게 임대관리업무와 소유자의 경영관리 지원 업무, 그리고 기타 업무 등으로 나눌 수 있다. 하지만 이러한 업무를 모든 임대주택관리업체가 모두 수행하는 것은 아니다. 이는 임대주택관리업체의 규모와 역량에 따라 그 범위가 결정되며, 최종적으로는 소유주와 임대주택관리업체의 계약의 내용에 따라 그 업무의 범위가 결정된다.

(1) 임대관리업무

임대관리업무에는 임대주택관리업의 가장 기본이 되고 중요한 업무라고 할 수 있는데, 임대관리업무에는 크게 계약과 관리업무, 청소업무, 시설·설비관리 업무 등이 있다.

① 계약과 관리업무

계약과 관리업무는 임대관리업무 중 가장 핵심이 되는 업무로, 임대료 등 징수업무, 운영·조정 업무, 계약갱신업무, 계약종료업무 등으로 나눌 수 있다.

먼저 임대료 등 징수업무는 입주자로부터 계약으로 정해진 임대료와 기타 관리비 등을 징수하고, 만약 세입자가 임대료와 기타 관리비 등을 체납할 경우 지불에 대한 독촉을 하며, 임대주택에서 발생하는 관리비용 중 소유자가 납부해야 할 항목에 대해서는 소유자를 대신하여 지불하는 업무를 수행한다. 또한 월 단위로 매월 말에 관리하고 있는 임대주택에 대한 수익 및 지출 등 경영 전반에 대한 사항을 정리하여 보고서를 작성한 후에 소유자에게 직접 보고하거나, 보고서를 송부하는 업무도 이에 해당한다.

다음은 운영·조정 업무이다. 운영·조정 업무에는 첫째, 입주자가 계약 후 입주하는 날 관리업자가 입회를 하는 입주입회 업무가 있으며, 소유자와 계약 기간 중 발생하는 건물과 설비 등의 문제에 발생 즉시 빠르게 대응하고 이에 대해 소유자게 보고하는 업무가 있다. 둘째. 입주자가 다른 입주자나 주변 주민들에게 유해한 행위를 하거나 건물 등에 유해행위를 할 경우에 이에 대한 조치를 하게 된다. 셋째, 입주자인 임차인과 소유자와의 긴급한 연락이 필요하거나 임차인의 소유자에 대한 요구사항 등이 있을 때 또는 그 반대의 사항이 있을 때에도 소유자와 임차인 간에 연락을 취하며, 만일 서로의 이견이 발생할 때는 이에 대한 조정업무도 수행하게 된다. 넷째, 관리물건의 공실 관리업무이다. 이는 소유자의 수익과 직결되는 매우 중요한 업무인데, 관리업체는 공실을 줄이기 위한 다양한 마케팅과 전략을 수립하여 상시적으로 수행하여야 한다. 다섯째 기타 업무로서 소유자가 관공서 등에 해야 하는 각종 신고 업무 등을 소유자를 대신하여 수행하여야 하며, 관리물건에 대한 각종 장부 등을 작성하고 이를 관리하여야 한다.

마지막으로 계약갱신 업무와 계약종료 업무이다. 계약갱신 업무는 임대계약[5]이 만료되기 전에 입주자가 계속해서 거주할 것인지에 대한 의사를 확인하고, 만일 입주자가 계약갱신의 의사가 있을 경우에는 임대료의 조정 등 새로운 임대조건을 제안하고 교섭하게 된다. 최근 일본은 공실의 문제가 크게 대두되고 있기 때문에 만일 기존 입주자가 임대료 지불 등 거주시 큰 문제가 없는 우량한 입주자라면 장기적으로 입주를 지속하기 위하여 각종 유인책 등을 사전에 펼쳐야 한다. 그리고 만약 입주자가 계속 거주를 포기하고 임대차계약을 해지할 경우에는 이에 대한 업무를 수행하여야 한다. 이에 대한 업무로는 임차인과 소유자의 연락 조정, 명도 확인 및 열쇠 수령, 원상회복에 대한 임차인과의 협의, 시키킹 정산 업무 등이 있다. 여기서 종종 문제가 되는 것은 원상회복에 대한 문제인데, 이는 한국의 상황과 매우 다른 일본의 임대주택시장의 관행이라고 할 수 있다. 입주자는 계약 종료 후 퇴거 시에 입주할 당시의 상태로 주택을 원상회복시켜야만 하는 의무가 주어지는데, 이러한 원상회복의 문제에 대해서 소유자와 세입자 간의 의견차이로 인해 마찰이 자주 발생하게 된다. 따라서 관리업체는 이러한 문제들에 대해서 객관적인 자료에 의거하여 입주자를 설득하여 원만하게 문제를 처리하여야만 하는데, 여의치 않을 경우에는 법적 문제로까지 확대되는 경우도 있다.

② 청소 업무

청소업무가 임대관리업무의 한 부분으로 분류된다는 것이 한국의 입장에서 보면 정말 우스운 일이 아닐 수 없다. 하지만 이는 청소업무가 가지고 있는 수익적인 측면과 파급효과에 대해서 잘 모르기 때문에 생기는 것일 지도 모른다. 일반적으로 일정 규모

5) 일본의 임대계약의 경우 한국과 마찬가지로 통상 2년으로 한다.

이상의 관리업체는 지역 내에 다수의 관리물건을 가지고 있다. 따라서 이러한 물건을 통합하여 수행할 경우에는 우리가 상상하는 것 이상의 수익을 창출할 수가 있다. 이는 일본의 대형 임대관리업체들의 대부분이 자회사로써 전문 청소관리회사를 보유하고 있다는 사실이 이를 간접적으로 뒷받침 해주고 있다. 또한 청소관리에 필요한 인원들을 주역 주민들을 활용함으로써 지역에 일자리를 창출하는 등 지역사회에도 공헌하고 있다. 이를 통해 지역주민들에게 기업이 이미지를 제고하여 향후 잠재 수요층이 될 수 있는 지역주민에 대한 회사의 선호도를 증대시키는 효과도 얻을 수 있다.

③ 시설 · 설비관리 업무

시설・설비관리 업무는 현재 한국의 임대주택관리업체들이 중점적으로 수행하고 있는 업무 중의 하나이다. 이는 정기적으로 건물의 외관을 점검하고 필요에 따라서는 소유자의 승인에 따라 이를 개・보수하는 업무 등과 수도, 배관, 냉・난방 등의 설비에 대하여 정비하고 수리하는 업무 등이 이에 해당된다. 또한 건물 및 설비 등의 법정 점검 등의 업무도 있는데 이는 엘리베이터, 소방 등에 대한 점검 등이 이에 해당된다. 〈표 5-1〉은 계약과 관리업무를 정리한 것이다.

▌표 5-1▌ 계약과 관리업무

구분	내용
임대료 등 징수업무	임대료 등의 징수, 미수금 독촉, 관리비용 대리 지불, 월간 보고서 작성 및 송부
운영・조정 업무	입주 입회, 건물・설비 문제발생 시 대응, 유해행위에 대한 조치, 임대차계약에 따라 소유자와 임차인 간의 연락 조정, 관공서 신고사무 대행, 장부 관리, 공실 관리
계약 갱신 업무	임차인의 갱신의사 확인, 신규 임대조건 제안 및 교섭
계약 종료 업무	해약에 따른 임차인과 소유자의 연락 조정, 명도 확인 및 열쇠 수령, 원상회복에 대한 임차인과의 협의, 시키킹 정산 업무

출처: 賃貸不動産経営管理士練習テキスト. 賃貸不動産経営管理士協議会, 2012年3月, p.17.

(2) 경영관리 지원업무

임대주택관리업의 주요 업무는 전술한 임대관리업무이다. 하지만 최근에는 일본의 임대주택시장 상황, 소유자들의 요구와 니즈 등에 의해 이러한 임대관리업무의 범위를 넘어선 다양한 업무들을 임대주택관리업체가 수행하고 있는데 그중 하나가 경영관리 지원업무이다. 임대주택관리업체 측면에서도 경영관리 지원업무는 경쟁력 높은 신규 물건의 확보를 위해 중요한 수단이 되고 있어 이러한 경영관리의 지원업무는 더욱 확대될 것으로 생각된다. 경영관리 지원업무에는 크게 보유 부동산 활용 및 임대용 건물의 계획제안 관련 업무, 임대부동산 경영에 대한 절세와 상속에 대한 상담・제안 업무, 투자가 대상 투자 제안에 관한 업무 등이 있다.

① 보유 부동산 활용, 임대용 건물의 계획제안 관련 업무

일본의 부동산 시장침체가 장기화되면서 단순한 토지 등 부동산 보유는 가격이 하락에 따른 매매차익 손실과 더불어 부과되는 세금으로 인해 이중적으로 손해를 보게 되었다. 또한 건물의 단순 보유도 임대수익이 발생하지 않는 한 지속적으로 손실만 늘어나게 되었다.

따라서 소유자들은 단순 보유에서 활용으로 전환하려는 욕구가 늘어나게 되었는데, 소유자 스스로가 이러한 보유 부동산을 직접 활용한다는 것은 생각보다 매우 어려운 일이었고, 이러한 니즈는 토지의 활용 및 임대사업에 대한 문제를 해결해 줄 수 있는 전문업체의 필요성이 계속 증대되었다.

한편 임대주택관리업체의 입장에서도 기존 물건에 의해 관리호수를 증가시키는 데 어느 정도 한계가 있다는 점과 신규 주택에 대한 수요자들의 선호도가 높다는 점 등을 고려할 때 입지 좋은 토지 및 건물에 대한 신축 및 리모델링에 의한 우수한 신규 물건을 확보하는 것이 회사의 장기적 발전에 있어서 중요하다는 점을 인지하기 시작하였다.

따라서 임대주택관리업체는 개인 및 법인이 보유하고 있는 우수한 입지에 있는 토지 및 건물 등에 대해서 역으로 사업을 제안하기 시작하였으며, 이러한 사업방식에 의해

업체의 수익과 규모가 더욱 확대되는 결과를 가져왔다. 특히 이러한 업무는 건설업을 기반으로 한 관리업체의 경우가 더욱 적극적으로 수행하고 있다. 이러한 업무에 대해서는 9장에서 좀더 상세하게 살펴보자.

② 임대부동산 경영에 대한 절세와 상속에 대한 상담 · 제안 업무

임대주택의 경영은 소유자에게 있어서 임대료에 의한 임대수익이 무엇보다 중요하지만, 그에 못지않게 부동산 보유에 따라 발생되는 세금의 절세와 배우자나 자녀 등에게 증여나 상속 시에 발생하는 세금문제 등도 매우 중요한 사항이다. 일본의 경우 임대주택을 건설하여 운영하고 또 이를 증여 · 상속할 경우 개인의 상황과 그 규모에 따라 이러한 세금을 절감할 수 있다. 따라서 임대주택관리업체에 있어서 소유자에게 이러한 문제들을 해결해주기 위한 상담과 이러한 절세를 위한 사업의 제안 등의 업무도 그 중요성이 점점 증대되고 있다. 이에 대한 내용도 9장에서 상세하게 살펴보기로 하자.

③ 투자가 대상의 투자 제안에 관한 업무

전술한 바와 같이 일본은 1990년대 중반부터 부동산 펀드를 시작으로 부동산 증권화가 급속히 진전되었다. 그리고 부동산 펀드나 증권화를 통해 조성된 자금은 임대주택시장에도 유입되기 시작하였다. 이렇게 조성된 자금은 한 개인의 소유가 아닌 불특정 다수의 투자자로 구성되어 있는데 임대주택관리업체는 이러한 투자자들에게 투자를 제안하는 업무도 수행한다. 이러한 투자자를 대상으로 한 투자 제안업무는 임대주택의 건설, 임대주택의 매입 등 사업의 시작단계부터 투자자들의 안정적인 수익확보를 위한 전문적인 관리운영에 이르기까지 업무의 범위가 매우 포괄적이다.

이상과 같이 일본의 임대주택관리업의 업무에 대해서 살펴보았다. 일본의 임대부동산관리에 관한 법령을 살펴보면, 임대차관계에 대한 차지차가법(借地借家法)과 임대 대리 또는 매개 행위에 대한 중개법(宅地建物取引法) 등이 있으나, 임대부동산 관리업이나 서브리스업을 포함한 관리업에 대해서는 지금까지 확립된 규제나 법이 없다.

그러나 최근 임대주택관리업에 대해서 임의 등록제도인 임대주택관리업자 등록제도가 창설되어, 2011년 12월 1일부터 실시되고 있다. 이 등록제도에 따르면 임대주택관리업의 기간 업무를 다음의 세 가지로 정의한다.

① 임대료, 시키킹 등의 수령에 관련된 업무
② 임대차 계약의 갱신에 관련된 업무
③ 임대차계약의 종료에 관련된 업무

그리고 임대주택관리업은 이 세 가지 기간 업무 중 적어도 한 가지 이상의 업무를 포함한 관리업무를 업무로 수행하고 있는 업체로 정의하고 있다.

(3) 기타

① 소유자의 주요 요구 사항

관리업자의 위탁업무 중에 실제 소유자가 위탁하고 있는 업무의 내용은, 모집・계약・퇴거의 3가지 주요 업무와 체납 임대료 처리업무가 큰 비중을 차지한다. 기타 장기적 관점에서 컨설팅 업무가 있는데 "사업수지계획"과 "수선・재건축 계획" 작성을 위탁하거나 소유자 경영관리나 건물유지관리에 대한 의견 제시 등도 있다.

② 입주자 주요 요구 사항

클레임 등의 처리, 건물 미관・청소 등에 대한 불만이 가장 많다. 관리업자의 소프트면의 관리서비스, 건물유지관리 등의 질의 저하가 과제이다.

3) 리스크 매니즈먼트(Risk Management)

(1) 리스크 매니즈먼트란

리스크 매니즈먼트란 임대주택을 관리하는 동안 발생하는 다양한 문제에 대해서 그 발생 빈도를 줄여나가며, 그 강도를 줄여나가는 것이다. 즉 발생되는 문제에 수반되는 비용 대비 효과를 고려하여 그 문제의 발생 리스크를 사전에 파악하여 예방하고, 만약 문제가 발생할 경우 이에 대해서 신속하고 적절한 대응과 조치를 취하는 것이다. 또한 한번 발생된 문제에 대해서는 다시 재발하지 않도록 매뉴얼화하여 관리해 나가는 것도 포함한다.

일반적으로 리스크의 회피는 다음의 4단계를 통해 수행한다.

① 회피

임대주택관리 물건을 수탁받을 때 그 수탁 물건에 위험성이 있다면 아예 수탁을 받지 않거나, 의뢰자가 임대주택 매입 등에 대해 의뢰할 때 위험성이 있는 물건이라면 아예 매입을 권유하지 않는다.

② 유지

임대주택관리 물건을 수탁받거나 매입 의뢰를 받은 경우 파악된 위험요소를 보수 등을 통해서 문제해결이 가능하다고 판단될 경우 이를 수탁받거나 매입한다.

③ 제어(저감)

해당 물건의 위험요인이 여러 요인으로 혼재되어 있을 경우 그 피해를 최소한으로 억제하기 위해 필요한 조치를 취한다.

④ 전가

해당 물건의 문제에 대한 구체적인 파악이 어렵고, 또한 해당 물건에 문제가 발생할 위험에 대한 정확한 예측이 어려운 경우 이를 보험 등의 수단으로 위험을 전가시킨다.

(2) 임대주택관리업의 리스크 매니즈먼트

임대주택관리업자는 소유자가 안고 있는 임대경영 상의 다양한 리스크를 사전에 분석하여, 발생할 수 있는 리스크를 사전에 예측하고 이를 적절하게 컨트롤해야만 한다. 이런 의미에서 생각할 때 임대주택관리업은 소유자가 안고 있는 임대경영의 다양한 리스크를 소유자를 대신해서 임대주택관리업자가 대신 떠맡은 업무라고 말 할 수 있겠다.

따라서 관리업자는 임대주택 경영상에 상존하고 있는 리스크를 적절히 파악하고 이를 제어하고 관리하는 데 부단한 노력을 기울여야 한다.

임대주택관리업에 있어서의 리스크에는 크게 물리적 측면에 대한 리스크, 계약 관계에 따른 리스크, 사고・재해발생에 대한 리스크, 경영 환경변화에 대한 리스크 등이 있다.

① 물리적 측면에 대한 리스크

- 건물 · 설비의 노후화 및 진부화
- 안전성의 결함
- 물리적 환경의 변화
- 자연적 환경의 변화
- 공실 리스크

② 계약 관계에 따른 리스크

- 연체 · 체납 리스크
- 입주자 신용 리스크
- 계약상 트러블
- 퇴거 미이행, 퇴거 시 정산문제

③ 사고 · 재해발생에 대한 리스크

- 천재지변 리스크
- 화재 · 인재(人災)

④ 경영 환경변화에 대한 리스크

- 경제환경의 변화
- 부동산시장환경의 변화
- 관련 법률 및 세제 변화

4) 임대주택관리업자의 사회적 책임과 역할

(1) 관리업자의 사회적 책임

① 최고 전문가로서의 역할

과거 소유자 중심의 임대주택시장에서는 임대주택관리업의 역할이 임대료 수납 등 단순한 관리업무 등이 중심이었다. 하지만 현재의 입주자 중심의 시장에서는 이러한 단순한 관리로는 소유자의 임대주택 경영에 있어서 안정적 수익을 확보하기가 어렵다. 따라서 최근에는 임대주택관리를 소유자 보유 자산의 적절한 관리와 운용이라는 관점에서 임대주택의 경영 및 관리를 제안하고, 해당 임대주택에 대한 장기적으로 안정된 수익의 확보를 위해 임대주택관리업이 그 역할을 수행하여야만 한다.

이러한 역할을 수행하기 위해서는 단순한 위탁관리가 아닌 보다 종합적이고 포괄적인 업무를 관리업자가 수행해야 하는데, 이러한 업무의 수행을 위해서는 관리업자의 해당 부분에 대한 다양하고 전문적인 지식과 능력이 필요하다.

② 기존 주택 유지 · 관리 대한 기여

일본은 급속한 경제성장과 부동산 가격상승의 시대가 막을 내리고, 저출산 · 고령화로 인한 인구 감소 등 성장형 사회에서 성숙형 사회로 진입하였다.

따라서 사회의 중요한 과제도 단순한 주택의 공급량을 확보하는 것에서 양질의 주택을 확보하고 기존 주택의 질을 향상시키는 것으로 변화하였다. 특히 기존 재고주택의 질적 향상을 위한 유지 · 관리의 문제는 정책의 중요한 목표가 되고 있다.

따라서 관리업자는 이러한 재고주택의 질적 향상을 위한 유지·관리에 중요한 역할을 수행하여야 한다. 이는 도시전체의 유지와 발전에도 매우 중요한 일이기 때문이다.

③ 업무에 관한 전문지식 습득과 연구

전술한 바와 같이 관리업자는 단순한 위탁관리가 아닌 보다 종합적이고 포괄적인 업무를 수행하여야만 하는데, 이러한 업무의 수행을 위해서는 관리업자의 해당 부분에 대한 다양하고 전문적인 지식과 능력이 필요하다고 하였다. 따라서 관리업자와 관리업무 종사자는 이러한 업무에 관한 전문적인 지식의 습득을 위해 끊임없는 노력을 경주하여야 하며, 또한 업무의 지속적인 성장과 발전을 위해 향후 관리업무에 종사할 능력 있는 인재를 육성하는 데도 노력하여야 한다.

(2) 관리업자에게 요구되는 역할

일본에서는 관리업자에게 전술한 사회적 책임과 함께 다음과 같은 역할이 요구되고 있다.

① 의뢰자 자산의 최 유효활용을 통한 안정적 수익 확보

② 입주자 보호 및 쾌적한 주거환경정비

③ 위탁경영에 대한 투명성 확보

④ 경영능력의 향상 및 경영자와 종사자의 품위·자질·지식 및 업무수행 능력

⑤ 새로운 임대관리 경영 수법에 대한 지속적 연구와 제안

⑥ 능동적·체계적·지속적 관리 수행

⑦ 선관주의의무(善管主意義務) 수행 및 공공의 복지와 사회에 공헌

3 일본 임대관리업에 대한 시장 상황 및 향후 변화

1) 시장 상황

(1) 부동산업에 관한 정부 정책

① 부동산업에 대한 역할의 변화

일본에서 부동산업은 일반적으로 개발・분양업, 임대업, 유통업, 관리업 등으로 분류되어 왔다. 하지만 최근에는 이러한 부동산업에 리폼업과 부동산 투자자문업 등도 새롭게 추가해야 한다는 의견이 생겨나고 있다. 즉 부동산업이 더욱 다양화되고 세분화되는 추세인 것이다.

이제 부동산업은 국민의 생활과 경제활동에 있어서 뗄래야 뗄 수 없는 산업이 되었고, 이 들의 발전과 변화에 대응하여 지금까지 변화・발전을 거듭해 왔다. 그리고 향후에도 국민의 생활과 경제활동의 변화와 발전과 함께 부동산업의 기능과 역할, 그리고 업태도 더욱 다양화되고 세분화될 것으로 예상된다.

② 신규공급에서 재고주택의 시대로

일본은 부동산 버블(1985~1990년 경)이 붕괴된 후, 약 10년 정도가 경과된 후 부동산 디플레도 어느 정도 안정되어 가기 시작했다. 그리고 이 시기부터는 부동산에 대한 시각에 변화가 나타나기 시작하였다. 부동산에 대한 일본의 시각은 과거의 분양에 의한 판매수익 중시의 사고에서 운영 수익의 중시로 급격하게 변화하였다. 국가의 정책 면에서도 과거의 신축・매매 중심의 시각에서 임대주택과 기존주택의 리폼을 중요시하는 발상의 전환이 이루어졌다.

이러한 정책적 방향은 2006년 6월에 제정된 "주생활 기본계획"에 반영이 되어있는데, 이후 10년간은 종래의 "주택건설 5개년 계획"을 대신해서 이 계획에 따라 정책이 실행되었다. 이 "주생활 기본계획"에는 "주택관련 사업자의 책무"를 부여하였다.

클릭 Q&A "주생활 기본계획"에 포함된 "주택관련 사업자의 책무"

- 주택관련 사업자는 주택의 안전성과 기타 품질, 성능의 확보에 대해서도 중요한 책무를 가지고 필요한 조치를 강구해야 한다.
- 주택관련 사업자는 사업활동에 관련된 주택에 관한 정확하고 적절한 정보의 제공에 노력해야만 한다.

(2) 사회경제의 환경 변화

① 임대관리업에 대한 수요의 발생

일본은 1950년대 중반부터 경제의 고도성장기에 접어들었는데, 이때 대도시의 일자리가 증가하여 일자리를 찾는 근로자들이 대도시에 대량으로 유입되기 시작하였다. 이러한 대도시로의 급격한 인구유입은 임대주택에 대한 수요를 단기적으로 급증시키는 요인이 되었고, 대도시에는 임대주택의 부족현상이 심화되었다.

그후 급증한 수요에 대응하여 임대주택도 대량으로 공급되기 시작하였다. 초기의 임대주택 사업자는 임대주택에 대한 경험이 없는 단순한 토지 소유주였으며, 상당수가 다른 직업을 가지고 있는 겸업소유자가 대부분이었다. 이러한 상황에서 소유자들의 임대관리의 위탁에 대한 수요가 생겨나게 되었으며, 이러한 수요에 대응하기 위해 소유자의 임대주택의 관리·운영의 위탁업무를 수행하는 임대관리업이 생겨나기 시작하였다. 완벽한 형태는 아니지만 일본은 이 시기부터 임대주택의 소유와 경영의 분리가 나타나기 시작하였다.

그후에도 임대주택에 대한 수요가 지속적으로 급증함에 따라 임대주택관리업체에게 있어서는 커다란 기회를 맞이하게 되었다. 그리고 본격적으로 임대주택사업에 참여하기 시작하였다. 초기에는 주택건설업체가 아파토의 건축 수주의 수단으로 건축 후 임대주택을 위탁관리하기 시작하였으나, 이때는 자사의 자체조직으로 비전문화된 조직에 의해서 임대주택을 관리하였다. 하지만 점차 시장이 확대됨에 따라 자사 이외의 전문업자와의 업무제휴를 통해 임대관리업무를 추진하기 시작하였다. 또한 이 시기에는 투자를 목적으로 만숀 등을 구입한 개인투자자들이 그 관리를 전문관리업자에게 위탁하는 경우도 증가하기 시작했다.

하지만 이 시기의 임대주택관리는 대부분 중개업무에 부가된 기본적인 서비스관리가 주를 이루었으며, 현재와 같은 관리의 노하우를 가지고 보수를 받는 체계화된 관리업무를 수행하는 관리업자는 1975년경부터 생겨나기 시작하였다.

그리고 임대주택의 대규모 공급이 이루어진 버블기 이후에 많은 관리업체들이 등장하기 시작하였는데 현재의 임대주택관리업체의 대부분이 이 시기에 생겨났다고 볼 수 있다.

클릭 Q&A ● 임대관리업을 시작한 이유

1998년 3월 임대주택관리업무 실태조사 보고서[6]에 따르면, 임대관리업을 시작한 이유로 아래와 같다.

- 1위 경영의 안정화 33%
- 2위 고객의 관리위탁 요청 24%
- 3위 컨설팅·매개 고객에 대한 서비스 20%
- 4위 건축·주택판매의 촉진 13%

② 임대주택시장의 변화

일본의 임대주택시장은 과거 임대인 중심의 시장에서 임차인 중심의 시장으로 변화해 왔다. 이러한 시장의 변화가 이루어진 데는 여러 가지 원인에서 찾을 수가 있다.

버블의 붕괴

2장에서 전술한 바와 같이 일본은 1985년경부터 지가의 폭등(버블)이 시작되어 1990년경까지 지속되었다. 이러한 지가 급등의 버블을 억제하기 위해 정부의 정책적 움직임이 있었다. 정부는 1987년 국토이용계획법을 개정하여 "지가 감시구역제도"를 제정하였

6) 不動産流通近代化センター.

다(하지만 지금까지 감시구역이 지정된 적은 한 번도 없었다). 또한 1990년에는 부동산 관련 대출을 규제하기 위해 "부동산에 대한 융자 총량제"가 실시되었다. 이후 일본의 지가급등은 하락세로 돌아섰는데, 단순한 하락이 아닌 폭락이 진행되었다. 이러한 지가 하락은 거의 15년 이상 지속되었고, 2004년이 되어서야 회복기조가 보이기 시작하였다. 그러나 이러한 회복은 대도시 지역에 제한되었고, 지방중소도시는 지금까지 하락이 지속되고 있다. 이러한 대도시 지역의 회복은 2008년 리먼 사태를 계기로 다시 하락 경향으로 돌아섰다가 최근 다시 회복기조를 보이고 있다.

결과적으로 이러한 일본의 버블 붕괴는 자산디플레를 초래하여 일본 경제 전반에 걸쳐서 활력을 떨어뜨리는 주요 원인이 되었으며, 일본의 내수경기도 장기적인 침체에 빠지게 되었다. 또한 이 시기에는 주택의 거래가 침체되어 중개건수가 급속히 감소되었고, 가격하락으로 인해 건당 중개수수료로 떨어지게 되어 중개업자들을 경영상 많은 어려움에 직면하게 되었다. 또한 주택건설업체도 신규 분양의 어려움으로 인해 경영상 어려움에 봉착하게 되었다.

따라서 이 시기에 이러한 경영상의 어려움을 타게 하고 경영의 안정화를 위해 많은 중개관련 회사와 주택건설업체 들이 임대관리업에 진출하는 사례가 급증하게 되었다.

매매시장과 임대시장의 양극화

버블 붕괴 후 지속적인 주택가격 하락으로 주택을 단순 보유한 소유자는 많은 손해를 보게 되었다. 하지만 임대주택의 소유자는 공실의 발생이 없는 경우 어느 정도 안정적인 수익을 확보할 수 있었다. 이에 따라 임대 수익이 발생하지 않는 주택에 대한 거래는 침체되기 시작했다. 반면에 임대주택의 경우에는 지가 회복 상황과 함께 어느 정도 회복국면에 진입하였다. 특히 최근에는 도심부의 주택용지는 주거환경이 양호하고, 교통 편리성이 높은 지역의 지가 상승이 나타남과 동시에 임대시장에도 임대료 하락이 멈출 것이라는 기대 등 호재가 나타나고 있는 등 매매시장과는 상반된 상황이 생겨나고 있다.

대량 공급 초과

2장에서 전술한 바와 같이 일본이 버블붕괴 후에도 임대주택의 공급이 증가한 원인에는 1991년 생산녹지법의 개정이 크게 작용하였다.

일본은 1991년 생산녹지법을 개정하였는데, 시가화 구역 내 농지 중 생산녹지로 지정된 농지 이외의 농지에 대해서는 고정자산세, 도시계획세를 대폭 인상하여 과세를 하였다. 이는 농지의 택지화를 촉진하고, 증가하는 택지수요에 대응하는 정책으로서 거의 버블이 끝날 시기에 개정되었다. 만약 생산녹지로 지정되면 큰 폭의 과세가 경감되지만, 30년간은 농지 이외의 전용이 엄격히 제한되는 등 세제상의 혜택에 따른 제약도 매우 컸다. 따라서 이 시기에 생산녹지로 지정을 희망하지 않고, 택지화 농지를 선택하는 농지가 증가했다. 그리고 세제 부담의 절감을 위해 택지와 잡종지를 전용하여, 임대주택을 건축하는 사례가 급증했다. 따라서 이 시기에는 임대주택의 수요는 증가하지 않았지만, 임대주택의 수는 수요에 비해 급증하는 초과 공급현상이 심화되었다.

임대료의 하락

일본의 임대주택시장은 버블붕괴의 영향과 사회・경제 전반의 침체, 저가격 만숀의 공급 증가에 따른 임대주택수요의 감소, 그리고 생산녹지법 개정에 따른 임대주택 공급의 증가 등 여러 가지 요인이 한꺼번에 겹쳐서 일시에 공급과잉 상태가 되었다.

이로 인해 공실률이 크게 증가하여 1992년경부터 특히 수도권에서 임대료가 하락하기 시작했고, 특히 3대 도시권 하락폭이 크게 나타났다. 그러나 2000년경부터는 대체로 안정이 되었고, 2008년 리먼 쇼크 이후 전국적으로 하락 또는 침체 경향이 지속되다가 최근에는 대도시 지역을 중심으로 다시 회복기미를 보이고 있다.

거래관행의 변화

최근 일본의 임대주택 공실률 증가는 임대료 하락에 머물지 않고, 보증금(레이킹) 면제와 인하, 임대인과 임차인의 원상회복 비용 부담비율의 변경, 임차인의 권리주장 확대・신장 등 지금까지의 거래관행이 더욱더 임차인 위주의 방향으로 크게 변화되고 있다. 일부 임대주택의 경우에는 입주 후 일정기간 임대료를 무료로 해주는 프리렌트를 도입하는 경우도 있으니 일본의 공실률 문제가 얼마나 심각한지를 알 수 있겠다.

주생활의 안정성 확보에 관한 임차인의 요망

최근 임차인은 주거시설의 안정성에 높은 관심 가지게 되었다. 내진성, 석면 사용 여부, 방범설비 등이 그 대표적인 관심항목이라 할 수 있다. 국토교통성도 이러한 임차인들의 변화와 요구에 대응하기 위해 최근 중개업법 시행규칙을 개정하였는데 계약 전에 입차인에게 내진 성능, 석면 사용 상황 등에 대해 중개업자가 인지하였을 경우 중개업자의 중요 사항설명 의무를 부과하는 내용의 법개정을 하였다.

또한 관리업자도 이러한 고객들의 요구에 대한 만족도를 높이기 위해서 관리대상 건물의 정확한 정보를 입수하여, 언제라도 설명 가능한 준비를 하고, 입주자 모집을 담당하는 중개업자에게 정보를 제공할 필요가 있다. 그리고 관리물건에 대해서 개선해야만 할 사항이 있다면 임대인에게 개선계획의 제안 등을 적극적으로 수행하는 노력을 하여야만 한다. 관리업자에게는 내진성능의 개선과 석면사용 상황의 직접적인 책임은 없지만, 문제가 있는데 안전하다고 할 경우 책임을 물을 수도 있다.

2) 향후 변화

(1) 임대수익 더욱 중시

임대관리업무는 소유자의 중요한 자산을 유효하고 적절하게 장기적으로 관리하고, 최대한의 수익을 얻는 것을 목적으로 하고 있다. 이런 목적을 달성하기 위해서는 건물을 항상 양호한 상태로 유지함과 동시에 임차인에게 쾌적하고 안전한 주거 환경을 제공하고, 그 주거만족도를 항상 유지하고 향상시킬 필요가 더욱 증대되고 있다.

또한 부동산에 대한 사회의 관심이 매매차익 중시에서 임대수익을 중시하는 시대로 변화함과 동시에 건물의 물리적 관리에서 자산관리 운용으로 그 업무의 형태가 크게 변화해 가고 있다. 이런 가운데 최근에는 부동산증권화 제도를 활용한 중・고층 임대주택의 건축이 지속적으로 증가하고 있다.

(2) 고객만족도 향상과 상시 관리의 중요성 증대

과거 임대주택시장은 임대인 중심의 시장이었지만, 1994년경부터 임차인 중심의 시장으로 바뀌었다.

이와 함께 이 시기부터 임대관리의 목적이 건물관리 중점에서 자산운용관리로 변화했다. 임대인에게 최대의 수익을 가져다주기 위해서는 높은 입주율과 임대료 수준을 유지・향상 할 필요가 있고, 임차인이 어떻게 하면 장기간 거주할 것인가, 즉 고객만족도를 어떻게 향상시킬 것인가가 최대의 과제가 되고 있다.

이러한 입주자의 만족을 높이기 위해서는 계약서와 특약 사항 등을 미리 준비하고 입주자를 충분히 이해시키는 노력을 함으로써 상호 간의 마찰을 사전에 예방하고, 임차인에 대한 거주방식에 대한 자세한 설명과 지도, 건물・설비의 미관・내진・방범을 위한 적절한 청소와 수선・개보수 실시, 그리고 클레임에 대한 적절하고 신속한 대응 등 상시 관리가 중요시되고 있다.

(3) 임대주택업체의 위탁물건 증가

고객만족도를 향상하기 위해서는 상시 관리체제의 수립이 매우 중요하다. 민간 임대주택이 약 1,340만호로 증가했다는 것은 그만큼 다양화되고 고도화된 부대설비를 갖춘 임대주택이 증가했다는 것을 의미한다. 따라서 이러한 임대주택의 부대설비의 고도화에 따른 클레임 등이 더욱 다양하고 복잡해지고 있다. 또한 소유자가 직접 관리하고 있는 임대주택의 수가 많이 감소하고는 있지만 아직도 상당수의 임대주택은 소유자가 직접 관리하고 있다. 이러한 임대주택은 충분한 관리가 이루어지지 않아 경쟁력이 약해지는 것은 불을 보듯 뻔한 일이다. 따라서 소유자의 고령화 추세와 함께 이러한 물건에 대한 임대관리 전문업체에 대한 위탁은 점점 늘어날 것으로 예상된다. 즉, 향후 미관리 물건이 관리물건으로 변할 가능성이 높아져 이로 인한 임대주택관리업체의 시장점유율은 더 높아질 것으로 예상된다.

Chapter 06

일 본 의 임 대 주 택 관 리 업

일본 임대주택관리업의 사업형태

Chapter

6 ··· 일본 임대주택관리업의 사업형태[1)]

임대주택관리업은 임대주택의 운영을 임대관리 전문가인 임대관리업자가 어느 정도 리스크 관리에 관여하느냐에 따라 관리형태, 즉 사업형태가 달라진다.

이러한 임대주택관리의 사업형태는 크게 서브리스 방식과 관리업무 수탁방식의 두 가지 형태가 있으며, 세부적으로 나누면 5가지의 형태가 있다. 지금부터 이러한 임대주택의 사업형태에 대해서 알아보기로 하자.

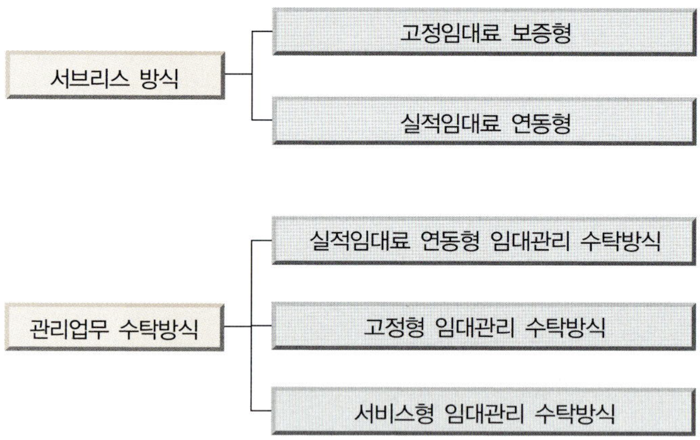

그림 6-1 임대주택관리의 사업형태

1) 不動産流通センター研究所, 賃貸住宅事業の新たな流れ, 方向性について, 2010年.3月; 賃貸不動産経営管理士練習テキスト, 賃貸不動産経営管理士協議会, 2012年3月; 賃貸不動産管理の知識と実務, 賃貸不動産経営管理士協議会, 大成出版社, 2013年3月; (独立法人)日本賃貸住宅管理協会 ホームページ, 国土交通省資料.

1 서브리스 방식[2)]

서브리스 방식은 임대관리사업자가 임대인이 되는 방식이다. 즉 임대관리사업자가 소유자로부터 임대주택을 일괄 임차하여 임대관리사업자가 직접 입주자와 계약 당사자가 되는 방식이다. 이때 전대(転貸)의 방식을 취하게 된다.

이러한 서브리스 방식에는 소유자에게 지불하는 임대료의 성격에 따라 고정임대료 보증형과 실적임대료 연동형의 2가지 방식이 있다.

1) 고정임대료 보증형 서브리스 방식

임대관리사업자가 임대주택경영에 대한 사업 리스크에 가장 깊숙이 관여하는 사업형태이다. 다시 말하면 이 형태의 경우 서브리스 기간 중에 소유자는 그 사업의 리스크에 대해서 자유로워질 수 있으며, 계약 기간 중에는 임대관리사업자가 사업의 모든 리스크를 책임지게 된다.

하지만 서브리스계약을 해소, 해약하게 된다면 그 순간부터는 모든 사업 리스크를 다시 소유자가 책임지게 된다. 따라서 이 방식은 임대관리사업자 및 소유자 쌍방이 이러한 계약 내용에 대해서 충분히 이해한 뒤 진행할 필요가 있다.

고정임대료 보증형 서브리스방식을 취하는 사업의 형태는 크게 3가지의 경우가 있다.

첫째, 임대관리사업자가 건설업을 경영하고 있어, 임대주택건설을 포함하여 건설 후 임대관리업무를 수행하는 경우이다. 이 경우는 대형 서브리스 사업자가 많이 사용하는 방식이다.

둘째, 임대관리사업자 자신이 임대주택에 관한 사업투자를 한 뒤, 임대주택사업을 수행하는 경우이다. 이 경우에는 게스트하우스, 세어하우스 사업 등을 수행하고 있는 사

---

2) 서브리스 사업자가 소유자와 일괄 임대차계약(마스터리스 계약)을 체결한 뒤, 서브리스 사업자가 임대인(전대인)이 되어 개별 입주자와 임대차계약(전대차계약, 협의의 서브리스계약)을 체결하는 방식.

업자가 많이 사용하는 방식이다.

셋째, 임대관리사업자가 자사의 높은 임대관리 및 임대경영 능력을 보유하고 있어서, 소유자의 기대이익에 대응할 수 있을 때 실행하는 경우이다.

클릭 Q&A ----● 게스트하우스와 세어하우스

게스트하우스와 세어하우스는 같은 개념의 주택이다. 초기에는 외국인을 이용 대상으로 하여 '외국인 하우스' 또는 '게스트하우스'란 명칭을 사용하였으나, 최근에는 공용부분의 설비 등을 입주자가 공동으로 공용(供用)한다는 의미에서 '세어하우스'란 명칭을 사용하고 있다.

세어하우스의 특징은 각 실의 전용공간에 침대, 테이블, 의자, 수납가구 등은 설치되 있으나, 키친, 화장실, 욕실 등 물을 사용하는 설비가 없다는 것이다. 즉 주택의 공용부분에 공용키친, 식당, 화장실, 샤워실 등과 공용 냉장고, 공용컴퓨터, 등의 설비가 설치되어 있어 거주자는 이렇게 공용부에 설치된 공용설비를 이용하며 생활하게 된다.

* 먼스리 만숀(호텔)은 각 실의 전용공간에 키친, 화장실, 욕실 등 물을 사용하는 설비가 있다는 점이 게스트하우스와 다르다. 그리고 계약기간이 1개월 또는 수개월의 초단기이다(경우에 따라서는 1년, 2년 계약도 있다).

2) 실적임대료 연동형 서브리스 방식

이 방식은 임대주택경영의 사업리스크는 소유자가 전적으로 부담하고, 임대관리사업자는 자사가 보유한 고도의 임대전문능력을 최대한 발휘, 활용하는 방식이다. 이 방식은 높은 수준의 임대관리 전문능력을 보유하고 있는 중소 임대관리사업자가 참여하기 쉬운 임대관리형태이다. 이 방식의 효과 및 임대관리상의 포인트는 서브리스방식 전체에 공통되는 것이지만, 정리하면 다음과 같다.

첫째, 서브리스사업자가 임대인(전대자)이 되기 때문에, 입주자(임차인)에게 있어서는 임대차계약에 대한 책임 주체가 명확해지므로, 소유자와 임대관리업자가 상존함으로서 발생할 가능성이 있는 문제에 대한 대응창구, 책임범위에 대한 내용과 소재 등에 대한 우려가 기본적으로 발생할 우려가 없다.

둘째, 소유자에게 있어서 임대차계약에 따른 자질구레한 일상의 문제에 대한 대응이 사라지게 된다.

셋째, 입주자(임차인)의 임대료 지체 및 연체, 원상회복(原状回復)[3], 명도 등에 대한 문제처리는 법률적으로 서브리스사업자가 스스로 이에 대한 대응과 처리를 해야만 한다.

넷째, 따라서 입주자(임차인)로부터 보증금(敷金) 반환 등의 소송제기가 있을 경우에는 서브리스사업자가 해당 소송의 피고가 되어 대응하여야 한다.

다섯째, 서브리스방식의 공통적인 사항이기도 하지만, 서브리스계약 시에는 소유자 · 서브리스사업자 간의 임대차계약(마스터계약)이 해약, 해소되는 경우에 입주자(임차인)의 임대차계약(전대차계약)은 소유자 또는 다음 서브리스사업자가 승계한다는 등의 특이사항에 대한 약정이 반드시 필요하다.

이와 같이 실적임대료 연동형 서브리스방식의 사업방식은 임대관리사업자(서브리스사업자)는 임대경영에 대한 사업리스크 그 자체에 대한 부담을 지지 않으면서, 임대인의 자격으로 실질적, 법률적 책임을 부담하기 때문에 이러한 상황에 대처 할 수 있는 임대관리의 전문능력의 보유가 반드시 필요하다.

---

3) 일본의 경우에는 입주가가 계약이 종료하여 퇴거를 할 때, 사용하던 집에 대하여 해당되는 시설부분에 대하여 처음 입주했을 때의 원래 상태로 복구를 해야 할 의무를 가지게 된다. 이때 들어가는 비용은 최초 임대계약 시 수령한 보증금(시키킹, 敷金)에서 충당하게 되는데, 결국 세입자는 원상회복에 드는 비용을 차감한 액수만을 퇴거 시 받게 된다. 만약 원상회복에 필요한 비용이 보증금(시키킹, 敷金)을 초과하는 경우, 세입자는 부족한 금액에 대해서 추가적으로 지불해야만 한다.

클릭 Q&A ---● 서브리스 사업자와 소유자 간의 임대차계약(마스터계약)의 포인트

서브리스 방식에는 소유자(토지, 건물)와 서브리스 사업자 간에 임대차계약(마스터계약)과 입주자(임차인)과의 임대차계약(전대차계약, 협의의 서브리스계약)이 있다.

▶ 계약기간

실적임대료 연동형의 경우, 2년 정도의 비교적 단기의 계약기간을 갱신하는 방식이 많다. 고정임대료 보증형의 경우는, 계약기간이 2년인 경우도 있으나, 5년, 10년 또는 30년 등 장기의 기간으로 계약하는 경우가 많다.

▶ (소유자에게) 지불 임대료 보증기간

실적임대료 연동형의 경우는 당연히 그 임대료 보증기간 자체가 없다. 고정임대료 보증형의 경우는 계약기간의 장·단에 관계 없이 임대료 보증기간은 2년 또는 3년 등으로 하거나, 5년 또는 10년 등 장기의 기간을 설정하는 사례도 있다. 이때 각각의 계약기간 만료 시점에 임대료 수준을 새롭게 갱신하게 된다.

▶ (소유자에게의) 지불 임대료 보증수준

고정임대료 보증형만 관계되는 사항이지만, 보증하는 임대료 수준은 예를 들면 서브리스 사업자가 건설업을 함께하는 경우에는 보증하는 임대료 수준이 높고, 서브리스 사업자 자신도 사업투자를 하고 서브리스 사업을 수행하는 경우(게스트하우스, 세어하우스 등)에는 소유자에게 지불을 보증하는 임대료 수준이 낮아지는 경향이 있다.

▶ (소유자로부터 수수하는) 서브리스 사업 보수

실적임대료 연동형의 경우에는 일정 비율의 서브리스 사업보수를 소유자로부터 수수하게 되는데, 그 수준은 서브리스 사업자의 책임, 권한의 부가 등에 따라서 책정된다. 그리고 그 수준은 일반적으로 관리업무수탁방식 보다는 높게 설정되지만, 보수 수준 그 자체가 거의 변하지 않는 경우 등 상황에 따라 보다 다양하게 나눠지기도 한다.

▶ 마스터리스계약에 있어서 (소유자에의) 사례금, 보증금 등의 일시금 지불

이것도 다양한 케이스가 있으나, 소유자와 서브리스 사업자 간의 임대차계약(마스터계약)을 체결할 때, 시키킹, 레이킹 등 초기 일시금이 지불되는 사례는 줄어들고 있다. 즉 소유자에 대해서는 월 임대료 지불만을 원칙으로 하는 경우가 많아지고 있다.

2 관리업무 수탁방식

관리업무 수탁방식은 소유자가 임대인이 되고, 관리업자는 소유자로부터 위탁받은 일정 부분의 관리업무만을 수행하는 방식이다. 이러한 관리업무 수탁방식에는 관리보수의 성격에 따라 실적임대료 연동형 임대관리수탁방식과 고정형 임대관리수탁방식, 그리고 서비스형 임대관리수탁방식 등 3가지의 방식이 있다.

관리업무 수탁방식은 실무적인 임대관리의 일정 업무는 임대관리 사업자가 수행하지만, 입주자(임차인)와의 임대차계약 상의 책임, 권한, 임대주택의 관리・운영에 관한 리스크 등은 소유자가 전적으로 부담하는 사업방식이다. 이 방식은 기본적으로 시장의 상황이 비교적 좋거나 안정적이어서, 소유자가에게 있어서 임대주택 경영에 대한 사업리스크가 매우 낮은 경우에 효과적인 방식이다.

구체적으로는 이 방식이 유효한 시장과 경영환경에 대해서 정리하면 다음과 같다.

첫째, 임대주택의 수요가 넘쳐나서, 특별한 전문적 경영능력이 없어도 임차 희망자가 넘쳐나는 경우이다.

둘째, 임대주택의 수요가 넘쳐나는 수준은 아니지만, 소유자가 이미 주택대출을 모두 갚거나 전혀 없는 상태여서 다소 공실이 발생하여도 임대경영상에 특별히 문제가 되지 않는 경우, 또는 개인 사업주의 경우 세제상의 효과[4]를 얻고 있기 때문에 굳이 리스크를 안고 추가 투자 등을 할 필요가 없는 경우이다.

1) 실적임대료 연동형 임대관리수탁방식

관리보수가 임대관리사업자의 실적에 따라 달라지는 임대관리수탁방식이다. 이는 임대주택관리사업자가 관리・운영 등의 노하우가 축적된 경우에 주로 선택하는 방식이다.

이는 기준이 되는 임대경영의 실적을 정해서 임대관리사업자가 본인의 능력을 충분

---

4) 구체적인 효과 및 혜택에 대해서는 9장의 p. 184 '임대주택사업의 이점'에서 기술하였다.

히 발휘하여 임대경영의 기준 실적보다 높으면 계약상의 관리보수만큼 더 많은 보수를 받게 된다.

2) 고정형 임대관리수탁방식

관리보수가 실적에 관계없이 항상 고정된 일정액으로 정해지는 임대관리수탁방식이다. 따라서 관리회사는 특별히 노력을 기울일 필요가 적으며, 소유자도 임대관리 사업자에게 정해진 단순 업무 등을 부여하는 경우가 많다. 이 경우는 임대관리 사업자의 능력에 의해 임대주택의 경영실적이 크게 영향을 받지 않을 때 주로 선택하는 방식이다.

3) 서비스형 임대관리수탁방식

관리보수를 특별히 받지 않는 임대관리수탁방식으로서, 임대중개업무에 부가되는 서비스적 성격이라고 이해하면 되겠다. 대신 소유자는 임대주택의 전속중개계약권을 중개업자에게 부여하는 경우가 많다.

3 향후 사업형태의 방향

관리업무 수탁방식은 전술한 바와 같이 입주자를 구하는 데 큰 어려움이 없는 임대시장은 소유자에게 유리한 방식이다. 또한 이미 건설된 임대주택으로서 대출에 대한 부담이 없는 경우에도 많이 선택되는 방식이다. 하지만 서브리스방식은 위와 같은 상황과 반대의 경우에 효과를 볼 수 있고 그 의미도 찾을 수 있는 사업방식이다.

따라서 지역별 시장상황, 시기별 시장상황 등에 따라서 소유자는 자신에게 유리한 사업방식을 선택할 것이다.

현재 일본의 임대주택시장에서 입주자가 넘쳐나는 시장상황은 찾아보기 어려우며, 인구・세대수의 장래 예측 등을 고려하더라도 시장환경이 지금보다 더욱 어려워 질것으로 예측된다.

또한 일본의 임대주택 공실률은 약 18.7%(2008년 기준)로 매우 심각한 수준에 처해 있으며, 따라서 이러한 상황에 대처하기 위해서는 시장의 니즈에 대응한 임대경영을 할 수 있는 전문 임대관리업의 역할이 더욱 중요하게 될 것이며, 관리형태에 있어서도 서브리스 방식이 향후 더욱 주목받게 될 것으로 예상된다.

Chapter 07

일 본 의 임 대 주 택 관 리 업

일본 임대주택관리업 관련 제도

Chapter 7 ··· 일본 임대주택관리업 관련 제도

일본의 임대주택관리업 관련 제도 중 가장 대표적인 제도로는 임대부동산경영관리사(賃貸不動産経営管理士)제도와 임대주택관리업자 등록제도(賃貸住宅管理業者登録制度)를 들 수 있다.

1 임대부동산경영관리사(賃貸不動産経営管理士[1])

임대부동산경영관리사는 고도의 전문성과 윤리관, 공정한 입장에서 업무를 수행하는 지식·기술·능력을 갖춘 임대관리업무의 전문가를 육성하기 위해 창설된 자격증 제도이다.

기존에 일본에서는 [임대부동산관리사]와 [임대주택관리사]의 두 자격증 제도가 있었으나, 이 두 자격증 제도를 2007년 7월 [임대부동산경영관리사]로 통합하였다.

임대부동산경영관리사는 임대주택소유자나 입주자의 의뢰·상담을 기초로 하여, 임대주택소유자에게는 임대주택의 안정적·효율적 자산운용을 위한 컨설팅을 제공함과 동시에 입주자에게는 안전·쾌적·편리한 주생활의 실현, 마찰을 미연에 방지하고 신속히 해결하기 위한 조언 등을 수행하는 임대주택관리 전문가이다.

임대부동산 경영관리사 협의회에 의하면, 2012년 3월 1일 기준으로 약 22,000명 정도가 등록되어 있다.

---

1) 賃貸住宅経営管理士協議会　ホームページ.

클릭 Q&A ---● 임대부동산경영관리사에게 요구되는 자질

(1) 임대주택 소유자에 대한 컨설팅

임대주택건설 기획제안, 입주자 모집, 계약관리, 입주자 관리, 건설・설비 유지 보존, 장기적 자산보전, 자산관리, 상속세, 원상회복과 시키킹(보증금) 정산 등

(2) 입주자에 대한 지원・조언

임대차 계약, 물건의 탐색・조사, 계약갱신, 원상회복 등

〈자격증 취득〉

▶ 임대부동산경영관리사 협회에서 운영하는 2일간의 기본연습을 수강하고 기본연습 수료시험에 합격한 후, 1일간의 등록연습을 수료한 자

▶ 부동산중개업무 또는 임대부동산경영관리사 협회가 인정하는 임대부동산 관련 업무에 3년 이상 종사하고 있거나 또한 종사한 경험이 있는 자

〈구자격증 소지자〉

"임대부동산관리사"와 "임대주택관리사" 등 구자격증 소지자는 보유자격증의 최장 유효기간을 한도로 하여 유효하며, 임대부동산경영관리사와 병존하게 된다. 또한 일정의 연수과정을 통해 구자격증에서 임대부동산경영관리사 자격증으로 바꿀 수도 있다.

〈기존 자격증에서 변경〉

2007년 7월, 전국일본중개사협회(全国宅地建物取引業協会連合), 전일본부동산협회(全日本不動産協会), 일본임대주택관리협회(日本賃貸住宅管理協会) 등 3개 단체에 의해 임대부동산경영관리사 협의회가 설립되어, 통일된 자격증인 "임대부동산경영관리사" 제도가 창설되었다. 이에 따라 이들 3개 단체에서 인정해 왔던 자격은 신자격증인 "임대부동산

경영관리사"로 통일 되었다.

하지만 각 3단체에서 실시되어 왔던 기존 자격증을 보유하고 있는 자는 보충강의와 효과측정을 거치면 통일 자격증으로 전환이 가능하다. 이미 자격증을 전환한 자는 약 13,000여 명에 이른다.

2 임대주택관리업자 등록제도(賃貸住宅管理業者登録制度[2])

국토교통성은 2011년 12월 1일 임대주택관리업무의 적정화를 도모하기 위해 국토교통성 고시에 의해 임대주택관리업자 등록제도를 실시하였다.

임대주택관리업자 등록제도는 등록사업자의 업무에 대한 규정을 제정하고, 임대관리사업의 적절한 운영방안을 확보하고, 임대주택관리업의 건전한 발전을 도모하며, 입주자 및 소유자의 이익을 보호하는 것을 목적으로 하고 있다.

임대주택관리업자 등록제도는 임대주택관리업을 운영하고 있는 주체라면 등록이 가능하나, 등록업자는 입주자 등의 이익을 보호하기 위해 임대관리에 관한 주요 사항 등 일정한 규정(업무처리 준칙)을 엄수하여야 한다.

만약 이를 위반하고 손해를 끼쳤을 경우에는 필요한 지도, 조언, 권고를 할 수 있으며, 관리사무에 대한 부정행위가 적발될 시에는 등록을 말소시킬 수 있다.

클릭 Q&A ● 임대관리에 관한 주요 사항

- ▶ 관리대상이나 계약내용에 대한 주요 사항의 설명과 서류교부
- ▶ 소유자에 대한 정기적인 관리업무 보고
- ▶ 소유자와 관리회사의 재산을 분리하여 관리
- ▶ 보증금(시키킹) 정산액 교부

2) 国土交通省, ホームページ, 賃貸住宅管理業者登録制度について.

〈임대주택관리업자 등록제도 Q&A〉

Q1. 등록제도의 목적은

A. 임대주택관리업자 등록제도는 등록을 한 임대주택관리업자가 수행하는 업무에 대하여 일정한 규칙을 정함으로써, 그 업무의 적정한 운영을 확보함과 동시에 입주자 등의 이익 보호를 도모하는 것을 목적으로 하고 있다.

따라서 본 제도가 보급됨으로써 소비자들은 적정한 관리업무를 수행하고 있는 관리업자나 임대주택을 선택하는 것이 가능해지며, 임대주택 관리에 관한 공통된 규칙이 보급됨으로써 임대주택에 관한 문제를 감소시킬 수 있을 것으로 기대된다.

Q2. 임대주택관리업자는 반드시 본 제도에 의해서 등록을 해야 하나

A. 임대주택관리업자 등록제도는 임의 제도로서 등록의 여부는 각 관리업자의 판단에 따른다. 등록하지 않아도 기존의 관리업무는 지속적으로 수행할 수 있다.

Q3. 관리업자에게 적절하게 업무를 수행시키기 위해서는 모든 관리업자에게 면허제 등을 통한 강제력 있는 제도를 실행해야만 하지 않을까

A. 임대주택 관리에 관해서 현재 특정 법규제 등이 없는 점과 사업자의 부담을 고려하여 임의 등록제로 창설되었으며, 단지 임대주택 관리업무에 관한 공통의 규칙을 확산시킴으로써 업무의 적정화를 도모하고 있다.

Q4. 임대주택관리업자 등록제도는 어떤 효과가 있나, 또한 등록하면 우량한 업체로 인지되는가

A. 등록한 사업자 명은 공개되기 때문에, 그 사업자가 임대주택 관리업무에 관해서 관련 규칙에 따르는 중요사항의 설명이나 서면 교부, 수령임대료 등 자산의 분리관리를 적절히 하고 있는가 등이 공개된다. 등록했다고 해서 어떤 특별한 보증을 주는 것은 아니지만, 임차인은 이러한 정보를 물건선택이나 관리업자와의 계약

시 판단 기준으로 활용할 수 있다.

Q5. 소규모 사업자에게 있어서 등록을 위해 부담이 크지는 않을까

A. 임대주택관리업자 등록제도는 필요한 사항을 기재한 신청서를 제출하기만 하면 결격요건에 해당되지 않으면 경영규모나 매출에 관계없이 등록이 가능하다.

Q6. 등록하기 위해서는 부동산중개사 등 자격자를 둘 필요가 있는가

A. 부동산중개사와 같은 자격자를 둘 필요는 없으나, 임대주택 관리업무는 전문적인 지식과 관리업무를 지닌 자, 즉 만숀관리사, 민간자격인 임대부동산경영관리사 등 자격자가 업무의 중심을 수행하는 것이 중요하다고 생각된다.

Q7. 부동산중개업법과의 관계는 어떠한가

A. 부동산중개업법은 부동산의 임차 대리·매개를 대상으로 하고 있지만, 임대주택 관리업자 등록제도는 임대주택 관리를 대상으로 하고 있어 각각 다른 관점에서 업무의 적정화와 소비자 보호를 도모하고 있다.

Q8. 왜 임대주택관리업자 등록제도는 국토교통성 장관 등록제 인가

A. 임대주택관리업의 적정화를 도모하고, 입주자가 안심하고 생활할 수 있는 임대주택의 제공은 정부로서도 당면한 과제이지만, 각 지방자치단체의 이해와 협조도 필요하다. 하지만 먼저 정부의 등록제도로 시작하여 적절한 관리업무의 보급에 노력하고, 후에 등록상황과 운영상황을 파악하면서 지방자치단체와의 협력체제와 차후 시책을 검토해 나가고 있다.

3 예치금 보증제도(預金保証制度)[3)]

예치금 보증제도는 소유자와 관리회사와의 서브리스 계약에 관하여 임대료 지불 채권을 보증하기 위해 일본임대주택관리협회가 새롭게 보증기금을 설치하고, 이에 대해 국가로부터 일정의 보조를 받는 국가 보조사업으로 창설되었다. 또한 이의 가입현황은 실시간으로 일본임대주택관리협회 홈페이지에서 회사정보를 공개하고 있다.

클릭 Q&A ● 예치금 보증제도의 목적과 업무

(1) 관리회사가 도산할 시에, 되돌려 주지 못한 예치금을 보증변제
(2) 소유자의 요청에 의해, 도산발생 시 (긴급적, 일시적)관리대행회사 소개
(3) 소유자의 미회수 채권에 대해 회수 지원
(4) 관리회사의 경영안정을 위한 어드바이스 등

또한 본 제도에 의한 보증 변제는 관리회사에 도산 등의 사태가 발생했을 경우 관리회사의 예치금에 대해서 회사 당 최고 1천만 엔 까지 보증 변제금을 지불한다. 이때 임대료의 경우에는 1개월분을 상한으로 하고 있다.

예치금 보증제도는 관리회사가 도산했을 경우를 대비해 새로운 관리회사를 소개해 주는 "일시 관리회사 소개 시스템"을 두고 있다.

일시 관리회사 소개 시스템이란 예치금 보증제도의 일환으로 행해지는 활동으로서 만약 임대만숀이나 아파토를 관리하고 있는 회사(예치금 보증제도에 가입하고 있는 회사)에게 도산 등의 사태가 발생하여 건물의 관리가 지속되지 않아 곤란에 처한 건물의 소유자로부터 요청이 있을 경우 건물을 일시적 · 긴급적으로 관리하는 대체 회사를 소개하는 시스템이다. 이 시스템은 긴급사태 발생 시에 입주자나 소유자가 떠안을 불안이나 곤란을 최소한으로 억제하기 위해 건물관리를 계속할 수 있게 하면서 당사자들에 대해

3) 公益財団法人日本賃貸住宅管理協会, ホームページ.

여러 측면에서 도움을 주고 있다.

이러한 보증제도에 가입하기 위해서는 과거 3분기 결산서 등을 제출하고, 제3자 기관인 "보증제도 심사회"의 심사를 통과해야만 한다. 이 심사회는 공인회계사·변호사·대학교수 등으로 구성되어 있으며 엄격하고 객관적인 심사가 진행된다.

보증기간은 매년 9월 30일까지 1년간으로 하며 보증을 계속하기 위해서는 새로운 결산서를 제출하고 새로 심사도 통과해야만 한다. 따라서 이 제도는 가입한 관리회사의 "경영 건전성"을 판단하는 중요한 기준의 하나가 된다.

임대주택관리는 소유자의 자산을 소유자를 대신해서 관리·운용하는 것으로 이때 관리회사는 제3자(소유자)의 재산을 취급하는 중요한 책임을 지고 있기 때문에 경영의 건전성·안정성이 항상 요구하게 되는데 본 제도는 정기적인 심사(년 1회)을 통해 관리회사의 경영의 건전성·안정성에 대해 객관적인 평가를 부여함으로써 소유자의 관리회사 선택에 중요한 기준을 제시하고 있다.

(1) 예치금 보증변제에 대하여

① 지급이 가능한 경우

▶ 파산, 민사재생의 개시, 특별청산의 개시, 회사정리의 개시, 회사갱생 수순 개시의 제기, 또는 어음교환소의 취급정지처분, 은행 등 금융기관의 취급정지 처분 시.

▶ 폐업 등 소유자에게 지불 정지상태가 되었다고 당 협회가 인정한 경우.

② 지급하는 금액(임대료 1개월 분)

▶ 수금대행 임대료의 경우: 각 입주자에 대해 그 임대료 등(관리회사가 입주자로부터 임대료 등을 예치한 시점을 가지고 예치 임대료로 한다).

▶ 서브리스 임대료의 경우: 각 서브리스 원 계약에 대해 그 서브리스 임대료 등(서브리스 원계약에 있어서 임대료 지불기일을 가지고 서브리스 임대료로 한다).

단, 상기 금액의 총액이 1,000만 엔을 넘을 경우에는, 당해 관리회사 1사에 대해

총액 1,000만 엔을 한도로 하고, 소유자에게는 다음의 계산식에 의해 산출된 금액을 지불한다. 단, 이러한 관리회사에 대한 총채권액이 1천만 엔을 넘을 경우, 소유자 1인당 보증변제금은 아래 식에 따라 계산한다.

$$1\text{천만엔} \times \frac{\text{가입자(관리회사)가 해당 소유자에게 진 예치금 인도채무 및 서브리스 임대료 지불채무}}{\text{가입자가 모든 소유자에게 진 예치금 인도 채무 및 서브리스 임대료 지불채무}}$$

(2) 지급이 불가능한 경우

▶ 지불 가능한 사유의 발생부터 3개월 이내에, 당 협회에 대해 소정의 방법에 의해 채권 신고를 하지 않은 경우.

▶ 당해 관리회사가 지불 가능한 사유의 발생 이전에, 그 보증제도로부터 계약해지 되었을 경우, 가입 관리회사가 해약되었을 경우에는, 그 해약 사실을 당 홈페이지에 게재하여 모든 사람에게 공고하고 있다.

(3) 일시 관리회사 소개시스템에 대하여

① 관리회사를 소개할 수 있는 경우

오너와 서로 임대관리위탁계약 또는 서브리스 원계약을 체결하고 있고, 또한 그 보증제도에 가입하고 있는 관리회사에 대해서, 보증제도의 유효기간 중에 사유가 발생하고 해당자들의 요청이 있을 경우 긴급적・일시적인 관리를 위해 관리회사를 소개한다.

② 소개 관리회사

본 보증제도에 가입하고 있는 관리회사 중에서 소개한다. 일시 관리에 있어서는 소개하는 관리회사와 소정의 일시 관리업 위탁계약(계약기간 6개월)을 체결한다.

③ 관리회사 소개가 불가능 한 경우

소개 가능한 사유가 발생했음에도 불구하고, 오너에 의해 관리회사의 소개에 대한 요청이 없는 경우.

④ 일시 관리업무 위탁계약 종료

일시 관리업무 위탁계약은 계약 체결부터 6개월 후에 자동적으로 종료된다. 이때, 새로운 관리회사를 선정하여, 다시 임대관리에 관한 계약을 체결할 필요가 있다. 소개한 일시 관리회사와 재계약하는 것도 가능하다.

기타 미수 임대료 등의 회수지원에 대해서는 소개한 일시관리회사와 일시관리업무위탁계약을 체결한 경우에 종전의 관리회사와의 미수된 임대료 등의 채권이 존재하는 경우에는, 그 회수에 대해서 변호사의 소개・알선 등 여러 가지 측면에서 지원한다.

Chapter 08

일본의 임대주택관리업

일본 임대주택관리업의 최근 추이

Chapter 8 ··· 일본 임대주택관리업의 최근 추이[1]

1 서브리스 방식의 확대

임대관리사업자(서브리스 사업자)가 임대인(전대자)이가 되는 서브리스 방식을 대형 사업자뿐만 아니라 중소 사업자도 적극적으로 채용하는 사례가 늘고 있다. 이렇게 서브리스 방식이 확대됨에 따라 임대주택시장에서도 다양한 변화가 나타나고 있다.

1) 정기차가계약(定期借家契約)[2]의 채용

서브리스 방식이라고 해서 모두 정기차가계약을 사용하는 것은 아니지만, 일본의 최근 조사결과[3]에 의하면, 입주자와 임대차계약을 정기차가계약으로 하는 사례가 있었다.

2) 레이킹(礼金), 시키킹(敷金) 등 일시금 수수 상황의 변화

서브리스 방식에만 해당되는 것은 아니지만, 레이킹(礼金), 시키킹(敷金) 등의 일시금 수수에 관해서, 서브리스 사업자가 곧 임대인이기 때문에 서브리스 사업자 스스로 경영판단에 의해 이에 유연하게 대응하는 경우가 생겨나고 있다. 예를 들면 시장상황에 맞

---

1) 不動産流通センター研究所, 賃貸住宅事業の新たな流れ, 方向性について, 2010年3月.
2) 계약의 갱신이 없는 계약으로, 계약기간이 종료 된 시점에서 계약은 종료되며, 명도를 할 수 있다.
3) 不動産流通センター研究所, 賃貸住宅事業の新たな流れ, 方向性について, 2010年3月.

게 통상처럼 이를 수수하는 경우도 있으며, 반대로 상황에 따라서 레이킹(礼金)을 받지 않는 등 임대시장의 상황에 따라서 차별화된 경영전략을 펼쳐나가고 있다.

3) 입주자(임차인) 퇴거 시 원상회복에 대한 대응 방안

입주자 퇴거 시 원상회복 등에 대한 대응에 대해서 「국토교통성(国土交通省) 가이드라인」 또는 도쿄도 조례[4]의 적용이 확대되고 있다. 특히 서브리스 방식 사업의 경우 서브리스 사업자가 임대인인 되기 때문에, '국토교통성(国土交通省) 가이드라인' 등에 따른 대응이 점진적으로 적용되는 경향을 보이고 있다.

4) 입주자(임차인) 대응창구의 강화

입주자(임차인) 불만 24시간 전화 대응창구 설치 등 입주자의 만족도를 높이기 위한 서비스의 강화는 서브리스 방식뿐만 아니라 최근에는 업계 전체로 확산되고 있다. 하지만 서브리스 사업방식은 서브리스 사업자가 직접 임대인이기 때문에 그 서비스의 제공도 상대적으로 더욱 효율적으로 운영하려는 움직임을 보이고 있다.

2 상속에 의한 2, 3세대 사업자의 증가

최근에는 부모 등으로부터 상속받은 임대사업을 운영하는 2, 3세대 사업자 증가하고 있다. 이들 2, 3세대 사업자는 기존의 사업기반을 바탕으로 본인 스스로 새로운 시장상황과 변화에 적응하기 위한 사업전개를 통해 기존 사업을 활성화시켜가 나가고 있다. 2, 3세대 사업자는 소유자와 임대주택관리 사업자 등 크게 두 가지 형태가 있다.

---

4) 통상 경과 년 수에 의한 노후화에 대한 비용은 집주인이 부담한다 등.

하지만 최근의 주택임대시장의 상황이 매우 어려운 상황에 처해있고 향후 시장상황도 불투명하기 때문에 새로운 대책과 대응에 대한 구상에 노력하고 있다.

이렇게 2, 3세대 사업자가 임대경영에 대하여 현재와 미래의 어려운 시장 및 경영환경에 대하여 새로운 대책과 대응을 구상할 필요성을 절감하는 이유는 바로 소유자와 임대주택관리사업자 모두가 선대로부터 물려받은 사업을 계승한 2대, 3대째이기 때문이다.

또한 이들의 대부분이 70대, 80대의 부모로부터 사업을 물려받은 40대, 50대 들이기 때문에 소유자로서 상속한 임대물건을 매각처분을 할 것인가, 어떤 방식으로든 활용·투자하여 임대경영을 계승하고 재건할 것인가, 아니면 상속받은 임대주택경영자에게는 경영실적이 나쁜 임대사업을 폐업할 것인가, 새롭게 수익성이 좋고 안정적인 임대관리 업무를 수행할 것인가 등의 여러 가지 선택 중에 한 가지를 결정해야만 하는 상황이 닥쳐오고 있다.

3 정기차가계약(定期借家契約)의 적극적 활용

과거 일본의 민간임대주택 시장에 있어서 정기차가계약의 활용은 그리 높지 않았었다. 정기차가계약을 활용하는 경우는 전근 등에 의해 단기적·일시적으로 거주를 하는 경우와 가까운 시일 내(향후 수 년 내)에 주택의 재건축이나 대수선 등이 계획이 되어있어 주택에 계속 거주가 어려울 것으로 예상되는 경우 등 극히 제한적인 경우에만 이용되었다.

하지만 최근에는 이러한 정기차가계약의 활용이 적극적으로 활용되고 있다. 그 이유는 크게 두 가지로 생각되는데 첫째, 임차인(입주자) 입장에서는 정기차가계약이 보통임대계약 보다 명확하다는 점이다. 정기차가계약은 계약기간을 확정적으로 미리 정하고, 공정증서 등 서면에 의해 계약을 하며, 계약기간 만료와 함께 계약이 종료된다는 것을 임차인에게 설명해야만 한다. 만약 임대인이 임차인에게 이에 대한 설명에 태만했을 경우에는 그 계약은 효력이 없어지며 보통임대계약이 된다.

둘째, 임대시장의 물건은 남아돌고 임차인(입주자)는 부족한 시장상황이다. 임차인 입장에서는 이러한 시장상황에서 재개약에 대한 어려움이 없으며, 오히려 임대인 쪽에서 더 적극적으로 재개약을 원하기 때문에 구태여 장기계약을 할 필요가 낮아지고 있다. 또한 정기차가계약은 입주자는 계약기간 중에도 전근, 요양 등 부득이한 사정이 발생하여 계속 거주가 곤란한 경우에 중도 해약이 가능하다는 이점이 있어 임차인 입장에서는 더욱 유리한 계약이 될 수도 있기 때문이다.

이렇게 정기차가계약의 활용은 다양한 형태로 이루어지고 있으나, 다음의 예들을 통해 이 활용에 대해서 이해해 보기로 하자.

[사례 1] 가구 · 가전 등이 있는 임대주택에 있어서의 정기차가계약 활용

일본은 최근 게스트하우스, 세어하우스, 먼스리 만숀 등 가구 · 가정 등의 옵션이 포함된 임대주택에 대한 수요가 꾸준히 증가하고 있고, 임대시장에 있어서 그 비중도 점점 커지고 있다. 그리고 이러한 임대주택의 임대차계약에 있어서 상당수가 정기차가계약을 활용하고 있다.

이러한 임대주택에서 정기차가계약이 자주 활용되고 있는 이유는 가전 · 가구 등의 상태와 그 사용 등에 대한 사항 등 기존의 보통임대계약과는 다소 상이한 점이 있기 때문이다. 따라서 임대인과 임차인은 이러한 임대주택의 계약에 있어서 가전 · 가구 등의 상태와 그 사용 등에 대한 사항 등에 대하여 사전에 명확히 해두는 것이 매우 중요하며, 이를 통해 사후에 발생될 수 있는 원상회복 등의 문제에 대해서도 미리 예방할 필요가 높기 때문이다.

따라서 임대인과 임차인은 이러한 사항 들을 포함한 계약 내용을 명확히 하고 상호 충분한 이해가 필요하기 때문에 이를 위해 정기차가계약을 활용하고 있다.

[사례 2] 일반 임대차계약에 있어서 정기차가계약의 활용

최근에는 일반 임대차계약에 있어서도 정기차가계약을 적극적으로 활용하는 사례가 서브리스방식뿐만 아니라 다른 경우에도 늘어나고 있다. 일반적으로 임대주택의 일반 임대차계약은 보통임대계약을 활용하는 것이 일반적이었다. 하지만 이러한 일반임대차 계약에 정기차가계약을 활용하는 사례가 생겨나고 있다. 그 이유로는 첫째 정기차가계약이 임대인과 임차인 상호간에 대등한 입장에서 이루어지는 계약 방식으로 인식이 확산되고 있기 때문이다. 따라서 최근 신규 계약에 있어서 임차인은 기본적으로 정기차가계약을 선호한다.

둘째, 실무에서는 정기차가계약을 "정기적으로 계약을 완전히 종료 시킨다"는 의미보다는 정기적으로 임대인과 임차인 간에 계약내용의 확인과 임대주택 사용호실 상황을 확인하고 명확히 한다는 의미로 더 크게 받아들이고 있다. 따라서 임대인의 입장에서도 이러한 불확실성을 줄일 수 있다는 수단으로서 정기차가계약을 선호하는 추세가 늘고 있다.

[사례 3] 계약 갱신료를 둘러싼 소송사건의 대응책으로 활용

최근 일본은 갱신료를 둘러싼 소송사건이 늘어나고 있으며, 이러한 대응책의 일환으로 정기차가계약 도입을 검토하는 사례가 늘어나고 있다. 물론 이러한 갱신료를 둘러싼 소송사건의 위험이 단순히 보통임대계약에서 정기차가계약으로 바뀐다고 해서 모두 해소되는 것은 아니다.

하지만 기본적으로 정기차가계약에서 재계약을 하기 위해서는 재계약 시에 중개업자 또는 임대인이 임대업무 내용을 명확히 하여야 하며 재계약료를 받는 근거와 의미에 대해도 임차인에게 충분한 사전 설명과 이해를 얻는 것이 필요하다. 따라서 통상 보통임대계약처럼 재개약 시 임차인과 아무런 교섭 없이 자동갱신을 지속하여 이러한 문제를 무작정 뒤로 미루는 것이 아니라 문제들을 재계약 시점에 조기·사전 검토한다는 데 큰 의미가 있겠다.

클릭 Q&A ● 보통임대계약(普通借家契約)과 정기차가계약(定期借家契約)

◉ **보통임대계약(普通借家契約)**

- **계약기간**: 계약기간은 1년 이상이며, 통상 2년으로 한다.
- **임차인의 중도해약**: 중도해약에 대한 특약사항을 정할 수 있다. 해약의 예고기간을 정하거나, 갑자기 해약하는 경우에 지불하는 금액에 대해 정하는 경우가 많다.
- **소유자(임대인)의 해약**: 임차인이 계속해서 거주를 희망하는 경우, 임대인이 해약이나 계약기간 종료 시 계약 갱신의 거부는 임대인에게 정당한 사유가 없는 한 불가능하다. 따라서 보통임대계약의 계약기간은 임대인의 사정과 임차인의 의지에 의해 결정된다.

◉ **정기차가계약(定期借家契約)**

- **계약기간**: 계약의 갱신이 없는 계약으로, 계약기간이 종료 된 시점에서 계약은 종료되며, 명도를 할 수 있다.
- **계약체결 방법**: 계약기간을 확정적으로 정하고, 공증증서 등 서면에 의해 계약을 하는 것이 필요하다. 또한 계약서는 별도로 사전에 서면을 교부하며, 계약의 갱신이 없으며, 기간 만료와 함께 계약이 종료된다는 것을 임차인에게 설명해야만 한다. 임대인이 설명을 태만했을 경우에는 그 계약은 정기차가로서 효력이 없으며, 보통임대계약이 된다.
- **중도해약**: 거주용 건물의 정기차가계약은 계약기간 중에 임차인이 전근, 요양 등 부득이한 사정이 발생하여 그 주택에 계속 거주하기가 곤란한 경우에는 임차인이 해약을 신청할 수 있다. 이 경우 해약 신청일로부터 1개월이 경과되면 계약은 종료된다. 단, 이 계약권이 사용 가능한 것은 연면적 200㎡ 미만의 주택에 거주하고 있는 임차인에 한해서다. 역시 중도해약에 관해서 개별적으로 특약을 체결하는 것은 가능하다.
- **계약 종료 시**: 계약기간이 1년 이상인 경우에는 임대인은 기간 만료 1년~6개월 전까지 기간에 임차인이 계약이 종료되는 것을 통지할 필요가 있다. 역시 임대인과 임차인이 합의하면, 재계약도 가능하다.
- **보통임대계약의 정기차가계약으로 전환**: 정기차가제도는 2000년 3월 1일부터 시행되고 있지만, 그 이전에 체결된 주택의 보통임대계약은 임차인을 보호하는 관점에서 임차인과 물건이 바뀌지 않는 경우, 정기차가계약으로 전환하는 것은 인정되지 않는다.

4 기존 임대주택의 리노베이션을 통한 새로운 수요층의 개발

최근 일본은 재고주택을 중시하는 추세가 강해지고 있는데 이러한 흐름 속에 기존 재고주택 중 건축년수가 상당히 경과한 노후주택 등을 리노베이션 공사를 통해 재생시켜 새로운 수요층을 타깃으로 한 주택으로 탈바꿈시키는 사례가 증가하고 있다.

대표적으로 기존의 독신자용 주택·사택 등을 리노베이션으로 재생시켜 새로운 임대주택의 형태인 게스트하우스, 셰어하우스 등의 임대사업으로 전환하는 경우를 들 수 있다.

클릭 Q&A → 리폼(Reform)과 리노베이션(Renovation)

리폼과 리노베이션은 비슷한 개념으로 혼재되어 사용하는 경우가 많다. 하지만 그 의미에는 다소 차이가 있다.

리폼은 노후화된 건물을 건축 당시의 상태(성능)로 회복시키는 것을 의미하며, 일반적으로 주로 거주 중에 주택의 개·보수 등의 비교적 소규모 공사를 지칭하는데 주로 내·외장의 공사 등으로 도배 등이 대표적이다.

이에 반해 리노베이션은 기존 건물의 대규모 수선이나 개보수 공사를 통하여 용도나 기능을 변경시켜 그 성능을 향상시킴으로써 가치를 높이는 것을 말한다.

5 임대차 계약 시 일시금(레이킹과 시키킹 등)을 가능한 없애려는 움직임

최근 일본의 어려운 임대주택 시장상황과 임차인(입주자) 중심의 임대시장으로의 전환 움직임 등으로 임대인이 입주 시에 수령하는 일시금에 대한 입주자의 불만이 점점 높아지고 있으며, 특히 퇴거 시 원상회복을 둘러싼 임대인과 임차인과의 마찰은 더욱 심화되어 소송에 이르는 등 그 문제가 더욱 심각해지고 있다. 이러한 문제는 결국 임대차계약 시 수령한 일시금과 깊은 관련이 있기 때문에 최근에는 계약 시 이러한 일시금의 수수를 줄여나가려는 움직임이 일본 전역으로 확대되고 있는 실정이다.

이러한 최근의 움직임 중에는 임차인과의 마찰을 최대한 줄이고 임차인의 만족도를 높여나가기 위하여 일시금의 수수를 가능한 없애고 월 임대료 베이스로 경영을 해나가려는 움직임도 생겨나고 있다. 즉 레이킹 제로, 시키킹 제로, 퇴거 시 원상회복의무 제로 등의 임대주택이 생겨나기 시작했는데, 물론 이 경우에 임대료는 주변 비슷한 물건보다는 비싸게 책정되어 있다.

6 고객인 임차인의 만족도를 최고로 중시

임대관리업자는 소유자와 임대관리수탁계약을 하고 업무를 수행하기 때문에 자칫 잘못하면 소유자의 직접적인 희망, 요구 등 소유자의 입장에 치우친 업무수행을 하는 경향이 있다. 하지만 임대주택사업은 다른 한편으로 "주거공간"을 제공하는 서비스업이기 때문에 너무 소유자 입장에 치우쳐 업무를 수행하는 것은 바람직하지 않으며, 자칫 입주자의 불만을 높일 수 있는 원인이 될 수도 있다. 더욱이 현재의 임대주택시장이 점점 경쟁이 치열해지고 입주자를 구하기가 점점 어려워질 것으로 예상되는 상황에서 이러한 업무수행은 고객인 임차인의 만족도를 떨어뜨려 입주율을 떨어뜨리게 될지도 모른다. 그리고 이는 결국 소유자의 안정적인 수익의 확보와 수익의 극대화라는 관리업자의 궁극적인 목표를 달성할 수 없는 결정적인 원인이 될 수 있다.

따라서 고객인 임차인의 만족도를 높이는 것이 입주율 향상에 직결되고 이는 결국 소유자의 수익과 직결되기 때문에 최근에는 이러한 임차인의 만족도를 최고로 높이기 위한 관리업무의 수행이 중요시되고 있으며, 이러한 추세는 시장에 더욱 확대되고 있다.

클릭 Q&A ● 일본에서 소유자에 대한 관리업자의 의무

첫째, 임대중개 업무와 관계없이 임대주택 관리를 철저히 한다.
둘째, 다른 업자로부터 소개료를 받지 않는다.
셋째, 소유자의 이익과 상반된 행위를 하지 않는다.
넷째, 입주율 향상과 업무의 효율화를 위하여 최대한 노력한다.

7 입주자 응대업무의 체계화 · 시스템화

임대주택관리는 특히 임차인인 입주자와 의 관계가 매우 복잡하여 이에 관련된 다양하고 복잡한 문제가 발생하게 된다. 따라서 이러한 문제를 해결하기 위해 상당한 시간과 노력이 필요하게 되는데, 과거 소유자 중심의 임대시장에서는 이러한 업무들을 별로 중요하게 생각하지도 않았고 해결하기 위해 큰 노력을 기울이지도 않았다.

하지만 최근에는 입주자 중심으로 시장 상황이 바뀜에 따라 관리업체에게 이러한 업무는 고객의 만족과 입주율을 향상시킬 수 있는 매우 중요한 업무 중 하나가 되었고 따라서 이러한 문제들을 해결하기 위해 적극적인 노력을 기울이고 있다.

따라서 이에 대한 노하우를 축적하기 위해 지속적인 노력을 기울이고 있으며, 그 일환으로 고객의 자질구레한 요구까지 그것도 24시간 연중무휴로 응대하는 고객상담센터 등을 적극적을 도입하고 있다. 또한 고객응대에 대한 시스템 도입 등 관련 노하우를 축적한 관리회사는 다른 관리회사에게 고객응대에 대한 노하우를 전수하거나 업무수주 등으로까지 비즈니스를 확장하고 있다.

8 새로운 형태의 임대주택을 적극적으로 개발

최근 일본은 임대주택시장의 경쟁이 점점 치열해져 가고 있다. 따라서 지금까지와 같은 일반적인 형태의 임대주택은 경쟁우위의 확보가 점점 어려워지고 있으며, 입주자 모집도 점점 어려워지고 있다.

따라서 최근에는 과거와 같은 일반적인 형태의 임대주택을 제공하는 형태에서 벗어나 보다 세분화되고 구체적인 고객층을 타깃으로 한 임대주택을 적극적으로 개발해 나가고 있다. 결국 고객의 니즈를 세분화하여 타깃을 정하고 이러한 타깃의 니즈에 맞춘 임대주택을 공급함으로써 치열한 경쟁 속에서 보다 안정된 임대경영을 수행하려고 하는 움직임이 늘어나고 있다. 이는 주로 임대주택의 이노베이션을 통해서 수행하게 되는데 이에 대한 사례로는 첫째, 단독주택의 임대 확대이다. 일본의 경우 단독주택은 이미 임대주택시장에서 일정 부분의 포지션을 점유하고 있고 그 수요도 꾸준히 증가하고 있다. 하지만 그 증가하는 수요에 비해 아직까지도 충분한 공급이 이루어지고 있지 않다. 이런 점들을 감안한다면 단독주택의 임대시장은 앞으로도 더욱 확대될 것이며, 임대주택관리업자들에게는 더욱 주목받는 시장이 될 것으로 예상된다.

둘째, 애완동물과 공생이 가능한 임대주택의 개발이다. 일본의 애완동물 관련 시장은 우리가 생각하는 것 이상의 천문학적인 시장이다. 그 이유는 여러 가지가 있겠지만, 그 중 하나는 50%가 넘는 단독주택 비율에서 찾을 수가 있다. 유년기에 단독주택에서 부모와 같이 생활하면서 애완동물을 키워 왔던 많은 사람들에게는 성년이 되어서도 애완동물에 대한 그리움과 애착은 강할 수밖에 없다. 따라서 단독주택에서 애완동물과 같이 유년기를 보낸 아이가 성년이 되어서 독립을 하였을 때 경제적인 사정상 임대주택에 살게 되는 경우에도 애완동물을 키우고자 하는 욕구는 클 수밖에 없다. 따라서 일본에서는 애완동물과 공생할 수 있는 임대주택에 대한 수요가 항상 존재하며 임대관리업자는 이러한 수요를 대상으로 한 임대주택을 지속적으로 개발하고 있다.

하지만 이들에게 있어서 애완동물이 단순한 붐이라기보다 필수적인 생활조건이 되어

가고 있는데 비해 이들에 대한 임대주택의 대응은 "애완동물 사육"이라는 단순한 측면만 고려하는 다분히 공실 해결을 위한 궁여지책의 하나로서 인식되고 운영되어 왔다.

하지만 최근에는 이렇게 단순한 개념을 채용하는 것이 아니라 더욱 적극적으로 "애완동물과의 공생" 개념에까지 사업을 확대하고 이에 적합한 임대주택을 개발·관리경영을 수행하는 움직임이 나타나고 있다.

셋째, 전원생활, 직업, 취미 등을 고려한 임대주택의 개발이다. 일반적인 형태의 임대주택은 단순한 거주의 편리성을 제공할 수 있지만 개인의 취향과 직업, 취미 등 개인적 특성에 따른 편리성을 제공하기는 매우 어렵다. 하지만 최근 이러한 개인적 특성이 더욱 다양화되고 이에 대해 만족을 시켜줄 수 있는 임대주택에 대한 수요는 점점 증가하고 있는 추세이다. 따라서 최근 일본에서는 이러한 개인의 취향과 직업, 취미 등 개인적 특성에 따라 이들의 욕구를 충족시키기 위한 임대주택의 개발이 점진적으로 진행되고 있다.

전원생활을 느낄 수 있는 텃밭이 있는 임대주택, 악기를 연주할 수 있는 방음이 되어 있는 임대주택, 트럭운전자를 위해 대형주차장이 있는 임대주택, 바이크 애호가를 위해 바이크를 집까지 가지고 들어 갈 수 있는 임대주택 등 다양한 형태의 임대주택들이 꾸준히 개발되고 있다.

클릭 Q&A — 단독주택형 임대주택

최근 일본에서는 20대 후반부터 30대의 젊은 부부를 중심으로 자녀교육환경, 생활소음의 불안 해소 등으로 단독주택 임대에 대한 수요가 높아지고 있지만 공급은 매우 적어 수급의 불균형이 매우 심한 상황이다.

이러한 단독주택형 임대주택은 단독주택 임대를 희망하는 입주자의 증가뿐만 아니라, 임대주택을 새로 건설하려는 토지 소유자 쪽에서도 수요가 증가하고 있는 추세이다.

그 이유는 임대주택을 건설하는 소유자 입장에서는 공동주택과 비교해서 건설 투자비용이 적고 이전에 임대용 단독주택에 투자했던 다른 소유자들의 투자효과를 직접 눈으로 파악하기가 쉽다는 이점이 있기 때문이다(호수가 적고 밖에서 보아도 공실이 있는지 없는지 눈으로 직접 파악하기가 쉽다).

최근 임대주택의 공실이 높아지고 있어 이미 일부 지역은 공급과잉 상태이기 때문에 무조건 아파토를 건축하는 것은 매우 위험하며 오히려 공실을 고려했을 때 채산이 나오지 않는 경우도 많다.

하지만 단독주택의 경우 입주기간이 비교적 장기인 경우가 많고 공실 리스크도 적어 상대적으로 안정된 수익의 확보가 가능 할 수도 있다.

또한 최근에는 단독주택형 임대주택의 경우 텃밭을 만드는 경우도 있다. 텃밭이 있는 단독주택형 임대주택을 만들 때 각 세대마다 폐쇄된 형태로 만들면, 밭을 만들거나 정원을 만드는 가정이 있는 가하면, 아무것도 하지 않는 가정도 있어 전체 주거환경과 미관상 좋지 않을 수 있다. 따라서 오픈 된 공동공간의 형태로 만드는 것이 더욱 효과적인데 이를 통해 입주자 공동작업, 소유자의 공동참가·지도 등을 통해 입주자 커뮤니티를 활성화 시키는 것도 중요하다. 또한 텃밭을 활용한 CO2 절감효과, 사계절에 대응한 이벤트 실시, 가족과 친구, 근처 주민과의 커뮤니티의 확대도 기대할 수 있으며, 소유자에게도 단순한 투자뿐만 아니라 지역공헌의 실현도 가능하게 된다.

클릭 Q&A ····● 애완동물 공생 임대주택

애완동물 공생 임대주택은 임차인의 입주 전과 입주 시에 애완동물 사육 규칙의 확인과 이에 대한 충분한 이해가 필요하며, 입주 후에도 애완동물의 사육에 대한 지원체제도 매우 중요하다. 또한 최근 일본 애완동물 사육의 특징은 ① 소형화, ② 비만화, ③ 고령화, ④ 실내 사육, ⑤ 여러 마리 사육 등의 추세를 보이고 있으므로 이에 대한 대응이 필요하다.

그리고 애완동물을 사육하는 임차인의 경우 개별 소유권이 있는 분양만숀 보다 임대만숀에서 사육하는 것이 보다 원만하다. 왜냐하면 분양만숀의 경우에는 주변의 입주자와 여러 가지 마찰이 발생할 가능성이 높으며 이를 해소하기가 매우 곤란하기 때문이다.

또한 최근에는 단순히 애완동물 사육이 가능하다는 것 이외에 함께 뛰어 놀 수 있는 광장, 애완동물을 데리고 들어갈 수 있는 카페나 레스토랑, 동물병원 등도 매우 중요시되고 있기 때문에 이러한 시설을 단지 내나 인근 지역에 유치하는 것도 매우 중요하다.

클릭 Q&A ····● 직업, 취미 등을 고려한 임대주택

최근 일본의 임대주택시장의 새로운 키워드는 직업, 취미 등을 고려한 콘셉트이다. 그리고 입주자들의 직업과 취미 등을 고려한 임대주택의 형태는 매우 다양하다.

- ▶ IT 콘셉트의 임대주택
- ▶ 악기 연주가 가능한 임대주택
- ▶ 음악 등의 감상이 가능한 오디오를 설치한 임대주택
- ▶ 고급 대형 바이크를 집 안의 공간에 전시 가능한 임대주택
- ▶ 서핑보드 등을 다양하게 집 안에 전시할 수 있는 임대주택
- ▶ 고급 자전거를 집 안에 전시할 수 있는 임대주택
- ▶ 대형주차장 등이 있는 임대주택 등

9 고령자 · 장애자 · 외국인 입주자를 타깃으로 한 임대주택의 개발

일본에서도 이전에는 고령자 • 외국인 • 장애자 등은 겉으로 들어내지는 않았지만, 임대주택관리업자의 입주기피 대상이었던 것은 부인할 수 없는 사실일 것이다. 이는 현재 한국의 경우도 비슷하리라 생각된다. 따라서 이들이 일반 민간임대주택에 입주하기란 매우 어려운 일이었다. 하지만 임대주택시장의 경쟁이 점점 치열해지고 공실률이 높아지는 등 임대주택시장이 점점 어려워짐에 따라 이러한 임대주택시장의 관행도 점차 사라지게 되었다. 오히려 공실이 높은 지역이나 임대주택은 이들을 주요 입주 타깃으로 하여 이러한 어려움을 극복해 나가려는 움직임이 생겨나고 있다. 이러한 추세는 국가의 장래와 사회적 교류와 화합적인 측면에서도 매우 환영할 만한 일이라 할 수 있겠다.

클릭 Q&A ---• 일본의 외국인 추이[5)]

◉ **외국인 등록자 수, 국적(출신지)별 현황**

현재 일본에 거주하고 있는 외국인 수는 2007년 기준으로 외국인 등록자 수(영주자 수 포함)는 215만 명으로 10년 전과 비교해서 약 1.5배 증가하고 있으며, 일본 총인구의 약 1.7%를 차지하고 있다.

◉ **외국인 등록자의 국적(출신지)을 살펴보면, 중국이 60만 인을 넘어섰고, 전체의 28.8%를 차지하고 있으며, 그 다음으로 한국 · 북한 · 브라질 · 필리핀 · 페루 · 미국 순이다.**

① 중국은 1975년부터 계속 증가하여, 2007년 말에는 2006년과 비교하여, 16,148인(8.2%) 증가하고 있다(대만, 홍콩을 포함).

② 지금까지 일관되게 최대 구성비를 점하고 있던 한국 • 북한은 2007년 말에는 2006년과 비교하여 4,730인 감소하여, 중국에 이어 2위를 차지하고 있다.

③ 브라질과 페루는 과거 10년 거의 매년 계속 증가하여 브라질은 등록자 총수의 15% 전후, 페루는 3% 전후를 차지하고 있다.

④ 10년 전인 2007년 말과 비교하여, 등록자수가 10,000인 이상 증가한 나라는 중국(354,725), 필리핀(109,324인), 브라질(83,713), 베트남(24,963), 타이(20,715), 페루(19,302), 인도네시아(13,684), 인도(13,111) 등 이다.

---

5) あんしん賃貸住宅推進協会, 「あんしん賃貸支援事業と外国人の民間賃貸入居円滑化ガイドライン」, 2009年3月.

클릭 Q&A ● 일본 외국인 임대주택의 관리 포인트

◉ 임대차계약은 통상은 일본어 계약서에 계약자가 서명(사인)하는 방식

임대계약서는 각 국어로 표시된 것이 당연히 좋으나, 계약내용의 해석에 의의가 생겼을 때의 대응을 고려한다면, 오히려 일본어로 된 통상의 임대계약서에 계약자가 서명(사인)하는 방식이 문제가 적을 수 있다.

◉ 임대차계약의 내용, 임대주택에서의 생활 규칙은 사전에 전달, 설명

일본어 임대계약서의 경우, 통역자(양국어를 이해하고 있는 자)를 중간에 세우고 계약을 진행하게 되는데 이 경우에도 외국인이 계약 조항을 충분히 이해하는 것이 어려울 수 있다. 따라서 외국 입주자의 안정되고 원활한 거주를 도모하기 위해서는 사전에 일본의 독특한 임대차계약의 포인트(시키킹, 레이킹의 설명, 전대금지 등)와 임대주택에서의 생활 규칙(쓰레기 버리기, 소음 등) 등을 충분히 전달하고 이해시키는 것이 필요하다.

◉ 신원 확인, 체제목적, 일본에서의 수입 확인

여권, 외국인 등록증, 수입(收入) 증명서, 또한 계약 시의 면담과 청취 등을 통해 신분・ 체재목적・ 일본체재 중 수입 등을 확인하는 것도 필요하다.

◉ 임대보증 회사 활용

일본에서 외국인의 경우 임대료 체납 등에 대비한 연대보증인의 확보가 매우 어려워 일반 임대주택에 거주하는 데 가장 큰 장애가 되고 있다. 따라서 최근에는 민간 임대보증회사에 의한 기관보증을 통해 이러한 문제를 해결하는 사례가 늘어가고 있다. 또한 최근에는 외국인 보증을 전문으로 있는 보증회사도 생겨나고 있다.

◉ 일상의 커뮤니케이션에 의한 트러블의 사전방지, 조기 해결

쓰레기 버리기, 소음, 전대, 계약자 이외 거주, 무단 퇴거 등 이전부터 있어 왔던 외국인의 임대거주에 따른 문제들의 사전방지와 조기해결을 위해서는 입주 전 상세한 설명과 입주 후 일상의 커뮤니케이션의 확보가 필요하다. 외국인 입주자는 입주 후 주변 거주자들과 커뮤니케이션을 전혀 하지 않는 경우가 많기 때문에 이러한 문제의 파악이 더욱 어렵다.

따라서 평소에 생활하는 데 문제점이 없는지 등에 관한 수시의 연락과 커뮤니케이션이 이루어진다면, 이러한 문제의 발생을 사전에 예방하는 데 효과가 있다.

일반적으로 소유자와 관리회사가 언어 문제 때문에 계약 전・후에 외국인과의 커뮤니케이션 확보가 어려울 경우에는 외국인 거주자를 대상으로 지원하는 단체나 회사를 활용하는 것도 매우 효과적이다.

10 여성의 니즈가 임대주택 경영전략의 핵심

전술한 게스트하우스, 세어하우스, 애완동물 공생 임대주택 등은 주 고객층이 여성이며 이들은 여성 고객층의 지지를 받고 확대되고 있는 임대주택이라고 말할 수 있다.

일본의 임대주택시장은 여성에게 사랑받는 상품은 반드시 시장이 확대되고, 반대로 여성에게 외면받는 상품은 실패한다는 것이 거의 일반화된 공식으로 자리매김을 하고 있다. 이런 의미에서 여성의 감성과 영업센스를 활용하고, 또한 여성에게 사랑받는 임대주택 공급을 경영전략의 핵심과 기본으로 하는 것은 향후 임대주택의 방향성을 고려할 때 빠뜨릴 수 없는 중요한 요소이다.

일본에서 이러한 예로 게스트하우스를 들 수가 있는데, 게스트하우스는 초기 단계에는 외국인을 주 타깃으로 사업을 시작하였지만 그 생활환경과 스타일에 20대~30대 여성층이 점점 관심을 가지기 시작했으며, 결국 여성의 게스트하우스 입주가 점점 늘어나게 됨으로써 시장에서 인기가 높아지고 수요도 증대하여 폭넓게 확대되었다.

따라서 최근 임대주택관리업체들은 직업여성의 소득수준을 고려하여 도쿄에서 안전·쾌적·편리한 삶을 누릴 수 있고, 여성들의 자아실현이 가능한 임대주택과 거주환경의 창조를 키워드로 한 상품개발에 주력하고 있다.

11 지역밀착형 사업 추진 강화

미래의 기업은 지역사회와 융화를 이루고 지역사회의 발전에 공헌을 통하여 더욱 발전하게 되며, 기업의 이익은 이러한 지역사회 이익과 일치할 때 더욱 극대화된다. 특히 임대주택관리업과 같이 그 지역의 토지와 주민들을 기반으로 하는 사업의 경우에는 더욱 그렇다.

따라서 최근 일본의 임대주택관리업체, 특히 지역사회를 기반으로 하는 지역밀착형 기업은 이러한 지역사회와의 융화화 지역사회의 발전에 공헌하기 위한 일환으로 지역과의 조화를 이루고 지역의 매력을 더욱 높이기 위해 임대주택건물의 건축에 많은 신경을 쓰고 있다. 따라서 최근에는 획일적이거나 통일된 임대주택의 건설을 많이 지양하고 있다.

또한 지역밀착형 중소관리업체의 경우에는 과거와 같이 영업지역을 지나치게 확대하지 않고 지역 내와 그 주변에 한정하여 이를 중점적으로 영업하고 있다. 이러한 방법이 물건 관리의 효율성을 높이고 시장의 변화에 빠르게 대응할 수 있기 때문이다. 그리고 이들의 목표는 지역 내의 No.1 업체가 되는 것이다.

최근 대형사업자의 시장점유율이 점점 높아지고는 있으나, 대형사업자가 지방도시에 본격적으로 진출하는 것은 그리 쉽지만은 않은 일이기 때문에 중소관리업체의 입장에서는 지역 내에서 사업의 입지를 확고히 해나가는 것이 오히려 현명한 사업전략일 수가 있다.

그리고 다양한 방법으로 지역 사회의 발전에 공헌하기 위한 노력도 지속적으로 확대하고 있다. 이의 일환으로 회사 사옥의 일부를 학생 및 아동 보육공간으로 할애하고 지역의 환경미화와 통학 교통지도 등 지역에 필요한 활동 등을 폭넓게 수행하고 있다. 이를 통하여 회사의 학생·아동 보육시설에 자녀를 부탁했던 가정의 어머니의 상당수가 회사에 입사하는 등 지역과의 커뮤니티를 더욱 강화하고 있다.

그리고 최근 일본의 지방중소도시에서 큰 문제가 되고 있는 무인가옥(공가)의 정원청소와 손질 등을 하청으로 적극 수행하고 있는데 이를 통한 지역의 거주환경 개선은 장기적으로 지역의 토지나 주택가격에 긍정적인 역할을 하게 될 것으로 기대된다.

12 외부네트워크의 적극적 활용

전술한 애완동물 공생 임대주택, 악기연주가 가능한 임대주택을 운영·관리하고 있는 사업자가 모두다 애완동물을 사랑하거나 음악을 사랑하는 것은 아니다. 따라서 이러한 임대주택을 운영·관리하고 있는 사업자가 이러한 임대주택을 활성화하기 위해서는 차라리 애완동물·음악연주 전문가나 관련 애호가 단체 등 외부로부터 도움을 받는 것이 더욱 효과적일 수 있다. 따라서 최근에는 이러한 외부의 네트워크를 적극적으로 활용하여 사업을 진행하는 사례가 늘어나고 있는데 특히 지역 중소기업의 경우에 이러한 방법의 활용은 매우 효과적이고 경쟁력을 높일 수 있는 최선의 방법이라 할 수 있다.

따라서 최근에는 수 년 전에 참가했던 연구회의 멤버가 각지에서 활동하고 있고, 그 인재 네트워크가 회사에 큰 자산이 되고 있으며, 지역의 현황에 밝은 지역 상인협회, 행정, 컨설팅 회사, 변호사, 금융기관 등이 외부 네트워크가 회사의 발전과 성장에 중요한 요인이 되고 있다.

13 인터넷 등 IT 툴을 영업에 적극적으로 활용

최근 인터넷 등 IT 툴의 보급에는 눈부신 발전이 있었으며, 특히 임대주택의 경우 입주희망자가 먼저 인터넷을 통해 정보를 검색하고 취득하는 케이스가 크게 늘어나고 있다.

이러한 인터넷을 활용한 영업활동은 대형 기업도 활발하게 수행하고 있지만, 부동산 중소 사업자에게 있어서도 인터넷을 유효하게 활용한다면 영업기회의 확대에 큰 효과를 거둘 수 있다.

특히 중소 임대사업자가 어느 정도 넓은 지역(경우에 따라서는 전국)에서 새로운 고객층의 찾아낸다는 것은 인터넷을 활용하지 않고는 그 자체가 불가능에 가깝거나 매우 많은 비용이 소요된다.

물론 지역밀착형 사업전개의 경우 페이스투페이스(face to face)와 구전커뮤니케이션(mouth communication)에 의한 정보전달로 고객층의 확대를 도모해 가는 것도 중요하나, 이 경우에도 역시 전자 메일, 쌍방향적 인터넷 정보교환의 활용으로 보다 효과적인 영업활동을 전개해 나갈 수 있다.

그리고 일본에서 이러한 인터넷과 정기차가계약의 두 가지 수단은 게스트하우스와 셰어하우스 보급확대에 중요한 원동력이 되었으며, 만약 이들이 없었다면 사업실행 자체를 생각조차 할 수 없었을 지도 모른다.

일본에서 성공적으로 임대사업을 수행하고 있는 중소 업체의 경우 인터넷 용어검색을 통하여 상시 10,000명 정도의 사용자를 확보하고 있으며, 이렇게 확보된 사용자의 니즈에 대응하는 물건의 공급을 적극적으로 수행하고 있으며, 한발 더 나아가서 영어, 중국어, 한국어, 포르투칼어, 스페인어 등의 홈페이지도 개설하고 있는데 이러한 인터넷 등을 활용한 입주자와 임대관리업자 간의 쌍방향적 정보교환과 커뮤니케이션은 업체의 발전과 성장을 지지하는 중요한 수단이 되고 있다. 또한 관리물건의 입주・수금 상황, 클레임 데이터, 비용・수익 정보 등을 인터넷을 통해 소유자에게 제공할 수 있는 체제도 만들고 있다.

14 입주자 간 교류와 관계의 중요성 증가

일본에서는 분양주택과 임대주택 모두 종래에는 거주자의 프라이버시 확보와 각 세대의 독립성・개별성 중시에 중심을 두고 공급・운영되어 왔다. 그리고 이러한 개개인의 독립성과 프라이버시의 확보는 향후에도 기본적으로 중요한 요소가 될 것으로 생각된다.

하지만 최근 일본 임대주택시장의 흐름은 이러한 개개인의 독립성과 프라이버시의 확보를 넘어선 새로운 개념이 나오고 있으며 이러한 개념이 임대주택시장에도 확대되어가고 있다.

이는 우리에게는 다소 생소한 개념일지 모르나 "거주자 상호간의 교류 · 정보교환의 장의 제공" 등 커뮤니케이션과 "입주자의 상호 관계와 인간의 온기 회복"을 확대 · 도입한 임대주택의 공급이 꾸준히 증가하고 있으며 이에 대한 입주자의 수요도 꾸준히 증가하는 경향을 나타내고 있다.

이는 게스트하우스와 세어하우스의 꾸준한 공급증가, 공통의 취미를 가진 거주자를 타깃으로 한 임대주택의 공급, 오래된 기존 건물을 리노베이션하여 녹지 · 넓은 공용공간의 확보 등 기존 주택의 형태에서 벗어난 새로운 스타일의 임대주택을 개발하여 젊은 수요층에게 인기를 얻고 있으며, 이러한 형태의 주택은 앞으로도 임대주택시장의 새로운 상품으로 자리를 잡아 갈 것으로 예상된다.

15 입주자의 자율적 운영 강화

최근 일본에서는 거주자들의 커뮤니케이션과 관계가 강화됨에 따라 임대주택의 일상적인 관리운영을 거주자 스스로가 자율적으로 결정하고 그 규칙을 만들어서 관리운영에 반영하는 사례도 생겨나고 있다. 또한 이러한 개념을 주변 지역까지 확대하여 주변 지역과의 커뮤니티 회복과 활성화를 도입한 새로운 개념의 주거공간의 개발도 전개해 나가고 있다.

클릭 Q&A —— 최근 일본의 임대주택에 대한 새로운 개념

- ▶ 주거에 있어서 "커뮤니티의 형성"은 주택의 "추가적인 매력"이 된다.
- ▶ 각 개별 세대의 프라이버시가 너무 강하면 폐쇄감이 생길 수 있다. 알고 지내는 옆집의 생활음은 오히려 거주자들에게 안심감을 줄 수 있다.
- ▶ 주택 만들고 공급하는 것은 업자가 하지만, 이를 "새롭게 창조하는 주역"은 거주자 이며, 이러

한 힘을 이끌어 내는 것은 주택의 가치를 높이는 데 매우 중요하다.

- ▶ 혁신은 경영효율과 금융 등만이 대상이 되는 것이 아니라 "거주가 간의 관계"의 회복도 그 대상이 된다.
- ▶ "맞은 편 이웃"과의 커뮤니티 재생은 현재 주택이 프라이버시와 설비기능에만 충실히 하면서 버려졌던 "공동체"의 따듯함과 안심감이며 이는 다시 회복되고 있다.
- ▶ 최근 임대주택의 리노베이션은 건물의 활용도 등 건물 자체만 고려하는 것이 아니라 건물이 지어진 역사와 마을의 전통과 변화까지 고려한 지역 커뮤니티 활성화까지 고려하고 있다.

16 Collective House(집단주택, コレクティブハウス)

최근 일본에서 거주자의 교류・관계 등 커뮤니케이션 등의 확보를 적극적으로 전개하고 있는 구체적인 사례로서 최근에 주목받기 시작한 것이 "Collective House"다.

1) Collective House의 특징

Collective House란 단어는 언뜻 들어도 쉽게 의미가 떠오르지 않으며 다소 생소한 말이다. Collective House는 거주자 간의 커뮤니케이션을 중시하고, 거주자들이 함께 협동생활을 하는 임대주택으로서 일본의 경우 최근 수도권을 중심으로 실제로 이러한 형태의 임대주택 사례가 생겨나고 있으며, 지방에서도 이에 대한 관심이 높아지고 있는 새로운 개념의 임대주택 형태이다.

(1) Collective House란

Collective House는 조금 생소하고 어려운 개념이지만 이를 한 마디로 설명한다면, "임대주택에 독립된 각 전용 호실이 있고, 각 호실 밖 주택 내의 공용부분에 거주자 공동의 부엌・식당・거실・테라스 등의 설비와 시설이 있고 모든 거주자들은 이러한 공동의 시설과 설비들을 활용하여 공동체적 임대주택 생활을 영위해 간다"라고 말할 수 있을 것이다.

최초의 Collective House는 스웨덴에서 탄생했다고 말하고도 있지만 이와 비슷한 주택의 형태는 세계 여러 곳에서 오래 전부터 존재하고 있었기 때문에 그렇게 단언하기는 어렵다.

일본에 있어서 Collective House와 비교 가능한 주택의 형태로는 게스트하우스와 셰어하우스를 생각할 수도 있겠으나 다소 차이가 있다.

그 차이점으로는 먼저 주택구조 면에서 차이가 있는데 Collective House는 게스트하우스와는 다르게 각 개별호실 내에 독립된 부엌, 욕실, 화장실 등 물을 사용할 수 있는 시설이 설치되어 있고, 공용부에 설치된 시설과 설비는 여기에 부가된 시설이라는 점이다. 다음으로 운영시스템 면에서도 차이가 있는데 Collective House의 경우 임대주택의 관리·운영에 있어서 거주자들이 자율적으로 결정할 수 있는 사항이 많고 범위가 광범위한 반면, 게스트하우스는 관리·운영에 있어서 대부분의 결정을 임대관리사업자 또는 소유자가 한다는 점이다.

최근 일본에서는 이것이 "Collective House, Co-operatives House" 등의 명칭과 개념으로도 확대되고 있다. 이 둘에는 약간의 차이점이 있는데 먼저 권리형태의 차이로서 Co-operatives House는 거주자가 소유권을 가지고 있는 분양주택인 반면 Collective House는 임대주택이라는 점이다. 다음으로 Co-operatives House는 건설조합이 결성되어 건설된 주택으로서 주택건설의 초기 단계의 설계·건설 과정에 있어서의 입주자들의 관계가 중심이 되고 있으나 Collective House는 건설 시보다는 건물완성 후 거주자가 입주한 후 임대주택 내의 생활과 운영에서 거주자들의 관계와 커뮤니티에 중점을 두고 있다는 점이 다르다.

(2) Collective House의 공급사례

Collective House로 그 범위를 제한하지 않고 거주자들의 관계와 커뮤니케이션의 중시라는 관점까지 폭 넓게 확대시킨다면 이러한 임대주택은 일본 전역에 걸쳐서 다양한 사례가 생겨나기 시작했다. "Collective House"로 범위를 좁힌다면 수도권 지역에서 이에 대한 사례가 생겨나기 시작하고 있다.

(3) 최근 공급되고 있는 Collective House 특징

공급 일본에서 공급되고 있는 Collective House는 기존 만숀 내의 공공 이용시설을 리노베이션을 통하여 재생하여 공급하거나 개인 지주의 토지활용사업을 통해 공급하기도 한다. 또한 민간 유료 노인 홈과의 복합주택 등으로 공급되기도 하며 다양한 소유자의 니즈에 대응한 임대주택형태로 공급되기도 한다.

(4) Collective House 거주자의 구성은

Collective House의 최대 특징 중 하나는 다양한 세대(世代)의 거주자로 구성되어 있다는 점이다. 즉 젊은 단독 남성・여성세대(世代)부터 어린 아이가 있는 육아세대(世代), 중년층 세대(世代), 정년퇴직 후의 부부세대(世代), 단독의 고령자 세대(世代) 등 전 세대(世代)에 걸쳐서 다양한 거주자들이 거주하고 있다.

그리고 보다 특이한 점은 전체 거주자 중 여성거주자의 비율이 월등히 높다는 점이다(전체의 60~70% 정도를 점하고 있다). 이렇게 개인의 프라이버시를 중요하게 생각하는 여성층의 거주자 비율이 월등히 높다는 점은 우리가 생각하는 것과는 다소 의외의 결과인데 결론적으로 주택 내에 거주자 간에 관계와 커뮤니케이션을 강하게 공유할 수 있는 Collective House는 어느 세대의 여성에게 있어서도 아주 매력적인 임대주택이 되고 있다.

(5) 임대차계약

Collective House의 경우 임대차계약의 체결은 소유자・거주자(임차인) 간에 직접 임대차계약을 하는 경우가 많다. 이런 점에서는 보통의 임대차계약과 동일하며, 시키킹을 제로로 하는 케이스도 있다.

(6) 임대운영에 전문적인 NPO 협력

Collective House는 관리・운영에 있어서 기존의 임대주택과 많은 차이가 있다. 특히 소유자와 거주자 간의 의견 조정과 거주자들에 의한 자율적 임대운영 등에 대한 소유자와 거주자들의 경험과 노하우가 부족한 경우가 많은데 따라서 Collective House의 관리・운영에 있어서는 전문적인 NPO가 객관적인 제3자 기관의 입장에서 입・퇴거 등에 관리・운영 업무에 대해서 부동산회사와 연계를 통해 운영에 협력하는 사례도 많다.

(7) 임대주택 일상의 운영관리

Collective House는 다른 임대주택과 비교해서 일반적인 운영관리의 상당 부분이 거주자 자율에 맡겨지고 있다. 예를 들면 키친 주방설비 등 공용설비에 대한 일반적 관리와 공용 부분에 대한 청소 등은 거주자 스스로가 수행하기 때문에 소유자는 운영・관리에 대한 부담이 상당히 경감된다.

(8) 거주자의 공동체 활동

Collective House는 전술한 바와 같이 공용설비와 공용부분의 일상적인 운영관리 이외에도 거주자가 스스로 실시하는 공동체 활동이 상당히 많다. 예를 들면 공용 치킨, 식당, 거실을 활용한 입・퇴거 파티, 크리스마스 파티 등 이벤트 활동은 물론이고 평상시 공동으로 함께 저녁 만들기(Common Cooking)를 실시하거나 공동텃밭 가꾸기, 리사이클 활동 등 거주자 모두의 생활을 풍요롭게 할 수 있는 일이라면 모두 공동으로 수행하고 있다.

(9) 거주자 개성과 특기를 활용

Collective House의 생활에 있어서 최대 특징 중의 하나는 거주자 각자가 가지고 있는 개성과 특기를 최대한 살리면서 생활할 수 있다는 점이다. 거주자들 중에는 IT관련 기술이 뛰어난 사람, 정원 가꾸기에 뛰어난 사람, 요리의 달인, 이벤트 운영을 매우 좋

아하는 사람 등 매우 다양한 장점들을 가지고 있는 사람들이 있다. 따라서 Collective House는 이러한 거주자가 가지고 있는 다양한 장점을 살리면서 그들이 공동체 생활에 적극적으로 참가해서 공헌할 수 있는 기회를 부여함으로써 각자 성취감을 높여 줄 수 있다. 예를 들면 인생의 경험이 많은 고령자가 자신의 경험과 지혜를 젊은 세대에게 무리 없이 전해주거나 젊은이들이 고령자에게 컴퓨터 관련 지식을 가르치거나 하는 것 등이 있다.

(10) Collective House는 안심 · 안전

전술한 바와 같이 Collective House는 여성에게 더 매력적이라고 했는데 이의 가장 큰 이유는 바로 Collective House의 "안심 · 안전"이다. Collective House는 거주하는 모든 사람들이 가족과 같이 친한 사이이기 때문에 만약 외부의 낯선 사람이 주택에 들어올 경우 한 번에 알아차리고 바로 조치를 취하게 된다. 따라서 공용현관문의 잠금 장치가 없어도 모든 사람 안심하고 거주할 수 있는데 이는 다른 임대주택에서는 찾아보기 힘든 상황일 것이다.

(11) 지역사회와의 다양한 커뮤니티

Collective House에는 다양한 세대(世代)의 구성원들이 거주하기 때문에 지역사회와의 관계도 자연히 깊어지는 경향이 있다. 아이를 기르는 세대의 지역 아이들 및 부모들과 교류, 지역 봉사활동에 열심인 거주자 지역봉사 활동, 고령 거주자의 지역 고령자들과의 상호교류 등 지역 사회와 다양한 형태의 교류가 이루어지고 있다.

(12) 임대주택관리업자에게 Collective House란

마지막으로 임대주택관리업자에게 있어서 Collective House는 어떠한 의미를 가지고 있을까? Collective House가 임대주택관리업자에게 부여하는 임대주택경영상 의미로는

첫째, 임대주택의 건물과 설비 면에서 임대주택관리업자는 Collective House의 부가

적인 공용부분의 설비는 기본적인 골격만 갖추면 된다. 그 나머지는 거주자가 스스로 판단하고 선정하여 구입하여 채우게 되기 때문이다.

둘째, 관리・운영 면에서도 임대주택관리업자는 최소한의 기본적인 관리・운영의 골격만만들어 놓고 이를 수행하면 된다. 왜냐하면 Collective House는 거주자가 스스로 관리하는 범위가 넓기 때문이다.

셋째, 임대료 수입에 있어서는 공용 치킨・식당 등 거주자가 공용 스페이스로 사용하는 부분에 대해서는 각 세대별로 추가로 임대료를 지불하기 때문에 Collective House의 임대료는 주변 일반 임대주택의 임대료 보다 약간 높게 설정된다. 따라서 임대료 수준은 일반 임대주택보다 다소 높다.

넷째, 입주자 모집에 있어서는 Collective House의 Collective한 생활에 흥미를 가진 사람들이 인터넷 등을 통해 상호 정보를 교류하고 있고 NPO에 의해서도 보급 및 홍보활동이 이루어지고 있어, 이들과의 교류와 협력을 통해 안정적인 입주자를 확보할 수 있다.

다섯째, 소유자(관리자)도 Collective House의 거주자가 실시하는 각종 이벤트에 함께 참가함으로써 삶의 기쁨과 귀중한 경험을 얻을 수 있다.

향후 일본 임대주택관리사업의 방향

(1) 쉽게 입주자를 구하던 시대는 끝났다.

[임대주택을 만들면 임차인이 들어온다]라는 혜택 받은 세대, 시장환경은 이미 끝났다.

최근 일본의 임대주택을 둘러싼 어려운 시장상황과 사업환경, 그리고 인구의 감소와 세대수의 감소 도래 등 거시적인 환경변화를 고려했을 때, 앞으로 "임대주택을 건설하면 임차인은 당연히 들어온다"는 혜택받던 시대와 시장환경은 이미 끝났다고 판단하는 것이 적절하다.

따라서 향후 임대주택경영은 이런 시장환경의 변화를 전제로 하여 수정하고 대응해 갈 필요가 있다. 특히 대형 임대주택관리업체의 시장점유율 증가추세를 고려한다면 중소 임대주택관리업체는 이러한 시장의 변화에 더 철저하게 대비하여야 하며, 대형 업체들과의 경쟁에서 살아남기 위해 차별화된 전략을 수립하여야만 한다.

(2) 지역밀착형 중소 부동산업자에게는 안정된 비즈니스

임대관리업은 지역밀착형 중소부동산업자에게 있어 경영안정의 기초가 되는 스톡형 사업이다. 최근 임대주택관리업을 둘러싼 시장과 사업환경이 어려운 것은 엄연한 사실이다. 하지만 모든 사업자에게 위기만 있는 것은 아니다. 향후 부동산 시장을 고려할 때 특히 지역밀착형 부동산업자가 일정 수준의 임대주택호수의 확보 및 관리, 입주율의 유지가 가능하다면 오히려 안정된 비즈니스가 될 수도 있다.

예를 들면 중개업자가 임대관리호수 1,000호를 관리한다면(월평균 임대료 5만 엔, 관리보수 5%로 상정할 때) 매월 250만 엔, 연간 약 3000만 엔의 안정된 수입을 확보할 수가 있다.

(3) 임대주택관리업 종사자의 능력 향상

상기 기술한 바와 같이 임대관리업은 부동산업에 있어서 매우 중요한 사업으로 자리매김을 하였다. 따라서 임대관리업 종사자는 스스로가 임대관리 또는 임대경영에 프로로서 시장 니즈에 대응한 적절한 제안과 운영 그리고 코디네이터를 할 수 있는 능력을 갖춰야만 한다. 특히 향후 더욱 어려워지는 임대주택 시장환경 속에서 높은 입주율 확보를 통한 안정된 임대관리와 경영을 위해서는 단순히 정형적인 관리업무와 현재 업무에 익숙한 것만으로는 부족하며, 시장상황의 변화를 정확히 파악하고 한발 앞서가는 업무전개를 도모해 가는 것이 중요하다.

(4) 고객만족도 향상의 중요성 증대

임대주택관리업무는 먼저 소유자와 관리업자 간의 관리위탁계약이 기본이기 때문에 관리업자가 소유자에 대해 관리업무의 수탁자로서 충실의무를 다하는 것은 당연한 일이다. 하지만 임대경영에 있어서 최종적 사용자는 결국 임차인이기 때문에 임차인의 고객만족도를 높여서 안정된 입주율을 유지하는 것 또한 소유자의 이익 최대화를 위해서 매우 중요하다.

이러한 고객만족도의 향상과 고객지향적 업무수행이 종래 임대경영과 관리에 있어서는 반드시 필요했다고는 말할 수 없지만(임대주택의 수요가 압도적으로 많은 경우에는 굳이 고객지향과 고객서비스 충실을 수행할 필요가 적었다) 향후 임대관리와 경영에 있어서는 계약내용, 서비스제공 등 다방면에 있어서 임차인과의 정보교류 등을 충실히 하여 임차인 고객만족도를 높이는 운영이 요구되며, 이것이 임대경영의 경쟁력과 직결될 것으로 생각된다.

(5) 타깃을 명확화한 마케팅전략의 강화

종래의 임대주택공급은 경영효율성과 수익률 향상의 관점에서 젊은 단독세대를 타깃으로 한 마케팅 전략에 치우치는 경향이 있었다. 그리고 이러한 전략은 과거와 같이 젊은 단독세대가 지속적으로 증가하는 시장상황에서는 적절한 선택이었다. 하지만 향후 인구 및 세대구성의 변화를 고려할 때 젊은 단독세대에 중점을 둔 임대경영은 역으로 리스크가 커질 것으로 예상된다.

따라서 향후에는 자녀를 키우는 패밀리 세대를 대상으로 하는 단독임대주택, 임대주택의 오피니언 리더인 여성층의 니즈에 대응한 주택, 외국인이 거주하기 쉬운 주택, 애완동물 애호가의 니즈에 대응한 애완동물 공생 임대주택 등 다양한 임대주택을 사업의 대상으로 확대시키고 사회의 변화와 소비자의 니즈의 변화를 철저히 분석하고 자사의 능력과 실정을 고려하여 명확한 타깃을 설정하여야만 한다.

Part 4

일본 기업형 임대주택관리업체의 이해

Chapter 09

일본의 임대주택관리업

일본 기업형 임대주택관리업체의 업무

Chapter

9 ··· 일본 기업형 임대주택관리업체의 업무[1)]

1 소유자 지원 업무

건물의 점검, 보수, 입주자와의 임대차 계약업무, 입주자 등의 클레임에 대한 대응 등은 개인 소유자에게는 익숙하지 않으며 매우 어려운 일이 아닐 수 없다. 따라서 기업형 임대주택관리업체(이하 임대주택관리업체라 한다)는 이러한 업무들에 대해서 장기간에 걸친 경험과 노하우로 축적된 임대관리 시스템을 통하여 소유자의 재산을 지켜주는 동시에 안심하고 편리한 임대사업 경영을 영위할 수 있도록 도와주고 있다.

이러한 일환으로 임대주택관리업체는 장기에 걸쳐 소유자의 임대주택을 일괄 임차 등을 통하여 관리를 수행하고 있다.

1) 장기 일괄 임차

(1) 장기 일괄 임차란

소유자가 보유한 임대주택을 임대주택관리 전문회사가 건물을 일괄 임차하여, 장기간에 걸쳐 관리함으로써 공실 발생으로 인한 임대수입 저하에 대한 위험을 경감시키고 있으며, 임대차 계약 종료 시 발생되는 건물의 원상회복과 수선 등의 업무를 수행함으로써 이에 대한 비용의 절감도 도모하고 있다. 따라서 소유자는 임대주택을 임대주택 전문회사에게 장기 일괄 임차를 함으로써 안심 · 안전 · 안정된 주택임대사업을 영위할

1) 大東建託と大和リビングのホームページによる.

수 있다. 대형 임대주택관리회사의 경우에 장기 일괄 임차의 기간을 30년에서 40년까지 장기에 걸쳐서 계약하는 경우도 있다.

(2) 안정된 수입의 확보가 가능

장기 일괄 임차는 입주자의 입주율에 관계없이 매월 관리회사와 계약에 의해 정해진 일정한 임대료를 받게 된다. 즉 입주율이 몇 %냐에 상관없이, 또한 입주자가 계약이 종료하여 퇴거하여 새로운 입주자가 입주할 때까지 공실 기간에도 계약에 의해 정해진 임대료를 관리회사가 지불하기 때문에 공실에 의한 수입 감소에 대한 걱정을 전혀 할 필요가 없으며, 계약 기간 동안에는 항상 안정적인 수입이 보장된다.

(3) 주차장 및 사업용 부분의 일괄 임차

일본의 임대주택의 경우에는 대부분 주차장 사용료는 별도의 계약에 의해서 임대료와 별도의 요금을 지불하고 있다. 따라서 주차장 수입도 소유자에게는 중요한 수입원이 되고 있다. 이러한 주차장의 관리도 임대주택 관리회사가 일괄 임차하여 관리하고 있다. 따라서 소유자는 거주자와 별도의 주차장 계약 없이 계약에 따라 임차 임대료를 받을 수 있다.

또한 오피스나 점포 등의 사업용 부분도 동일하게 임대관리업체가 일괄 임차하여 관리하고 소유자는 일정한 임차 임대료를 받을 수 있다.

(4) 장기간 임차 계약기간

소유자가 장기간에 걸쳐 안심하고 안정된 임대사업을 영위하기 위해서는 이러한 장기 일괄 임차계약은 절대적으로 필요한 시스템이라 할 수 있다. 최근 점점 높아지고 있는 일본의 임대주택 공실률과 소유자의 고령화가 더욱 가속화되는 상황 등을 고려할 때 안정적인 임대주택 경영에 있어서 장기 일괄 임차계약의 중요성은 앞으로도 점점 증대될 것으로 생각된다.

이러한 장기 일괄 임차계약은 대형 임대주택관리업체의 경우에는 통상 30년에 걸쳐서 하게 되는데, 만약 30년 계약이 만료되더라도 2년 단위로 추가 계약을 갱신할 수도 있다.

(5) 임차 임대료는 장기 고정

장기 일괄 임차는 안정된 임대주택사업경영을 위해 임대료를 계약에 의해 고정하게 되는데, 통상적으로 임차 최초 개시 시점으로부터 10년간 1차적으로 임대료를 고정하고, 그 이후에는 5년 단위로 추가적인 협의에 의해 임대료를 고정하게 된다. 이는 기간 중에 발생할 수 있는 부동산 시장변화, 경제환경의 변화 등에 의해 적정 임대료 수준과 공실 발생 위험 등이 변화할 수 있기 때문인데, 이때 임대주택관리회사는 이러한 상황 등에 대한 내용을 분석, 정리하여 소유자와 충분한 협의를 거쳐서 합의에 의해서 결정하게 된다.

(6) 원상회복 비용 · 수선비용의 부담

임대주택 소유자의 경우 건물의 유지 · 보수를 위한 비용도 큰 부담이 된다. 장기 일괄 임차의 경우 이러한 비용에 대한 소유자의 부담을 덜어 주고자 건물의 경과 년 수에 따라 소요되는 원상회복 비용과 수선비용도 계약 조건에 따라 임대관리업체가 부담하는 경우도 있다.

(7) 건물관리 업무

소유자들은 건물의 관리에 있어서 큰 어려움을 겪는다. 이러한 어려움을 덜어주고자 임대주택관리 업체는 소유자들의 건물관리 시 어려움들에 대한 지원 업무도 수행한다. 또한 업체는 입주자들의 입주상황이나 건물의 주요 상황 등에 대해 정기적으로 소유자에게 보고하고 있다. 물론 건물의 공용부분에 대한 유지관리도 지속적으로 수행하며, 건물에 결함이 발생할 경우에는 지체 없이 소유자에게 신속하게 보고하고 대응한다.

(8) 긴급대응 업무

임대주택은 다수의 입주자가 거주하는 공간이고 건물의 상태도 매우 다양하다. 따라서 입주자가 거주하는 동안 다양한 문제가 발생하는데, 특히 배관의 누수문제나 화장실이 막히는 고장 등은 야간이나 휴일 등 시간을 가리지 않고 빈번하게 발생하게 된다.

임대주택관리 업체는 이러한 설비에 대한 문제가 발생할 경우 입주자들의 긴급한 연락에 항시 대응할 시스템을 갖추어야만 하는데, 대형 업체들은 고객 긴급 대응 콜센터를 설치하여 운영하고 있다. 따라서 연말연시, 주말, 연휴, 휴가 등의 기간에도 이러한 문제들에 대해 실시간으로 대응하고 있다.

(9) 확정 신고용 자료 작성 지원

임대주택관리 업체는 소유자가 확정신고를 할 때에도 어려움 없이 처리할 수 있도록 1년간의 매출관련 자료들을 정리하여 1년에 한 번씩 소유자에게 전달하는 업무도 수행한다. 법인 소유자의 경우에도 결산일에 맞춰서 자료를 정리하여 전달하기도 한다.

2) 주요 관리 업무

(1) 입주자 모집 업무

임대주택관리업체의 가장 중요한 업무 중의 하나는 입주자를 모집하는 것이다. 입주자 모집은 임대수입에 직결되는 사항이기 때문에 관리업체는 입주자 모집에 총력을 기울여야만 한다. 통상 대형 임대주택관리업체는 자사의 직영점포를 가지고 있거나 임대중개 전문 자회사를 보유하고 있다. 따라서 우선적으로 이러한 자사의 조직을 이용하여 상시적으로 입주자 모집을 전개하고 있다. 또한 전국적으로 협력 부동산업자를 통한 전국 네트워크 체제를 구축하고 이들을 통해 전국적으로 입주자 모집활동을 전개한다.

또한 임대정보지(대형임대관리업체의 경우에는 자사의 임대정보지를 보유하고 있다)를 통한 모집과 신문·잡지·전단지 광고와 TV·인터넷 등의 매체 등을 사용하여 입주자 모집활동을 폭넓게 수행한다.

(2) 임대료관리 업무

관리업체는 입주자가 소유자에게 매월 지불하는 임대료를 소유자를 대신해서 징수하는 업무를 수행한다. 관리업체는 입주자가 지불한 임대료를 수령하여, 매월 말일까지 소유자에게 지불한다. 이때 입주자가 임대료를 장기 체불하는 경우도 발생하게 되는데, 이 경우에 대비하여 관리업체는 계약에 의해 최대 6개월간의 임대료 체납보증을 보증하기도 한다.

또한 필요에 따라서 각종 명세서와 서류, 수입 등에 관한 서류를 작성하여 소유자에게 전달하기도 한다.

(3) 건물 유지 · 관리 업무

임대의 대상이 되는 건물의 유지 · 관리를 소유자가 직접 한다는 것은 매우 어렵거나 거의 불가능한 일이다. 이러한 소유자들의 어려움을 덜어주기 위해 관리업체는 건물의 유지 · 관리 업무를 수행하게 된다. 또한 계약에 의해서 수 개월에 한 번씩 건물의 정기검사도 실시하게 되며, 그 결과는 문서로 소유자에게 보고 하게 된다.

만약 건물의 정기검사 결과 건물에 결함 등이 확인되는 경우에는 소유자에게 지체 없이 보고하고 발생한 문제에 대하여 소유자와 상담을 통해 수선 등의 대책을 강구하게 된다. 또한 입주자로부터 건물이나 설비 결함 등에 대한 연락이 올 경우에도 이에 대해 신속하게 대응하는 업무도 수행하게 된다.

(4) 계약관리 업무

계약관리 업무는 법적인 부분을 포함해서 소유자에게는 매우 복잡하고 머리 아픈 일이다. 일본의 경우에는 대부분의 임대관리업체가 중개업무를 병행하고 있기 때문에 소유자를 대신한 계약관리 업무도 수행하고 있다. 임대관리업체는 입주자의 계약기간이 만료가 되었을 경우 계약갱신의 업무를 대행하게 되는데, 이때 임대료의 변경에 따른 입주자와의 교섭도 소유자를 대신해서 수행하게 된다. 또한 명의 변경이 발생할 경우나 계약 내용 등의 변경이 발생할 경우에도 이러한 변경 업무들도 소유자를 대신해서 수행하게 된다.

또한 입주자가 재계약을 하지 않고 계약을 종료할 경우에는 입주자의 퇴거 시 입회를 하게 되며, 이때 시설의 파손 여부 등도 세심하게 체크하여 이에 대한 책임소재 등에 대해서도 명확히 정리하여야 한다. 일본의 경우에는 입주자가 퇴거 시에는 시설의 원상회복을 하여야만 하는데 이때 입주자와 소유자 간의 잦은 분쟁이 발생하게 된다. 따라서 관리업체는 이러한 사항에 대해서 명확하게 정리를 하여야 하며, 만일 입주자의 과실에 의한 시설의 파손이 발생한 경우에는 이에 대해 입주자에게 충분한 설명과 이해를 시킨 후 비용에 대해 정산을 하여야 한다. 일본의 경우는 통상 월 임대료의 1~3개월치의 임대보증금(시키킹)을 초기 계약 시 소유자에게 지불하게 되는데, 원상회복에 소요되는 비용은 이 금액에서 공제하게 된다. 따라서 시키킹에서 원상회복 비용을 공제한 금액을 퇴거 시 입주자에게 지불하게 된다. 만약 파손의 범위가 너무 커서 시키킹으로 비용을 충당할 수 없는 경우가 발생할 때에는 추가적으로 입주자에게 그 비용을 청구할 수도 있다. 따라서 이러한 절차에 있어서는 소유자와 입주자 간의 분쟁이 자주 일어나며, 심한 경우에는 소송까지 가기도 한다. 물론 소송이 발생할 경우에도 관리업체에서 소송업무도 대신 수행하게 된다.

(5) 긴급 발생 업무의 대응

임대주택관리업체는 야간, 휴일 등 영업시간 이외의 시간에도 거주자로부터 건물・설비 등의 문제 발생에 의한 긴급한 연락에 상시 대응하기 위한 [소비자 긴급대응 센터] 시스템을 갖추고 있다. 또한 이렇게 축적된 시스템은 다른 중소 관리업체 등에 유상으로 제공하고 있다.

(6) 공공요금 및 공용시설에 대한 관리 대행

전기세 · 수도세 등 공공요금의 지불을 대행하며, 정화조의 유지관리 · 법정검사 · 청소, 엘리베이터와 소방설비 등의 보수관리 · 법정 검사, 현관 · 복도 · 주변 청소, 배수관 점검 · 청소, 공용복도의 형광등 교체, 잡초 제거 등 임대주택건물의 쾌적성과 가치를 유지 · 향상시키기 위한 유지관리 업무를 대행한다.

(7) 입주자와 발생되는 각종 문제해결 지원

관리업체는 입주자가 임대차 계약 내용을 위반하여 소유자와 발생하는 각종 문제에 대한 해결 및 지원업무를 수행한다. 주요 문제로는 입주자의 임대료 체납문제, 주거 이외의 다른 용도로 사용하는 용도위반 문제, 타인에게 무단 전대하는 문제 등이 있는데 이러한 문제가 발생할 경우 이의 해결을 위해 소유자를 대신하여 적극적인 노력을 하며, 만약 문제가 원만하게 해결되지 않아 법적인 조치가 필요한 경우에는 소유자의 요청에 따라 자사 및 제휴 법률사무소의 고문 변호사를 통해 문제해결을 위한 지원을 수행한다.

만약 소유자와 관리업체가 일괄 임차계약을 체결한 경우에는 명도소송 비용을 보조하기도 한다.

(8) 확정신고용 자료 지원

관리업체는 소유자의 확정신고 시 편의를 제공하기 위해, 연간 매출 내역 등을 정리하여 확정신고 기간에 맞춰 그 내역서를 소유자에게 제공한다.

3) 토지의 위탁 · 신탁 · 수탁 업무

임대주택관리업체는 단순히 기존 임대주택 건물 그 차체만 건설 · 관리하는 것만이 아니라 자사 및 계열사의 조직을 통하여 토지활용에 대한 지원업무도 수행하고 있다.

소유자가 보유하고 있는 토지를 활용하여 임대주택사업을 할 수 있도록 임대사업의 기획, 사업의 입안에서 인허가, 설계 및 시공 등의 임대주택 건설의 업무에 이르기까지 폭 넓은 업무를 수행하고 있다. 따라서 대형 임대주택 관리업체의 경우에는 대부분 건축 및 시공업체를 계열사로 보유하고 있다. 또한 이렇게 자사가 건설한 임대주택의 경우에도 대부분 장기 일괄임차 계약을 통하여 입주자 모집, 관리 및 운영 등 소유자를 대신하여 임대경영을 대행하고 있다.

2 임대주택경영 수탁

대형 임대주택관리업체가 수행하고 있는 임대주택경영 수탁은 단지 임대주택경영을 지원하는 것이 아니다. 이는 임대주택사업을 최초 단계인 사업의 기획과 입안에서부터 시작하여 임대주택 건물의 설계와 시공, 입주자 모집과 알선, 건물과 입주자의 관리와 운영, 그리고 임대주택경영에 있어서 발생하는 다양한 수익 관련 요인들의 변동 리스크에 대응하는 것에 이르기까지 실로 다양하고 폭 넓은 분야에 걸친 업무들을 수행하는 것이다. 한마디로 말한다면 "임대주택관리 및 경영에 대한 모든 일들을 임대주택관리업체에게 맡긴다"는 것을 의미한다.

소유자는 전문 관리업체에게 임대주택경영을 수탁함으로써 향후 발생할 수 있는 공실에 따른 임대수입의 문제나 임대료의 가격변동 그리고 입주자 퇴거 시 원상회복 비용과 노후화로 인한 건물 수선비용 등 임대주택경영의 불안요인과 리스크 등을 한꺼번에 해소할 수 있다. 그리고 관리업체는 임대관리에 관한 다양한 변동 리스크에 철저하게 대응함으로써 소유자가 장기간에 걸쳐 안정된 임대주택경영을 영위할 수 있도록 장기 일괄임차를 통해 보장하게 된다.

임대주택경영 수탁은 임대주택사업 계획, 건물의 설계 및 시공, 입주자 모집・확보, 장기 일괄임차 등 크게 4가지 단계에 의해 진행되게 되는데 이에 대해서 차례로 설명하고자 한다.

1) 1단계: 임대주택사업 계획

안정적이고 성공적인 임대주택사업을 위해서는 건물을 건설하기 전에 치밀한 사업계획을 세워야만 하며, 이것이 임대주택사업을 성공으로 이끌기 위한 첫 번째 시작이라고 할 수 있다. 대형 임대주택관리업체는 사업에 소요되는 자금, 입주자 관련 시장, 그리고 임대주택 건설 후의 시장상황 등에 대해 자사의 경험과 노하우를 바탕으로 소유자가 추구하는 사업목적에 맞는 최선의 사업계획을 세우고 이를 소유자에게 제안하게 된다. 이 단계는 크게 7단계에 걸쳐서 진행하게 되는데 그 세부내용은 다음과 같다.

(1) 토지분석

입지조건 · 주변 환경 및 장래의 개발계획 등 다양한 각도에서 소유자의 토지를 분석하고 진단한다.

- 사업 지에 대한 개별적 사항에 대한 조사 · 심사
- 주변 지역의 시장조사 · 분석
- 입주자 수요 및 니즈에 관한 조사 · 분석

(2) 건축계획

소유자의 사업목적에 맞게 토지분석 결과와 입주자의 니즈 분석결과를 바탕으로 건물의 규모와 배치, 공법, 배치계획 등을 검토한다.

- 계획 건물의 선정
- 배치 계획 작성
- 외관 및 내부 투시도 작성
- 계획건물이 도면 작성

(3) 경영계획

임대료, 주차요금 등 임대조건의 설정을 건축비와 사업수지를 고려해 가면서 소유자가 만족할 수 있는 최적의 경영계획을 제안한다.

- 임대조건의 설정
- 사업비용 산출
- 사업수지계획의 입안
- 사업손익계획의 입안

(4) 자금계획

관리업체는 업체 자체의 대출을 포함하여 공적 금융기관이나 민간 금융기관으로부터의 자금조달에 관한 상담 및 조언과 대출 제공 기관의 소개 등과 함께 대출상환 계획을 제안한다.

- 사업자금 차입 금융기관 소개
- 자금의 차입 및 상환 계획 제안
- 금융기관 심사 지원

(5) 임대주택사업 제안

여러 가지 조건을 비교하고 상세히 검토한 후에 소유자가 만족할 수 있고 장기적으로 안정된 임대경영을 실현 가능하게 하기 위해 임대주택사업 계획을 제안한다.

- 투시도 · 배치계획도 등 제안
- 사업 계획서 제안
- 상속 · 자산운용 대책 제안

(6) 주문

제안한 사업계획을 소유자가 충분히 납득한 후에 계약 여부를 확인하고 주문을 받는다. 주문계약이 완료한 후 설계를 실시한다.

- 주문서에 서명
- 수주 신청금 지불

(7) 계약

사업계획서 및 설계계획에 대한 소유자의 충분한 검토와 승낙이 있은 후에, 건축공사 계약 체결을 실시한다. 또한 장기 일괄임차에 대한 내용을 소유자에게 설명을 한 후 확인을 받는다.

- 계약내용 확인
- 건축공사계약 체결
- 일괄임차 안내
- 대출 신청

2) 2단계: 건물의 설계 및 시공

면밀한 사업계획을 구체화하고 장기적으로 안정된 임대주택사업을 경영하기 위해서는 내구성과 충분한 기능을 갖춘 품질이 우수한 건물을 확보하는 것이 매우 중요하다. 따라서 대형 임대주택관리업체에서는 자사 및 계열사의 직접 시공을 통한 철저한 품질관리로 안전하고 품질이 우수한 고품질의 임대주택 건물을 제공하고 있다.

(1) 설계 · 시공

계약을 체결한 후 사업계획을 기초로 임대주택 건물을 자사가 보유한 풍부한 경험과 노하우 그리고 기술력을 최대한 활용하여 설계 및 시공을 실시하게 된다.

- 각종 사업 인허가 및 서류 업무 대행
- 인근 주민의 양해
- 계획 건물의 시공 및 감리

- 착수금 등 지불

(2) 공사검사 · 준공

건물의 완공 시까지 엄격한 공사 및 감리를 실시하는데, 공사 중간과 준공검사 시에는 소유자의 입회하에 검사를 진행하고 있다.

- 사내 외 각종 공사검사
- 공사대금 완납
- 사후 서비스 보증
- 준공 보고서 작성

3) 3단계: 입주자 모집 및 확보

임대주택사업의 장기적 · 안정된 수입을 확보하기 위해서는 상시 우수한 입주자를 확보하는 일이 무엇보다 중요하다. 대형 임대주택관리업체는 자사가 관리하고 있는 건물에 대해서 입주자의 모집 · 중개 · 알선을 수행하기 위해서 자사 내의 중개전문 스텝을 현장에 배치하고 있다. 신축 임대주택뿐만 아니라 기존 임대주택에 대해서 지속적으로 안정된 입주자확보를 위한 업무를 수행하고 있다.

(1) 입주자 모집

TV, 인터넷, 신문, 잡지, 간판 등의 광고매체를 이용하여 광범위한 입주자 모집활동을 전개하고 있으며, 기업체에 직접 방문과 사택알선 제휴, 사택소개, 부동산회사와의 제휴 등 적극적인 입주자 모집활동을 수행하고 있다.

- 자사 내 스텝을 활용한 모집활동
- 자사 계열 중개법인을 통한 모집활동
- 외부 부동산회사로부터 소개
- 각종 매체를 활용한 모집활동

(2) 입주자 확보

확보된 희망 입주자들 중에서 자사의 심사기준에 의해 입주자를 선정하고 입주를 시작하게 된다.

- 우수 입주자 선정
- 입주 신청
- 입주자 서비스

4) 4단계: 장기 일괄임차

주택임대사업을 장기적 · 안정적으로 경영하기 위해서는 전문적인 관리와 운영업무가 전제조건이 된다. 대형 주택임대관리업체는 소유자의 임대주택을 장기 일괄 임차를 통해 관리해 나가고 있다. 장기 일괄 임차는 임대주택사업의 관리 · 운영에서부터 임대주택사업에 따르는 다양한 변동 리스크에 대한 대응에 이르기까지 소유자를 대신해서 임대주택경영을 통합적으로 책임지게 되며, 자산의 가치 향상을 위해서도 노력한다.

(1) 임대주택사업의 시작

임대주택사업의 시작을 위해 필요한 각종 업무들을 관리업체가 대행하여, 사업을 차질 없이 시작할 수 있도록 만반의 준비를 한다.

(2) 변동 리스크에 대한 대응

장기 일괄 임차사업에 있어서, 피할 수 없는 수입과 지출에 대한 다양한 리스크에 대응하고 있다.

- 장기 일괄 임차 계약
- 매월 일정 임차료 지불
- 임차료 장기 고정: 계약에 따라 다양한 형태가 있으나, 다이토켄타쿠의 경우 최초

10년, 그 이후에는 5년 마다 갱신

• 계약에 따라 원상회복비・수선비를 관리업체에서 부담

(3) 관리운영 대행

주택임대사업에 관한 풍부한 노하우를 바탕으로 입주자 확보와 상시 발생하는 번거로운 업무 등을 관리업체가 대행하게 된다.

• 입주자 알선
• 계약관리
• 임대료관리
• 건물관리
• 원상회복관리
• 수선관리

(4) 임대효율 추구

대형 임대주택관리업체는 임대사업이 개시된 후에도 시장조사와 관련 사업에 대한 조사, 분석을 지속적으로 수행하여, 임대주택 경쟁력의 유지 및 향상을 위해 노력하게 된다. 또한 건축자재와 설비 등의 일괄매입과 내구성과 지속성이 높은 건축자재와 설비의 개발 등을 통해 유지비용의 절감을 도모하여 임대사업의 효율성을 높이기 위해 노력하고 있다.

• 시장조사
• 관련 사업에 대한 조사

(5) 투명한 임대경영

소유자에게 임대경영에 대한 정보와 운영상황 등 관련된 정보를 공유하여 보다 투명성 높은 경영을 수행하고 있다.

클릭 Q&A ---● 일본에서 임대주택을 선택할 때 어떤 항목을 가장 중요하게 생각할까?[2]

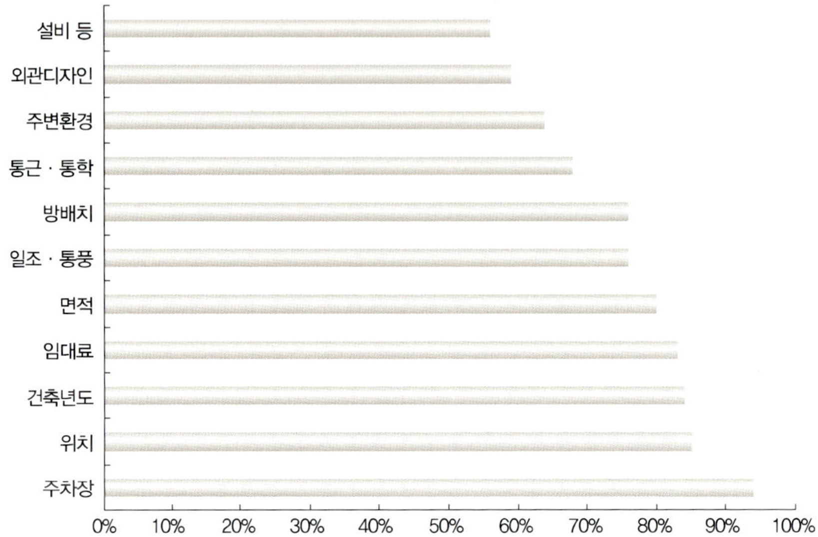

클릭 Q&A ---● 일본 토지소유자들의 토지활용의 주요 목적은 무엇일까?[3]

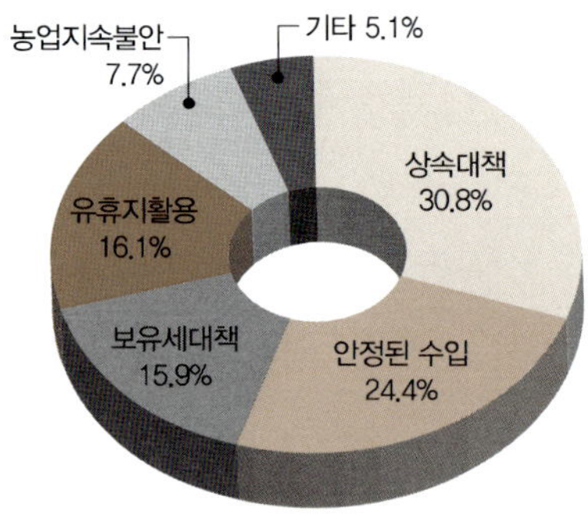

2) 大東建託　調査資料, 2011年.
3) 大東建託　調査資料, 2011年.

3 임대주택사업 시 고려 요인

1) 임대주택사업의 성공 요인

임대주택사업은 토지분석에서 임대사업의 기획・입안, 건물의 설계・시공, 입주자 모집・알선, 그리고 건물의 관리・운영에 이르기까지 매우 다양한 분야에 걸친 업무를 수행해야만 한다. 이를 위해서는 토지 소유자에 대한 지속적이고 종합적인 지원이 필요하며, 소유자가 신뢰할 수 있는 능력을 갖추고 있어야만 한다.

따라서 소유자의 안정된 임대주택사업을 영위하기 위해서 관리업체는 소유자의 파트너로서, 첫째, 다양한 업무에 대한 종합적인 지원이 가능해야 하며, 둘째, 전문적이고 높은 수준의 서비스를 제공 할 수 있어야 하며, 셋째, 수입과 지출, 즉 수익에 관련된 변동 리스크에 대응한 조직을 갖추고 있어야 하며, 넷째, 관리업체가 건전하고 안정적으로 기업을 지속할 수 있는 능력을 보유해야만 한다.

2) 수입 변동 리스크의 경감

임대주택경영 상 임대수입에 영향을 미치는 요인으로는 공실의 발생, 임대료 연체, 임대료 가격 변동 등 다양한 요인들이 있다.

또한 임대주택사업의 특성상 많은 경우가 건축비용 등 사업자금을 금융기관으로부터 장기간 차입하여 수행하게 된다. 따라서 이러한 사업구조에서 장기적으로 안정적인 수입을 확보하는 것은 매우 중요하며, 결국 사업의 성패를 좌우한다고 할 수 있다.

이러한 안정적인 수입을 확보하기 위해서 관리업체는 첫째, 입주자의 유무와 관계없이 매월 일정의 수입을 확보할 수 있어야 하며, 둘째, 입주자의 임대료 연체 시에도 일정의 수입을 확보할 수 있어야 하며, 셋째, 임대료 가격이 변동하더라도 장기적으로 안정된 수입을 확보할 수 있어야 하며, 넷째, 사업자금의 차입기간 동안에 안정된 수입의 확보가 가능해야만 한다.

따라서 관리업체는 장기간에 걸친 수익 구조에 영향을 미치는 사업 리스크에 대응하는 시스템을 갖추고 장기적으로 안정된 수입을 확보할 수 있는 능력을 갖춰야만 한다.

3) 지출 변동 리스크 경감

임대주택사업이 시작되면 입주자가 퇴거할 때 발생하는 원상회복비용이나 시설 노후화에 따르는 수선비용, 명도소송에 따른 비용부담 등 많은 지출이 발생하며 이러한 지출에 대한 다양한 변동 리스크가 발생한다. 따라서 관리업체는 이러한 지출을 사전에 예측하고, 또한 다양한 변동 요인에 대해 철저하게 분석하여 사전에 대비하여 변동 요소를 최대한 억제시켜야 한다.

이러한 지출 변동 리스크에 대비하기 위해서 관리업체는 첫째, 소유자가 부담하는 원상회복 부담금을 경감시킬 수 있어야 하며, 둘째, 건물 노후화에 의한 수선비용의 부담을 경감시킬 수 있어야 하며, 셋째, 입주자와의 문제에 의해 발생되는 명도소송 등의 비용 부담을 경감시켜야 하며, 넷째, 사업계획을 세울 때 무리한 차입을 지양하고 차입금을 원활하게 상환할 수 있어야 한다.

따라서 관리업체는 이러한 원상회복 비용이나 노후화에 따른 수선비용 등에 대한 지출비용변동 리스크에 대한 철저한 준비를 하여야 한다.

4) 장기 일괄 임차 임대경영수탁 시스템

아무 관리업체에서 장기 일괄 임차를 해준다고 해서 모두 임대주택사업이 성공하는 것은 아니다. 장기 일괄 임차를 하는 관리업체는 소유자를 대신해서 장기간에 걸쳐서 임대사업 경영을 대행해 주는 역할을 하기 때문에 전문적이고 종합적인 임대주택 관리·경영 능력이 필수적이다.

즉 관리업체가 장기간에 걸친 임대주택사업을 성공적으로 수행하기 위해서 높은 수준의 관리·운영능력이나 건전한 재무상태, 임대사업에 대한 경영효율을 높여 소유자의 자산가치 향상을 실현하기 위한 실적이나 노하우 등 필요 불가결한 요소가 요구된다.

따라서 관리업체는 장기 일괄임차를 성공적으로 수행하기 위해서 첫째, 사업대상지의 입지 특성과 임대주택 시장의 흐름 및 주변 임대주택 시장의 특성들을 포함하여 효율적인 방의 배치, 적정한 임대료의 설정 등 장기적인 관점에서 임대주택사업의 계획과 그 실현이 가능해야 하며, 둘째, 상시 높은 입주율을 유지하고 임대료 징수에 대한 노하우와 조직을 보유하고 있어야 하며, 셋째, 정기적인 건물의 점검과 원상회복·수선 등 세심한 건물관리를 수행할 수 있어야 하며, 넷째, 일괄임차를 장기간 지속·운영하기 위해 관리업체의 우량한 재무상태를 유지하여야 한다.

5) 임대건물에 요구되는 사항

장기 일괄임차는 30년이 넘는 장기적인 사업경영이다. 따라서 이를 위해서 임대주택의 장기·안정경영을 위해서는 몇 가지 조건이 요구된다.

첫째 소유자의 사업목적을 만족시키기 위한 공법·건물이 있어야 하며, 둘째 장기간에 걸쳐서 다양한 입주자에 선택 받기 위한 건물·방 등이 있어야 하며, 셋째 장기간의 사업경영을 유지하기 위한 높은 건물 내구성과 유지·관리비의 절감 등을 수행하여야 한다.

특히 이중에서도 입주자들에게 선택받을 수 있는 매력 있는 임대주택은 앞으로도 점점 중요성이 증대될 것으로 예상되며, 임대경영을 지원하는 관리업체의 상품기획력이 임대주택의 공실율을 크게 좌우할 것으로 생각된다.

4 임대주택사업의 이점

1) 상속세 절감

일본의 경우 상속세는 법정상속인 수에 따라 차이가 발생하는데, 법정상속인 수가 증가할수록 상속세는 경감하게 된다. 따라서 법정상속인 수를 최대로 활용하여 세부담을 경감시키거나, 임대주택을 취득할 수 있다.

(1) 임대주택사업을 통한 상속세 절감효과의 구조

일본의 경우 토지의 상속세는 고정자산세 평가액에 따른 평가액이 결정되면, 다른 상속자산과 합산하여 기초공제액(5000만 엔+1000만 엔×법정상속인 수)을 초과하는 금액에 대해 상속세가 부과된다.

그러나 토지에 주택을 건축하는 경우에는 차지권의 비율×차가권 비율(통상 30%)만큼 토지 평가액에서 차감하게 되며, 건물에 부과되는 상속세도 차가권 비율(통상 30%)만큼 평가액에서 차감하게 된다. 또한 대출을 통해 건물을 취득・건축한 경우에도 대출액만큼 평가액에서 감액할 수 있다.

(2) 임대주택사업을 통한 상속세 절감의 예

상속세 평가액이 1억 엔인 토지에 임대주택을 건설할 경우, 이때 대출이 7000만 엔이고 건물의 고정자산평가액이 3000만 엔 일 때

▶ 토지만을 상속할 경우

1억 엔을 2명의 자식에게 상속하고, 이때 다른 상속재산이 없을 경우에는 상속세는 350만 엔.

▶ 임대주택 건설 후 토지의 상속세 평가액(차지권 비율이 60% 일때)

- 토지: 1억 엔×(1−60%×30)=8200만 엔 · · · ①
- 건물: 3000만 엔×(1−30%)=2100만 엔 · · · ②
- 대출: −7000만 엔 · · · ③
- 상속세 평가액: ①+②+③=3000만 엔
- 하지만 이 조건의 상속세는 기초공제액 이내가 되기 때문에 상속세는 0엔

2) 임대주택사업에 따른 고정자산세 · 도시계획세 감면 조치

일본의 경우 보유하고 있는 토지의 고정자산세 평가액에 대해 매년 1.4%(표준세율)의 세금이 부과된다. 이 토지에 주택 등을 건축하는 경우에는 평가액의 1/6이 경감된다. 건축한 주택 등의 호수에 면적이 200㎡(상한면적)을 넘는 경우에도 1/3이 경감된다.

토지의 도시계획 평가액에 대해서도 매년 0.3%의 도시계획세가 과세된다. 주택 등을 건축하는 경우에는 1호 당 200㎡까지의 토지는 1/3, 이를 초과하는 부분은 2/3가 감세된다.

▶ 나대지의 고정자산세와 도시계획세(고정자산세 평가액이 5000만 엔의 토지 500㎡)

- 고정자산세 : 5000만 엔×1.4% = 70만 엔
- 도시계획세 : 5000만 엔×0.3% = 15만 엔
- 합계: 85만 엔

▶ 건축 후 토지의 고정자산세와 도시계획세(6호의 주택을 건축할 경우)

- 6호×200㎡ = 1200㎡ → 고정자산세는 1/6로 경감, 도시계획세는 1/3로 경감
- 고정자산세: 70만 엔×1/6 = 11.7만 엔
- 도시계획세: 15만 엔×1/3 = 5만 엔
- 합계: 16.7만 엔(나대지의 경우의 약 1/5)

※ 건축물(신축 시 평가액은 약 건축가액의 60%)에도 고정자산세가 과세되지만, 일정 조건을 만족하는 건축물은 일정기간 1/2로 경감 조치가 되는 경우도 있음.

Chapter 10

일본의 임대주택관리업

일본 상위 5개 기업형 임대주택관리업체

Chapter 10… 일본 상위 5개 기업형 임대주택관리업체

일본 상위 5개 기업형 임대주택관리업체

일본의 임대주택관리업 등록업자 수는 전국적으로 총 1,579개에 달한다는데(2012년 기준) 이중 약 94.5%에 해당하는 1,492가 법인의 형태로 운영되고 있다. 그리고 일본의 민간임대주택 총 호수는 1257만 호에 달하는데 그중 약 85%에 해당하는 1,062호는 개인이 소유하고 있다.

놀라운 것은 이러한 일본의 임대주택관리 시장에서 약 1%에 해당하는 상위 15개 대형 기업형 임대주택관리업체가 전체 임대주택 호수의 4분의 1 이상을 점유하고 있다는 것이다. 더욱 놀라운 것은 상위 15개 업체 중에서도 1~5위까지 5개 업체가 전체 민간임대주택 호수의 약 20%를 점유하고 있다는 사실이다. 그리고 이들 상위 5개 업체는 민간임대주택 총 호수가 연평균 약 1% 정도의 성장을 보이고 있는 임대주택 시장에서 지난 7년간 이의 약 7배가 넘는 평균 7% 이상의 고속 성장을 유지하고 있다. 이러한 추세라면 1~5까지의 5개 업체가 일본 임대주택관리시장의 몇 %까지 점유하게 될지는 대충 짐작이 가능하다.

따라서 이들 상위 5개의 기업형 임대주택관리업체에 대해서 자세히 알아보는 것도 매우 의미가 있을 것으로 생각된다. 지금부터 이들 상위 5개 업체에 대해서 살펴보기로 하자.

◉ 일본의 상위 5개 기업형 임대주택관리업체 (2013년 기준)

순위	회사명	관리호수	홈페이지
1	다이토켄타쿠 (大東建託)	747,153	http://www.kentaku.co.jp/
2	레오팔레스21 (レオパレス21)	546,204	http://www.leopalace21.co.jp/
3	세키스이하우스 (積水ハウス)	506,353	http://www.sekisuihouse.co.jp/
4	스타츠그룹 (スターツグループ)	361,163	http://www.starts.co.jp/
5	다이와리빙 (ダイワリビング)	340,609	http://www.daiwaliving.co.jp/

1 다이토켄타쿠(大東建託)[1]

다이토겐타쿠는 1974년 6월 나고야 시 치구사 구에 임대주택 건설을 목적으로 大東産業株式会社로 설립되었다. 현재 임대주택관리호수는 업계 1위, 공급기준으로도 업계 2위의 업체이다.

주로 자사가 건축한 임대주택을 소유자로부터 임차하여, 입주자 모집(부동산 중개)과 건물관리를 맡아 그 건물에서 발생한 일정 수익을 소유자에게 지불하는 "임대경영수탁 시스템(수익보증형 서브리스)"을 전면적으로 시행하고 있다. 임대주택의 기획에서 시공, 임차인 모집, 건물관리(자회사인 大東建物管理株式会社가 담당)까지 총괄하여 진행하고 있다.

1) 회사 개요

- ▶ 본사: 도쿄 미나토구
- ▶ 설립: 1974년 6월 20일
- ▶ 자본금: 29060백만 엔
- ▶ 주식: 도쿄증권거래소(1992년), 나고야증권거래소(1991년) 1부 상장
- ▶ 직원 수: 9,551명(2012년 9월 말 기준)
- ▶ 사업영역
    - 주택, 임대점포, 임대공장, 임대창고, 임대사무실 등 건설업무
    - 입주자 알선 등 부동산 중개업무
    - 건물관리
    - 임대차계약관리 등 부동산관리업무
- ▶ 업자등록: 건설업, 중개업
- ▶ 거래은행: 미츠이스미토모 은행, 미츠비시 도쿄UFJ은행, 미즈호 은행 등

1) 大東建託　ホームページ，ウィキペディア，有価証券報告書による．

2) 연혁

- ▶ 1974年: 나고야 시 치쿠사쿠구에 大東産業(株) 설립(자본금 100만 엔)
- ▶ 1978年: 大東建設(株)로 회사명 변경
- ▶ 1980年: 大東共済会(株) 설립
- ▶ 1988年: 大東建託(株)로 회사명 변경
- ▶ 1989年: 大東共済会 100% 출자, 名古屋증권거래소 2부 상장
- ▶ 1990年: 매출 1000억 엔 돌파, 본사 이전(東京都品川区)
- ▶ 1991年: 경상이익 200억 엔 돌파, 名古屋증권거래소 1부 지정변경
- ▶ 1992年: 東京증권거래소 1부 상장, 매출 2000억 엔 달성
- ▶ 1993年: 경상이익 400억 엔 달성, 大東파이넨스 설립
- ▶ 1994年: 부동산 중개업체 하우스코무(ハウスコム)(株) 설립
- ▶ 1996年: 홈센터 사업 진출
- ▶ 1997年: 大東建設(株) 설립
- ▶ 1999年: 케어파트너㈜ 설립(在宅介護事業에 진출), 임대건물관리회사인 大東建物管理(株) 설립
- ▶ 2001年: (株)Gaspal 설립(ＬＰ가스 공급사업 진출)
- ▶ 2003年: 관리수탁 호수 30만 호 돌파, 본사 이전(도쿄 시나가와)
- ▶ 2004年: 大東住託(株)과 大東建設(株)을 大東住託(株)으로 통합, 임대중개사업 브랜드명 이이헤야네토(いい部屋ネット)
- ▶ 2005年: 관리수탁 호수 40만 호 돌파
- ▶ 2006年: 임대경영수탁 시스템 도입
- ▶ 2007年: 관리수탁 호수 50만 호 돌파, 입주자 긴급연락 대응을 위한 大東고객센터 개설, 연대보증인 서비스회사인 하우스리브(株) 설립
- ▶ 2008年: 大東共済会(株)와 大東建物管理(株) 합병
- ▶ 2009年: 관리수탁호수 60만 호 돌파

▶ 2011年: 하우스코무 오사카증권거래소 자스닥 상장

▶ 2012年: 관리수탁호수 70만 호 돌파

▶ 2013年: 관리수탁호수 747,153호

3) 그룹회사

(1) 임대경영수탁 사업 관련

◎ 大東파이낸스

- 건물의 완공까지 필요한 계약금 등의 단기자금의 융자나 제휴 대출을 취급

◎ 하우스코무

- 임대물건 중개업무, 関東, 中部, 関西지역에서 점포 확장 중

◎ 住SEE

- 임대주택정보지 〈住SEE〉 발행
- 인터넷 물건검색 '住SEE Net' 운영

◎ 大東스틸

- 주택용 철골자재 공급

◎ 大東建物管理

- 주택을 운영하고 있는 오너로부터 일괄임차(一括借上)계약이나, 업무수탁 계약을 받아서 건물유지/관리, 임대료관리, 계약관리 등 종합적 임대건물 관리를 수행
- 본사 빌딩 관리

◎ 하우스리브

- 연대보증인 구할 수 없는 임대계약자를 위해 임대계약상 입주자의 채무를 연대보증하는 서비스를 수행하는 회사

(2) 사업의 다각화 · 국제화 추진 관련

◎ 케어파트너

- 고령화 사회에 대응한 주택개보(介護)서비스의 하나로 Day-service에 착안
- 개보보험 도입(1999년 6월) 이전에 사이타마에 케어파트너를 오픈하고 사업을 전개
- 100%출자한 케어파트너가 Day-service 센터 운영을 중심으로 케어플랜 작성이나 고령자 대상 배식사업을 진행하고 있다.
- 주택개보지원사업에 대한 사회적 수요는 높아지고 있어, 토지 소유주와 협력하며 전국 각지에 시설을 전개해나가고 있다.

◎ Gaspal

- 大東建託 그룹 관리건물을 중심으로 LP가스를 공급

◎ 大東建設

- 大東建託 그룹의 시공담당 파트로서 주택임대사업의 건축시공

◎ 大東코포레이트서비스

- 장애자의 고용촉진을 목적으로 설립된 회사
- 주로 서류발송 업무, 서류 분쇄 업무, 인쇄 업무, 사무작업 등
- 2005년 8월 1일 '특별 자회사' 인정 취득

◎ 大東팜

- 大東建託 그룹에서 관리하고 있는 임대용 공장을 활용하여, 표고버섯을 재배
- 장애자의 취업을 적극적으로 지원하여, 표고버섯의 재배, 수확, 패킹 마무리, 출하 등의 공정을 장애자와 전문 지도원에 의해 수행되고 있다.

◎ 大東비즈니스센터

- 大東建託 그룹 각 본사나 전국 거점에 분산되어 있는 총무 · 경리 · 인사과의 업무를 집약하여 수행
- 그룹 전체 업무생산성을 향상시켜 간접비용을 절감

◎ 大東아시아디벨롭먼트

- 향후 산업 · 경제 발전과 더불어 호텔수요의 증가가 예상되는 말레이시아 쿠알

라룸프에 건설한 호텔 르메르디앙 쿠알라룸프는 2004년 10월 8일에 개업

• 지상 35층, 420실 규모의 고급호텔
• 쿠알라룸프시 중앙역 정면에 위치
• 신국제공항에 접근이 뛰어남
• 메르디앙SA가 운영 중

4) 주요 실적 지표

▶ 주택착공 호수

구 분	2009년	2010년	2011년
주택착공호수(전국)	775,277	819,020	841,246
주택착공호수(당사)	50,450	48,278	55,845
구성비	6.5	5.9	6.6

▶ 임대주택착공 호수

구분	2008년	2009년	2010년	2011년	2015년
전국임대주택 착공호수	444,848	311,463	291,840	289,762	360,000
당사 착공호수 점유율(%)	11.8	16.2	16.5	19.2	20.1

▶ 매출/영업이익

구분	2008년	2009년	2010년	2011년	2015년
매출액(억 엔)	9,548	9,726	10,011	10,871	14,057
영업이익(억 엔)	703	711	737	819	1,100
영업 이익률	7.4%	7.3%	7.4%	7.5%	7.8%
자기자본 비율(%)	54.7	55.8	24.6	27.8	36.2

▶ 준공 공사액

구분	2008년	2009년	2010년	2011년	2015년
금액(억 엔)	4,696	4,655	4,302	4,686	5,945

▶ 주거용 관리호수/ 입주율

구분	2008년	2009년	2010년	2011년	2015년
관리호수(만 호)	55.2	59.8	64.5	69.4	92.7
입주율(%)	95.6	94.6	96.0	96.8	97.0

▶ 주요 재무정보

구분	2009. 3.	2010. 3.	2011. 3.	2012. 3.	2013. 3.
매출	954,881	972,616	1,001,169	1,087,128	1,152,413
매출 총이익	181,896	188,787	195,312	214,145	218,425
매출 총이익률(%)	19.0	19.4	19.5	19.7	19.0
영업이익	70,389	71,127	73,767	81,975	82,411
영업이익률(%)	7.4	7.3	7.4	7.5	7.2
경상이익	73,976	76,663	78,005	84,239	85,539
경상이익률(%)	7.7	7.9	7.8	7.7	7.4
당기 순이익	42,129	45,353	43,151	47,103	51,674
당기 순이익률(%)	4.4	4.7	4.3	4.3	4.5
순자산	296,341	312,631	132,252	152,009	186,592
총자산	540,477	558,129	532,957	569,079	617,738

5) 주주 현황(2013년)

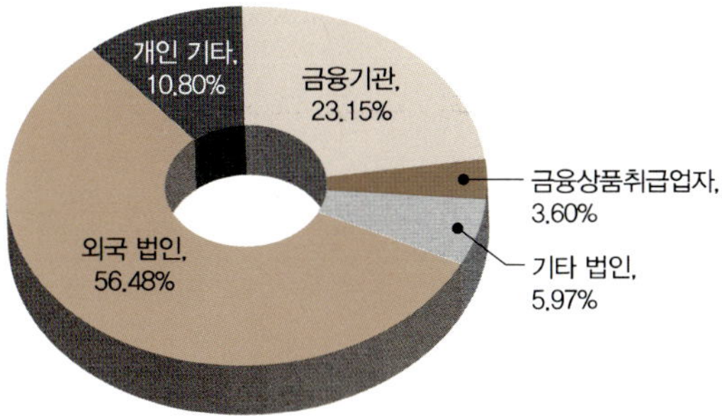

(1) 시장조사 전문조직 전국에 401명

다이토켄타쿠는 전국에 배치된 시장조사 전문조직을 활용하여 수급동향과 지역 임대료 변동을 지속적으로 파악하고 있으며, 이를 통해 임대주택의 적정 공급에 노력하고 있다.

그룹 내 大東建物管理(건물 임대사업의 관리・운영 회사)에서는 타사 건물 약 62만 건을 포함한 최신 데이터베이스를 보유하고 있으며, 또한 지역의 개발계획 동향 등도 고려하여 일본 전국을 약 5,000개 지역으로 나누어서 적절한 지역 마케팅을 수행하고 있다. 이를 위한 시장조사 전문조직은 전국에 401명이 있다.

(2) 그룹 임대중개 점포 전국 581개 점

입주자들의 생활 스타일의 다양화에 대응하기 위해, "누구나 언제라도 간단하게 집을 구할 수 있는 환경 만들기"를 적극적으로 추진하고 있다. 대학 진학, 전근 등에 의해 먼 지역으로 갑자기 이사 하는 입주자들에 대한 원활한 대응을 할 수 있는 전국 네트워크를 통한 다양한 정보제공 채널을 확대해 나가고 있다.

전국 대형상업시설 내 설치를 시작한 터치 판넬 검색기기인 "이이헤야 스테이션(いい部屋ステーション)"을 시작으로, 스마트 폰, 전용 무간지 등을 통한 임대주택정보를 제공

하고 있다. 또한 전국 각지에 중개전문 조직 1,386명, 그룹 임대중개점포 581점포를 보유하고 있다.

그리고 大東建物管理 영업소가 전국에 195개소, 관리・운영 조직이 전국에 1,546명이 있다.

6) 중개건수와 입주율 추이

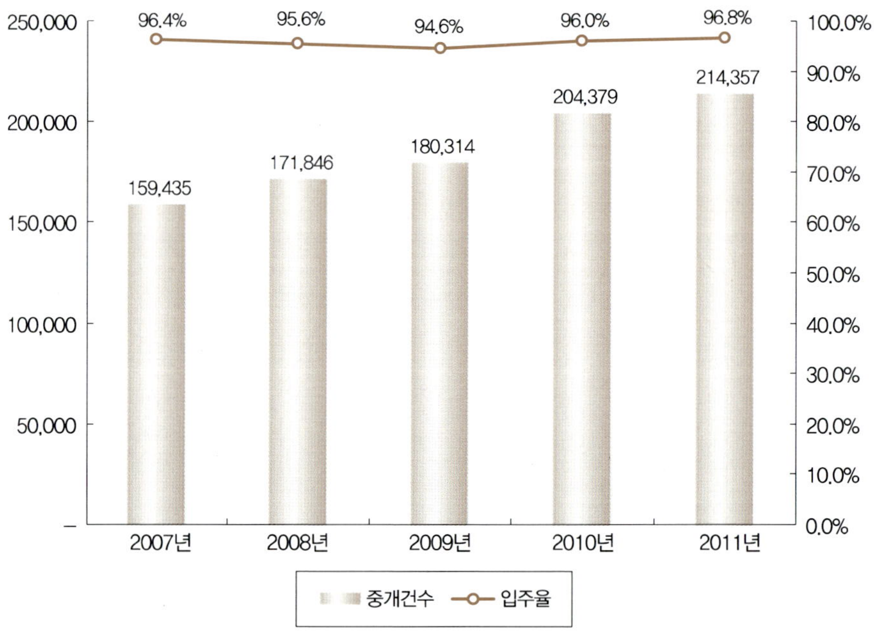

2 레오팔레스21(レオパレス21)[2)]

1973년 미야마 유우스케(深山祐助)가 설립한 주식회사 미야마가 전신이다. 최초 수도권에서 부동산 중개업을 운영했으나, 1985년 시키킹 무료형 임대만숀 '레오팔레스21' 사업을 개시하면서부터 비약적인 발전을 하였다. 1989년 회사명을 "주식회사 MDI (Miyama Development International)"로 변경하였으며, 괌에 체재형 리조트시설 "레오팔레스 리조트 괌"을 개업하고 레저사업에도 진출하였다.

2000년 회사명을 임대만숀 브랜드와 동일한 "레오팔레스 21"로 변경하였으며, 2001년부터는 'Monthly 레오팔레스(Monthly 만숀)'를 판매하기 시작했다. 'Monthly 레오팔레스'는 종전의 시키킹 등의 선불과 연대보증인이 필요 없기 때문에 외국인 등으로부터 매우 인기가 높았다. 현재는 비즈니스호텔, 개보(介護) 노인홈 운영과 거주자를 위한 Broadband, 카풀 등을 수행하고 있다. 또한 단독주택 분양과 식물공장사업도 운영하고 있다.

2009년 3월을 기점으로 실적이 급속히 악화되어 적자가 지속되고 있다. 2010년부터 3개년 계획을 세워 신축에서 기존 물건의 임대사업의 개선으로 비즈니스 전환을 시작하였다. 대신 신축사업은 중국시장을 타깃으로 진행하고 있다.

이의 일환으로 2010년 4월 2일부터 프랜차이즈네트워크인 레오팔레스 파트너즈(가맹점제도)를 개시했는데, 파트너즈 점은 프랜차이즈 점으로써 모든 레오팔레스 물건을 소개할 수 있으며 동시에 직영점과 다르게 기존의 부동산 중개업도 운영할 수 있다.

2010년 11월, 주식회사 주생활그룹(현재 주식회사 LIXIL그룹)과 업무제휴를 체결했고, 동년 12월에는 제3자 배당에 의한 신주발행을 하여 신주 전부를 동사 자회사로서 임대주택 중개와 사택관리사업 등을 하고 있는 주생활 리얼티 주식회사(현재 LIXIL리얼티)에 배당하였다.

2012년 11월 28일, 한국의 주택관리회사인 우리관리와 합작하여 한국 최초의 기업형

2) レオパレス21 ホームページ、ウィキペディア、有価証券報告書による.

주택임대관리회사인 ‘우리 PMC’를 안산시에 설립하였다(자본금 2억 원, 과반 출자).

2013년 현재 임대관리 호수는 546,204호에 이르며, 이 중 도쿄를 중심으로 한 수도권의 물량이 전체의 약 36%, 오사카 주변지역에 약 14%, 나고야 주변 지역에 약 16%로 전체의 약 70%를 3대 도시권 지역이 점유하고 있다.

1) 회사 개요

▶ 회사명: 주식회사 레오팔레스21(レオパレス21)

▶ 설립: 1973년 8월 17일

▶ 자본금: 628억 6736만 엔(2013년 3월 31일)

▶ 상장: 2004년 3월 25일에 도쿄증권거래소 1부 상장

▶ 사업내용

- 주택 건축 · 임대관리, 판매
- 리조트 시설 개발 · 운영
- 호텔 사업
- 브로드밴드 통신사업
- 개보(介護) 사업

▶ 종원원 수: 5,390명(2013년 3월 31일)

▶ 본사: 도쿄 나카노구

▶ 관계회사

- ㈜레오팔레스 리싱
- 프라자임대관리보증㈜
- 레오팔레스 소액단기보험㈜
- ㈜레오팔레스 트래블
- ㈜레오팔레스 스마일
- LEOPALACE GUAM CORPORATION

- 레오팔레스21 비즈니스컨설팅(上海)有限公司
- ㈜레로팔레스 파워
- 우리레오 PMC㈜

2) 회사 연혁

▶ 1973년 8월: 주식회사 미야마(ミヤマ) 설립. 부동산중개업.

▶ 1976년 8월: 자본금 1200만 엔으로 증자

▶ 1985월 4월: 도시형 아파토 [레오팔레스21] 본격 판매개시

▶ 1988년 1월: 입주자 회원제 모집 개시, 미야마 괌 Inc. 설립

▶ 1989년 10월: 회사명 [주식회사 MD]로 변경

▶ 1991년 3월: 현재 본사로 이전

▶ 1998년 3월: 관리호수 10만 호 돌파

▶ 1999년 4월: [레오팔레스 월드新宿] 오픈, 10월 [Monthly 레오팔레스] 개시

▶ 2000년 7월: 회사명 [주식회사 레오팔레스21]로 변경

▶ 2001년 3월: 관리호수 15만 호, 6월 부동산증권화 상품 [레오팔레스 REIT] 발매

▶ 2002년 9월: [호텔레오팔레스 新潟] 오픈, 10월 관리호수 20만 호

▶ 2004년 1월: 관리호수 25만 호, 9월 도쿄증권거래소 제1부 상장

▶ 2005년 1월: 주택사업부, 실버사업부 창설, 3월 관리호수 30만 호

▶ 2009년 1월: 신브랜드 LEO NEXT 탄생, 4월 관리호수 50만 호

▶ 2010년 3월: 관리호수 55만 호

▶ 2012년 11월: 발전사업자회사 [㈜레오팔레스 파워] 설립, [우리레오 PMC㈜] 설립

3) 주요 사업

(1) 임대사업

일본의 경우 계약 시 레이킹(사례금), 시키킹(보증금) 등 초기 비용이 크게 발생하는데 네오팔레스21은 이러한 초기비용의 부담을 낮춘 임대계약과 월 단위로 가구・가전 등이 완비된 방을 제공하는 Monthly 계약을 전개하였다. 또한 입주자를 위한 서비스의 일환으로 시작한 브로드밴드 사업 "LEONET"과 함께 최근에는 보안시설이 갖춰진 물건 등 다양한 서비스 상품을 제공하고 있다.

(2) 건축사업

저비용, 저에너지, 고내구성 등 임대주택에 요구되는 다양한 고성능 기능을 갖춘 상품을 개발하고, 고감도 디자인을 추가한 주택을 공급하고 있다. 또한 일괄임차 시스템을 포함한 종합적 임대경영지원 시스템에 의해 임대주택경영을 강화시키기 위한 지원을 수행하고 있다.

(3) 실버사업

본격적인 고령화 사회의 도래를 대비한 개보시설과 개보서비스의 제공을 하고 있다. 지역사회에 밀착한 그룹 홈과 Day-Service, Shot Stay, 개보제공 주택형 유료노인 홈의 운영을 하고 있으며, 방문개보・개보지원 등을 수행하고 있다.

(4) 호텔・리조트 사업

괌에서 골프장과 야구장 등 스포츠 시설과 호텔, 콘도 등을 운영하고 있다. 국내에는 전국에 8개의 레오팔레스 호텔을 운영하고 있다.

4) 그룹회사

(1) ㈜레오팔레스 Leasing

사택관리업무의 합리화를 위하여 효과적인 료(寮)·사택배치·관리 대행을 수행하고 있다. 또한 사택과 료의 노후화 대책과 법인소유의 유휴토지 자산의 유효활용의 지원 등 다양한 분야에 걸쳐서 컨설팅 업무도 진행하고 있다.

레오팔레스 물건과 가맹점 물건을 포함한 약 164만 호 사택에 대한 효율적인 관리업무 대행을 수행하고 있다.

(2) 프라자임대관리보증㈜(PLAZA Guarantee)

입주자의 경우는 원상회복비에 대한 부담이, 소유자에게는 입주자의 임대료와 공익비 등의 체납과 원상회복비에 대한 부담이 상시 존재한다. 이러한 입주자와 소유자가 안심하고 거주하고 집을 임대할 수 있도록 임대료와 공익비, 원상회복비용 등의 채무를 보증하고 있다.

(3) 레오팔레스 소액단기보험㈜(레오팔레스 SSI)

입주자들이 안심하고 쾌적한 생활을 할 수 있도록 보험 서비스를 제공하고 있다. 주로 젊은 층의 입주자를 타깃으로 하고 있다.

(4) ㈜레오팔레스 Smile

장애자 고용촉진을 목적으로 2009년 8월 설립되어, 동년 11월 16일에 특례자회사로서 후생성장관의 인가를 받았다. 현재 레오팔레스 그룹의 각종 우편물의 분류와 발송작업 등의 수탁업무를 수행하고 있다.

(5) 레오팔레스 Power

발전사업을 하고 있다.

(6) ㈜레오팔레스 Travel

레오팔레스 리조트 등을 포함한 각종 여행지의 항공권 · 숙박 등 여행대리점 업무를 수행하고 있다.

(7) 레오팔레스 Guam Corporation

레오팔레스 리조트 괌을 운영하고 있다.

(8) 레오팔레스21 비즈니스컨설팅 (상해)유한공사

2004년에 상해 주재원사무소를 개설하고, 2009년 9월 현지법인을 설립하였다. 북경에도 지점을 개설하여 일본 국내의 레오팔레스 물건의 정보를 제고하고 입주수속의 편리성을 향상을 도모하고 있다. 중국 유학생을 포함한 입주촉진 영업을 중점적으로 하고 있다.

(9) 우리레오 PMC㈜

2012년 한국의 우리관리와 합작법인을 설립하였다. 1~2인 세대의 증가 부동산 가격 하락에 따른 전세에서 월세로의 전환에 의한 향후 성장이 예상되는 한국 임대주택시장에 보다 빨리 진출하여 선진화 · 체계화된 임대관리 서비스의 제공을 목적으로 하고 있다.

5) 매출과 영업이익

(단위: 억 엔)

구 분	2012년	2013(계획)	2014(계획)	2015(계획)
매출	4,594	4,639	4,674	4,765
영업이익	45	80	141	169
경상이익	23	61	122	151
순이익	15	55	110	135
순자산	338	428	580	765
자기자본비율	12.8%	17.0%	23.1%	29.5%

6) 사업별 매출 · 손익

(단위: 억 엔)

구 분		2012년	2013(계획)	2014(계획)	2015(계획)
임대사업	매출	3,803	3,866	3,890	3,915
	영업이익	52	95	150	161
	평균 입주율	81.2%	83.0%	85.0%	85.8%
건축사업	매출	629	602	611	674
	영업이익	43	30	35	51
	총수주액	500	768	801	789
호텔 · 리조트 사업	매출	62	66	67	68
	영업이익	△16	△10	△7	△6
실버 · 기타 사업	매출	99	103	105	107
	영업이익	△8	△7	△6	

7) 주주 현황(2013년)

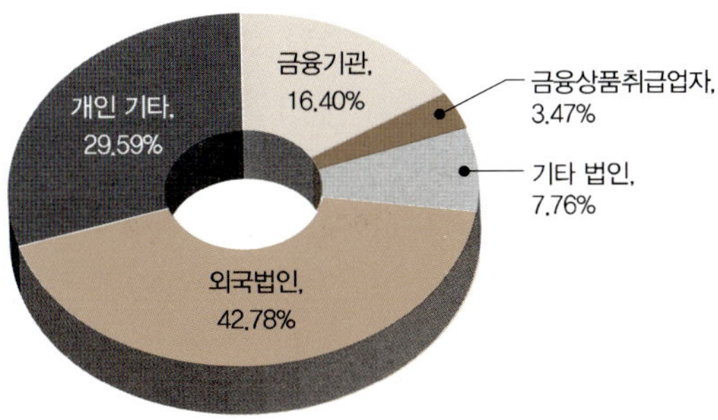

3 세키스이하우스(積水ハウス)[3]

플라스틱메이커인 세키스이화학공업의 모기업인 세키스이하우스는 1960년 자본금 1억 엔으로 세키스이하우스산업 주식회사로 설립되었으며, 1963년에 세키스이하우스 주식회사로 회사명을 변경하였다.

1963년 플라스틱을 재료로 한 주택을 개발했지만 원가문제로 포기하고 그후 철골과 플라스틱을 사용한 주택을 개발하였다. 초기에는 판매를 모기업인 세키스이하우스 공업이 대리점을 통한 판매방식을 취하였으나 그후 주택 전시장을 오픈하고 직접 판매방식으로 전환하였다.

2012년 판매호수 약 45,098호로 일본 내 1위, 매출은 1조 223억 엔으로 다이와공업 주식회사에 이어 2위에 랭크되있다. 자회사로는 세키스이부동산과 세키스이하우스 리폼 등이 있다.

1) 회사 개요

- ▶ 회사명: 세키스이하우스 주식회사(積水ハウス)
- ▶ 본사: 大阪市北区大淀中一丁目1番88号
- ▶ 설립: 1960년 8월 1일
- ▶ 자본금: 1865억 5419만 엔
- ▶ 누적 건축호수: 2,135,437호
- ▶ 종업원 수: 15,346명

3) 積水ハウス　ホームページ、ウィキペディア、有価証券報告書による.

2) 연혁

- 1960년: 세키스이화학공업주식회사 내 하우스사업부 설치
  자본금 1억 엔으로 세키스이산업 주식회사 설립
- 1963년: 세키스이하우스로 회사명 변경, 東京 · 名古屋증권거래소 2부 상장
- 1971년: 東京 · 名古屋증권거래소 1부로 지정변경
- 1987년: 미국 워싱턴에 자회사 Sekisui House America, Inc. 설립
- 1993년: 大阪市北区 우메다스카이 빌딩으로 본사 이전
- 1995년: 세킷이하우스 목조㈜ 흡수 합병, 목조주택사업 개시
- 2000년: 저층임대주택 브랜드 [Shamaison]으로 통일
- 2001년: 누적 건축호수 150만 호 달성
- 2005년: 세키와(積和) 부동산 등 6개사 100% 완전 자회사화
  리폼사업 분할하여 100% 자회사인 세키스이하우스 리폼㈜에 이관
- 2010년: 누적 건축호수 200만 호 달성
- 2011년: 태양광발전 시스템 단독주택 년간 1만호 달성

3) 관련 회사

① 부동산 매매 · 임대 · 중개: 세키와부동산㈜(積和不動産)

② 주택 리폼: 세키스이하우스 리폼㈜

③ 건설: 세키와건설㈜(積和建設)

④ 토지측량 · 지반조사: 랜드테크세키와㈜

⑤ 기타

- 積水ハウス梅田オペレーション株式会社
- 세키와우드㈜: 제조공장
- ㈜SEA: 부동산 관련 컨설팅

- 일본주택론㈜
- 세키와서포트시스템㈜: 노인홈, 고령자주택 운영
- 세키스이하우스 · SI자산관리㈜: 투자운용업
- 세키스이하우스 파이낸셜서비스: 보험업
- Sekisui House Australia Holdings Pty Limited
- North America Sekisui House,LLC
- Sekisui House CIS Limited Liability Company
- Sekisui House Singapore Pty. L t d.

4) 매출 · 영업이익 현황

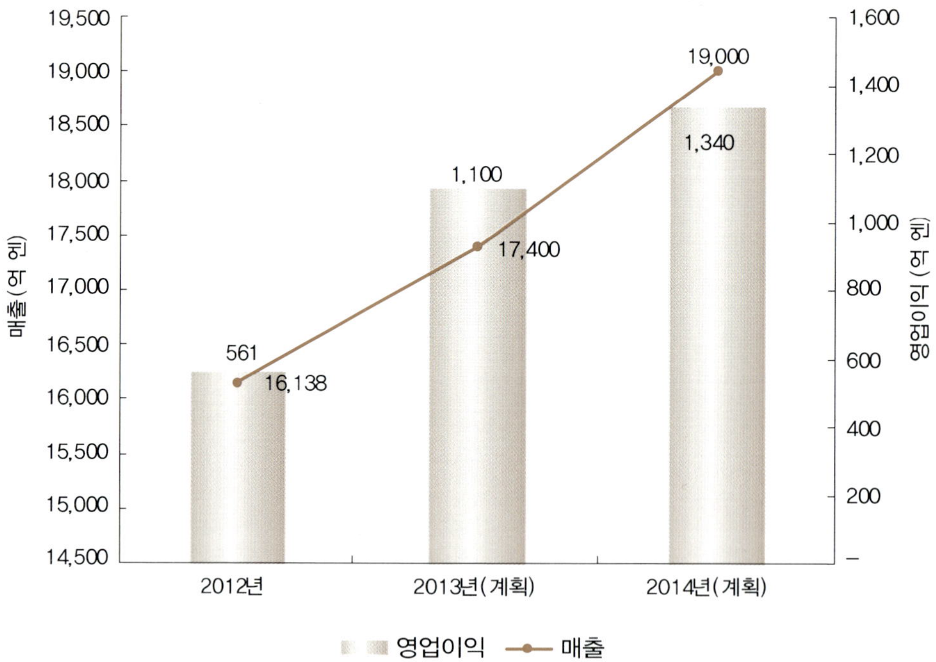

5) 사업 내용

자회사 123개 및 관련 회사 15개 사로 구성되어 공업화주택 설계, 시공, 부동산 매매, 중개, 임대차, 관리 및 이와 관련된 사업을 수행하고 있다.

(1) 단독주택 사업

단독주택 설계, 시공 등

(2) 임대주택사업

임대주택, 의료개보시설 등 설계, 시공 등

(3) 분양주택사업

주택, 택지 분양, 분양택지에 건축하는 주택의 설계, 시공 등

(4) 만숀사업

만숀 분양

(5) 도시재개발사업

오피스빌딩, 상업시설 등의 개발, 보유부동산의 관리・운영 등

(6) 리폼사업

주택의 증・개축 등

(7) 부동산 Fee사업

부동산 전대차, 관리, 운영 및 중개 등

(8) 기타

국제사업, Exterior사업 등

6) 사업부분별 매출 현황

(단위: 억 엔)

구분	2011년		2012년		2013년	
	매출	구성비	매출	구성비	매출	구성비
단독주택사업	4,552	30.6%	4,753	31.1%	4,651	28.8%
임대주택사업	2,776	18.7%	2,890	18.9%	3,037	18.8%
리폼 사업	914	6.1%	1,021	6.7%	1,115	6.9%
부동산 Fee사업	3,619	24.3%	3,782	24.7%	3,939	24.4%
분양주택사업	1,464	9.8%	1,271	8.3%	1,278	7.9%
만숀사업	771	5.2%	396	2.6%	525	3.3%
도시개발사업	222	1.5%	377	2.5%	455	2.8%
국제사업	68	0.5%	242	1.6%	548	3.4%
기타	493	3.3%	570	3.7%	587	3.6%
합계	14,879	100.0%	15,302	100.0%	16,135	100.0%

7) 주택판매 실적

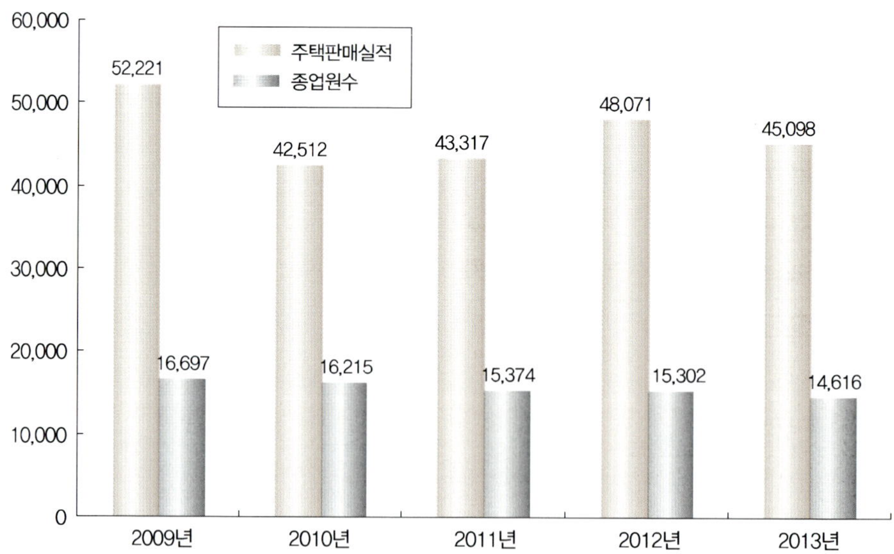

8) 주주 현황(2013년)

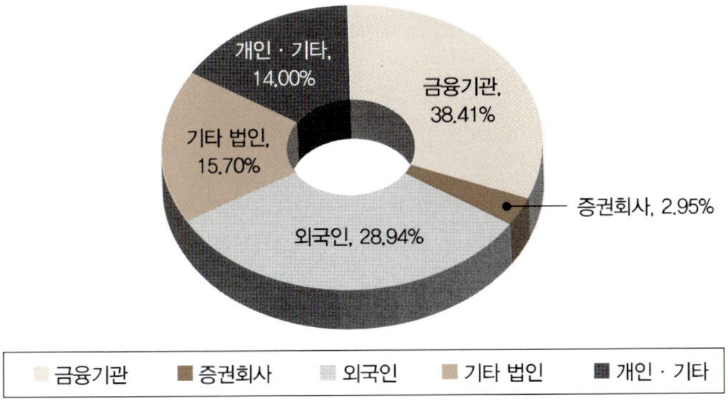

4 스타츠그룹(スターツグループ)[4]

스타츠그룹은 1969년 3월 27일 현 회장인 히사지 무라이시(村石久二)가 도쿄 에도가와 구에 전신인 치쿠마부동산(千曲不動産)을 창업하였다. 이후 사업의 규모와 업무를 확장하고 3년 후인 1972년 9월 자본금 500만 엔의 치쿠마부동산주식회사를 설립하여 개인회사에서 주식회사 형태로 전환하였다. 그후 건설과 분양, 임대관리사업 등으로 업무영역을 꾸준히 확대하여 현재의 스타츠그룹으로 발전하였다.

1) 회사 개요

- ▶ 회사명: Starts Corporation Inc.
- ▶ 창업: 1969년 3월

4) スターツグループ　ホームページ、ウィキペディア、有価証券報告書による.

- ▶ 설립: 1972년 9월
- ▶ 자본금: 44억 7421만 엔
- ▶ 종업원수: 스타츠그룹 5,659명(2013년 4월 현재)
- ▶ 매출: 1283억 엔(2013년 3월)
- ▶ 사업분야: 건설사업, 부동산사업, 관리・보안사업, 호텔・판매・레저 사업, 네트워크사업, 고령자 지원・보육사업, 출판・정보사업 등

2) 회사 연혁

- ▶ 1969년 3월: 東京都江戸川区를 거점으로 한 [千曲부동산]을 개인 창업
- ▶ 1972년 9월: [千曲부동산주식회사] 설립
- ▶ 1983년 3월: 千曲출판㈜(현 스타츠출판) 설립
- ▶ 1985년 4월: 千曲관리서비스㈜(현 스타츠 Amenity㈜) 설립
- ▶ 1987년 7월: 4개 자회사 흡수・합병하여 [스타츠 주식회사]로 회사명 변경
- ▶ 1997년 10월: 물건검색 사이트 Pitat 하우스 오픈
- ▶ 1998년 6월: 주택정보지 [Mikke] 창간(현 Pitat 하우스)
- ▶ 2000년 6월: ㈜리얼숍(현 Pitat 하우스 네트워크 주식회사) 설립
- ▶ 2003년 8월: [SEA네트워크사업] 개시
- ▶ 2004년 1월: 호텔사업 개시
- ▶ 2005년 10월: [스타츠 코포레이션㈜]로 상호변경, 사업별로 회사분할[스타츠CAM㈜(건설사업), 스타츠 Pitat 하우스㈜ (부동산중개사업), 스타츠 디벨로프먼트㈜(분양사업), 스타츠 코포레이트서비스㈜(법인영업)] 설립하여 사업승계
- ▶ 2006년 8월: 종합빌딩 관리사업 진출

3) 주요 사업

스타츠 그룹은 61개 자회사와 관련회사 1개로 구성되어 있다. 주요 사업 내용은 다음과 같다.

(1) 건설사업

스타츠CAM㈜를 중심으로 수도권 및 주요 도시에서 유휴토지 활용에 대한 기획제안, 건설수주업무, 설계·시공 등을, 스타츠 홈㈜는 수도권을 중심으로 단독주택 건축·시공, 리폼공사를 수행하고 있다.

(2) 중개·임대관리사업

스타츠 Pitat하우스㈜를 중심으로 수도권 및 각 주요도시에 2013년 현재 102개점의 부동산 영업점 [Pitat하우스]를 운영하고 있으며, 임대아파토와 만숀의 모집관리, 주택 등의 판매대리 및 부동산 매매중개업무를 수행하고 있다. 스타츠 코포레이토서비스㈜는 법인 고객대상 부동산 매매의 중개, 료·사택의 알선, 사택관리대행 등을 수행하고 있다. 스타츠 Amenity㈜는 임대아파토·만숀, 주차장, 분양만숀 등의 관리업무 및 리폼·유지관리, 시간임대주차장 [나비파크] 운영 및 임대사업을 수행하고 있다. STM매니즈먼트㈜는 임대주택을 중심으로 설비유지관리, 청소, 콜센터 등의 업무를 수행하고 있다. 스타츠 Facility서비스㈜를 중심으로 도심 3구를 중심으로 1,076동의 오피스빌딩의 시설관리 업무를 수행하고 있다.

(3) 분양사업

스타츠 디벨로퍼먼트㈜는 수도권에서 단독주택과 중·고층 주택의 분양을 하고 있다.

(4) 기타

스타츠출판㈜는 웹사이트 [O Z mall]을 매개로 한 미디어사업, 정보지 [O Z 매거진]을 중심으로 출판사업을 수행하고 있다. ㈱WEB은 그룹 웹사이트 등 정보시스템의 기획・개발・운영 등을 수행하고 있다. Pitat하우스 네트워크㈜는 2013년 3월 현재 334개 점포의 가맹점에 경영지도 등을 수행하고 있으며, 스타츠 직영 102점포를 포함한 436개 점포의 네트워크를 구축하고 있다. 기타 관련회사와 업무는 아래와 같다.

- 스타츠증권㈜: 주식매매, 보험상품 판매, 자산운용 컨설팅
- 스타츠신탁㈜: 토지신탁, 유언신탁 등 신탁업
- 스타츠에셋매니즈먼트㈜: 부동산 투자신탁에 있어서 투자법인이 자산운용 및 컨설팅
- 스타츠호텔개발㈜: 호텔개발 및 운영
- 스타츠종합연구소: 컨설팅 업무
- (주)스타츠Tourist: 여행업
- 스타츠케어서비스: 수도권을 중심으로 그룹 홈 등 고령자 지원・보육시설 운영
- Shelock㈜: 주택 보안 시스템 기획・제조・판매 등
- 스타츠상사㈜: 주택설비기기, 레스토랑 운영, 물판사업 등
- 임대보증서비스㈜: 임대주택 입주자 보증 업무

4) 주택 수주 및 시공 실적(2013년)

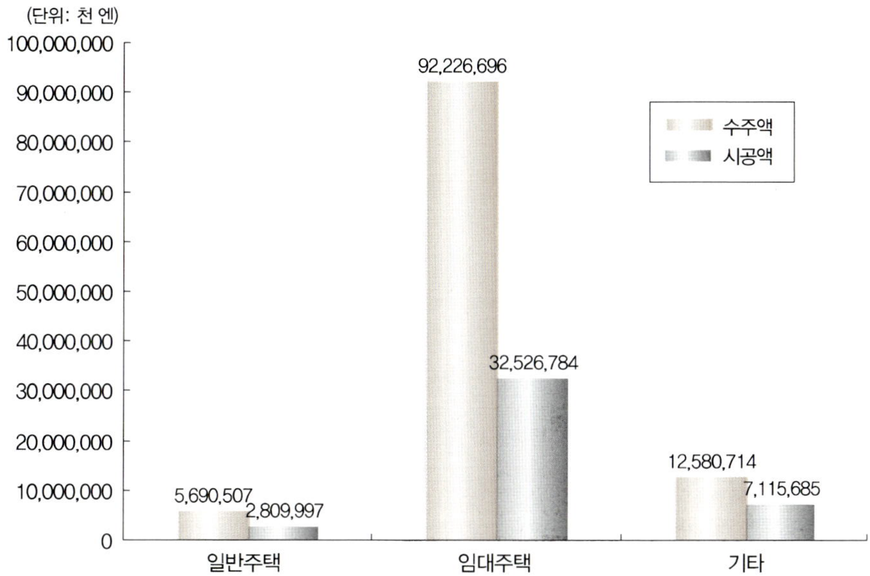

5) 주택 유형별 판매액 구성비(2013년)

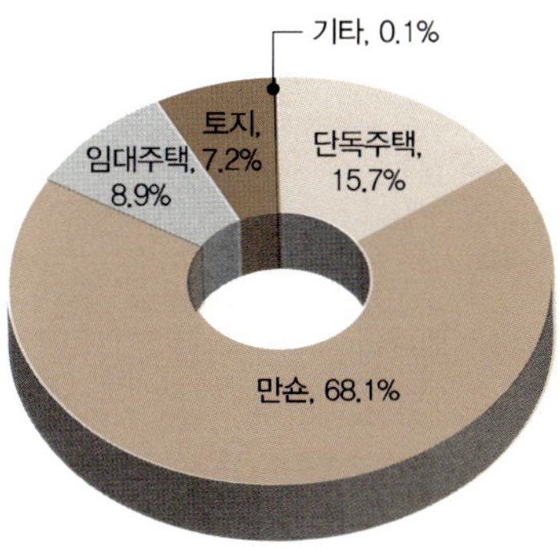

6) 분야별 매출(2013년)

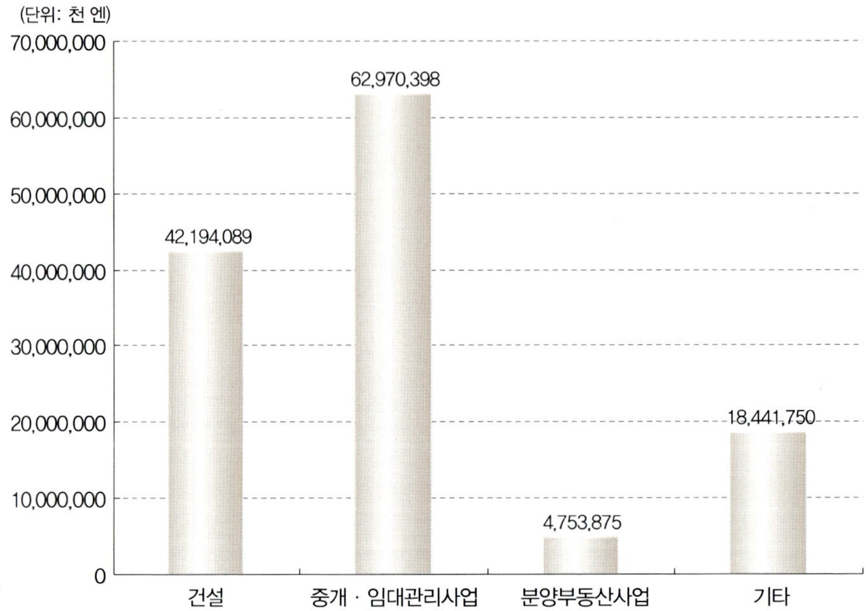

7) 주주 현황(2013년)

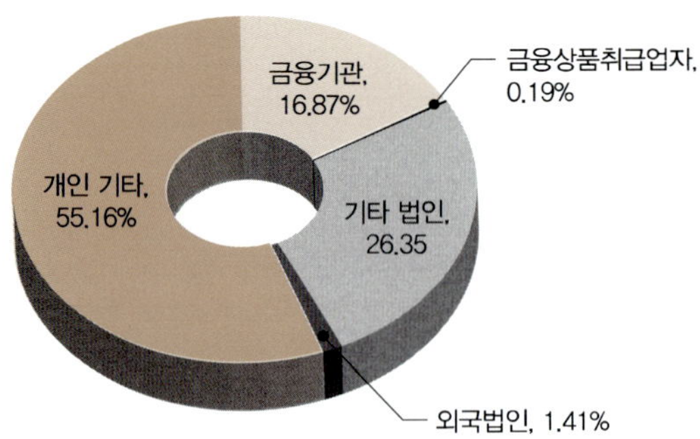

5 다이와리빙(ダイワリビング)[5]

다이와리빙은 다이와하우스 공업이 100% 출자한 임대 주택관리·운영회사로서, 1989년 창업하여 24년째를 맞이하고 있다. 2013년 3월 말 관리호수 34만 호를 돌파하였으며, 2012년 4월 사업을 재편하여 서브리스사업은 다이와리빙 매니즈먼트에 이관하고 임대관리사업·임대관리 대리업무에 중점을 두고 사업을 전개하고 있다.

다이와리빙 매니즈먼트, 다이와 에스테이트(중개사업을 담당), DU-NET(인터넷 프로바이더사업을 담당) 등의 4사가 다이와리빙 컴퍼니로서 결집하여 임대주택관리·운영관련 업무를 집중적으로 수행하고 있다.

또한 한국에서 임대주택관리운영사업을 직접 수행하기 위해 KT에스테이트와 합작하여 KD리빙을 설립(2012년 11월)하는 등 글로벌화에 박차를 가하고 있다. 현재 D-Room의 브랜드로 전국 약 30만 호의 임대주택을 관리·운영하고 있으며, 그밖에 정기차지권 활용사업, 사택관리 대행사업, 리폼사업, 보험대리점 등의 사업을 수행하고 있다.

1) 회사 개요

- ▶ 회사명: 다이와리빙(大和リビング株式会社)
- ▶ 본사: 도쿄 코토구
- ▶ 영업점: 109(2012년 4월)
- ▶ 설립: 1989년 10월 26일
- ▶ 자본금: 1억 엔
- ▶ 주주: 다이와리빙 매니즈먼트㈜ 전액출자
- ▶ 종업원: 1,324명(2012년 4월)
- ▶ 매출: 2,178억 엔(2012년 3월)

5) 大和リビング　ホームページ、ウィキペディア、 有価証券報告書による.

2) 회사 연혁

- ▶ 1989년: 다이와리빙(株) 설립
- ▶ 1994년: 다이와리빙 西日本 설립
- ▶ 1995년: 다이와리빙 近畿 설립, 다이와리빙 九州 설립, 다이와리빙 東日本 설립
- ▶ 1997년: 다이와리빙 中部 설립
- ▶ 1999년: 상기 5개사를 다이와리빙㈜로 흡수·합병하여 전국사업 전개 시작
- ▶ 1999年: 부동산중개 업무를 수행하는 다이와에스테이트㈜를 다이와공업㈜와 다이와리빙이 공동 출자하여 설립
- ▶ 2001年: 다이와에스테이트, 다이와리빙 100% 출자 전환
- ▶ 2002年: 다이와리빙 仙台지점 개설
- ▶ 2003年: 다이와리빙 千葉, 神奈川, 北関東 지점 개설
- ▶ 2005年: 도시형 중고층 임대주택 관리에 본격 진출
- ▶ 2007年: 주택검색 사이트 [D-roomPlaza] 오픈
  연대보증인 대체제도 [D-Support] 도입
  인터넷 가재(家財)보험 도입
- ▶ 2008年: 입주자 정보지 하논(はのん) 출간
- ▶ 2009年: 다이와리스의 집합주택임대관리사업을 다이와리빙에 이관
  다이와Monthly의 Monthly 사업을 다이와리빙에 이관
- ▶ 2011年: 지점 명칭변경 및 北信越 지점 개설
- ▶ 2012年: 다이와리빙의 서브리스사업을 다이와리빙 매니즈먼트에 이관
  다이와리빙매니즈먼트, 다이와리빙, 다이와에스테이트 3사를 다이와그룹내기업으로 다이와리빙 컴퍼니로 명칭 변경

3) 관련회사

- 다이와하우스 공업
- 다이와리스
- 다이와에스테이트
- 다이와유통
- 다이와라쿠다: 주택관련 기구, 인테리어, 외장재 등을 제조, 판매, 시공하는 회사로 다이와공업이 100% 출자
- 오사카 마루빌딩
- 다이와로얄호텔
- 로얄홈센터

4) 사업분야

(1) 주택사업

1959년 다이와공업이 조립주택 공법을 개발하고 본격적인 주택사업에 뛰어들었다. 그후 약 55만 호 이상의 단독주택을 공급하였으며, 2001년부터는 목조주택사업도 시작하였다. 현재는 "안전 · 안심 · 신뢰"를 키워드로 주택의 기본 성능과 품질향상, 내진 등 최신 설비를 갖춘 주택을 개발 · 공급하고 있다. 또한 건물의 완공 · 인도 후에도 장기보증제도에 의한 사후관리서비스를 제공, 리폼 · 대규모 증 · 개축 사업에도 참여하고 있다.

(2) 임대주택사업

"D-room"이란 브랜드로 임대주택사업을 진행하고 있다. 임대주택 누적공급 호수실적이 약 81만 호에 이르며, 이러한 경험을 바탕으로 입주자의 니즈에 적합한 상품개발을 진행하고 있다. 또한 토지 소유주에게는 토지 분석과 주변 임대주택 동향에 근거한

면밀한 경영 계획을 세워 자금계획을 포함한 제안을 통한 임대주택관리사업을 전개하고 있다.

임대주택 소유자 지원 시스템인 "DAPS"에 의한 건물의 정기적 진단은 물로 자산승계와 상속의 컨설팅, 입주자모집 사이트 운영, 운영대행 등 종합적인 임대주택관리사업을 수행하고 있다.

(3) 유통사업: 유니클로

절세와 수익 확보를 위해 토지의 유효이용을 도모하는 소유자와 새로운 거점을 확보하기 위해 후보지를 물색하고 있는 기업을 토지유효활용시스템 "LOC시스템"을 활용하여 연결시켜 주고 있다. "LOC시스템"은 전국에 확보하고 있는 다이와공업의 정보망을 활용하여, 토지정보・출점정보를 집적한 시스템으로 풍부한 노하우와 면밀한 조사를 통한 최적의 사업계획을 제안하고, 건물의 설계・시공에 이르기까지 종합적인 역할을 담당한다.

현재까지 약 3만 건 이상의 실적을 보유하고 있으며, 대표 기업으로 유니클로가 있다.

(4) 건축사업

다이와공업의 기업이념인 '건축의 공업화'를 목표로 건축의 고품질・단기공법・저비용화를 실현하고 있다.

또한 의료・개보시설의 설계, 물류시스템 구축, 식품제조시설 건설, 부동산 유효이용 등에 관해 축적된 노하우를 활용하여 사업 컨설팅과 엔지니어닝 부분에도 사업참여를 하고 있다.

(5) 만숀사업

"PREMIST" 브랜드로 사업을 진행하고 있다. 또한 만숀 자산가치 서포트 시스템인 'D's Bridge'를 개발하여 자산가치 유지에 관한 서포트를 하고 있다.

(6) 환경에너지사업

LED조명, 고효율 조명, 공조, 단열, 태양광 발전시스템, 태양광발전소, 리튬전지 등의 환경에너지사업에도 참여하고 있다. 이러한 환경에너지 기술을 주택사업에 활용하여 고부가가치 주택사업도 수행해 나가고 있다.

(7) 해외사업

1972년부터 중국시장에 진출하기 시작하였으며, 1980년대부터는 현지 법인을 설립하여 외국 주재원 대상 임대주택의 건축 · 운영 · 관리를 수행하고 있으며, 부동산 공동개발, 호텔 운영 · 관리사업에도 진출하고 있다. 또한 미국 등 다른 국가에서도 신규사업을 전개하고 있으며, 2012년 한국에 임대주택관리회사인 KD리빙을 KT와 합작법인을로 설립하였다.

5) 다양한 입주자 모집 시스템

그룹의 임대중개 전문회사인 다이와에스테이트와 전국에 걸쳐서 약 7,000개의 부동산회사와 제휴하여 임대주택물건의 정보를 실시간으로 제공하고 있다.

다이와에스테이트는 다이와리빙이 100%로 출자한 중개전문회사로서 다이와공업이 건축한 주택물건을 중심으로 임대주택의 중개알선을 수행하고 있으며, 현재 도시부를 중심으로 전국에 17개 거점을 전개해 나가고 있다.

다이와리빙의 물건정보는 전국 약 7,000개의 제휴 부동산회사의 모집정보 사이트에서 실시간으로 공실 정보를 열람할 수 있는 체제가 구축되어 있다.

또한 다이와리빙의 임대주택은 임대주택 검색 사이트인 “D-room Plaza”를 통해 검색할 수 있으며 입주자 모집 시에도 적극 활용하고 있다.

법인 담당을 주요거점에 배치하고 업무제휴계약을 통한 종업원 입사 · 전근 시 물건을 소개하고 있다. 또한 제휴법인 전용 사이트를 개설하여 편의를 제공하고 있다.

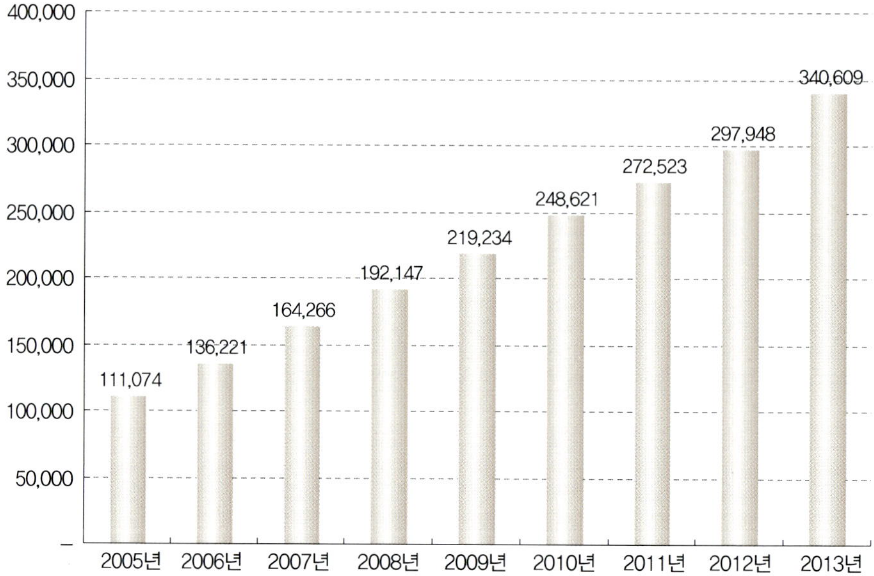

▌그림 10-1▐ 임대주택 관리호수 추이

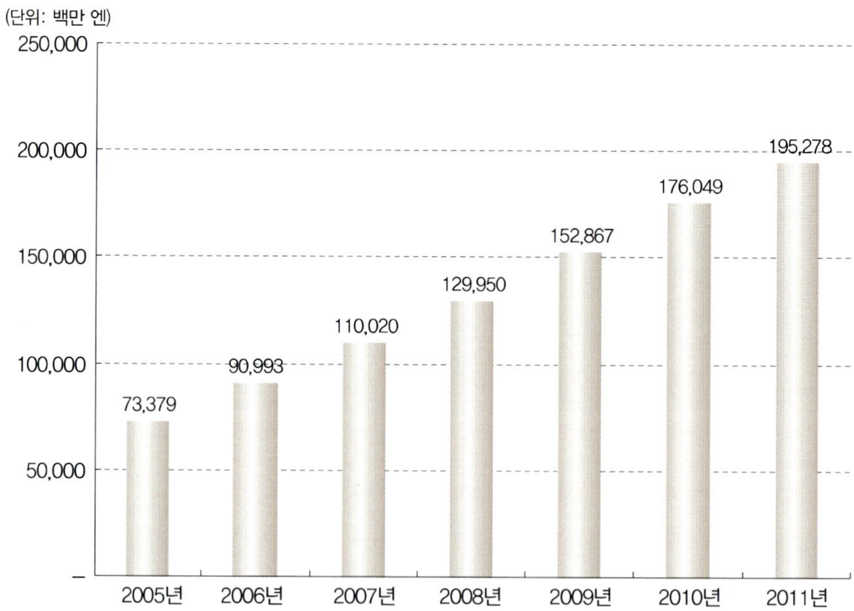

▌그림 10-2▐ 매출액 추이

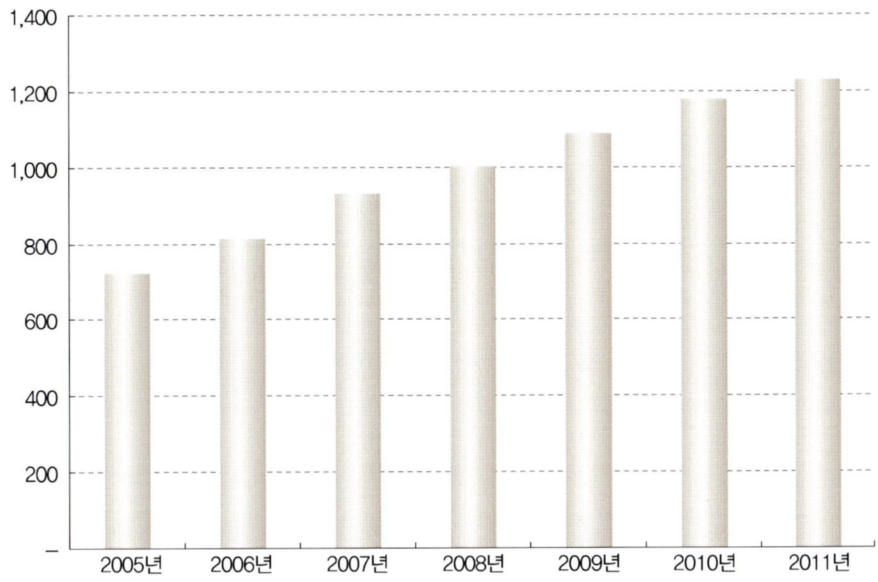

▌그림 10-3▐ 종업원수 추이

Chapter 11

일 본 의 임 대 주 택 관 리 업

일본 상위 6개 대형 부동산 디벨로퍼

Chapter

11 ··· 일본 상위 6개 대형 부동산디벨로퍼

최근 한국 부동산시장이 심상치 않은 것 같다. 특히 부동산 PF 관련 사업의 경우 거의 위험수위에 도달한 것 같다. 그럼 도대체 한국의 부동산 PF사업이 왜 이 지경에 처한 것일까? 그 이유는 매우 다양하고 복잡하다. 하지만 한 가지 분명하게 말할 수 있는 이유는 한국에는 진정한 의미의 부동산디벨로퍼가 없다는 것이다. 참으로 슬픈 현실이다. 필자는 수십 차례에 걸쳐서 일본의 개발현장을 방문하였고, 그때마다 한결같이 느꼈던 점은 바로 일본의 수많은 프로젝트들이 성공할 수 있었던 것이 바로 훌륭한 부동산디벨로퍼들이 있었기 때문이라는 점이다. 이제 우리도 진정한 부동산디벨로퍼들이 필요하다. 이는 시기적 필요성이라는 단순한 이유를 떠나서 시장의 바람이기도 하다. 또한 일본의 임대주택시장이 순수 임대주택과 더불어 분양주택의 임대주택시장도 상당히 큰 규모이며, 이러한 분양주택의 관리와 운영을 대형 디벨로퍼가 수행하고 있다는 점을 고려할 때 일본의 대형 디벨로퍼에 대해 살펴보는 것도 일본의 임대주택관리시장을 이해하는 데 도움이 될 것으로 생각한다. 이에 본 장에서는 일본 상위 6개 대형 부동산디벨로퍼에 대해서 살펴보고자 한다.

일본의 주요 부동산디벨로퍼로는 상업용 부동산 매출을 기준으로 할 때 三井不動産(미츠이부동산), 三菱地所(미츠비시지쇼), 住友不動産(스미토모부동산), 東急不動産(토큐부동산), 東京建物(도쿄타테모노), 森ビル(모리빌딩)순으로 6개의 대표적인 기업을 들 수 있다.

1 미츠이부동산(三井不動産)[1]

1) 회사개요

도쿄 주오구 니혼바시의 미츠이 본관에 본사를 두고 있는 부동산회사로서 일본 최

1) 三井不動産 ホームページ、ウィキペディア、有価証券報告書による.

대의 부동산회사이다. 三井住友銀行, 三井物産과 함께 미츠이그룹의 핵심기업 중 하나이다. 수많은 오피스빌딩, 쇼핑센터(라라포트 등), 아울렛몰(미츠이 아울렛파크 등), 호텔, 주택, 그리고 관련 회사인 오리엔탈 랜드가 운영하고 있는 도쿄 디즈니리조트 등 광범위한 분야에 걸쳐 사업을 전개하고 있는 일본의 대표적인 부동산 종합회사이다.

미츠이부동산은 1914년 三井合名会社에 부동산 부서를 설치하여 미츠이 본관을 관리해 오다가 1941년 7월 부동산 부문을 분리하여 三井株式会社를 설립하였다. 이후 1949년 도쿄증권거래소 1부에 상장하였으며, 2009년 3월 자본금 1742억 엔, 매출액 5221억 엔(계열사 포함 1조 4189억 엔), 총자산 3조 2088억 엔(계열사 포함 3조 7583억 엔), 종업원 1,154명(계열사 포함 15,476명)의 초대형 부동산개발회사로 성장하였다.

2) 주요 회사 연혁

- 1960년: 주식회사 오리엔탈 랜드 설립(공동출자)
- 1968년: 일본 최초 초고층빌딩 霞ヶ関(카스미가세키)빌딩 준공
- 1969년: 三井不動産株式会社 설립
- 1974년: 三井HOME株式会社, 三井不動産建設株式会社 설립
- 1983년: 도쿄 디즈니랜드 개업
- 1998년: 요코하마 베이사이드 마리나 개업
- 2006년: 도쿄 미드타운 준공
- 2007년: 帝国호텔 지분 취득(33%)
- 2008년: 미츠이 아울렛파크 오픈(埼玉県)

3) 조직구성 및 관련 회사

미츠이부동산은 본사직속의 16개 부문과 4개의 본부로 구성되어있으며, 1지사와 7개 지점, 그리고 영업소로 조직이 구성되어 있다. 조직구성의 특징을 살펴보면 첫째, 그룹

전체의 인사, 재무, 기획, 감사 등의 기능은 본부직속 부문으로 편제하여 그룹차원에서 총괄적으로 그 기능을 담당하고 있다. 특히 본부직속 부문의 주요 업무가 각 사업본부의 업무지원 및 관리지원, 장기 사업기획 등 사업본부에 대한 업무지원의 기능을 주로 수행하고 있다.

사업본부는 빌딩본부, 부동산솔루션서비스본부, 투자신탁사업본부, 상업시설본부 등 4개 본부로 구성되어있다. 빌딩본부는 업무시설과 관련된 업무를 주로 수행하고 있으며, 특히 업무시설 개발 및 임대, 업무시설의 위탁관리업무 등을 주로 수행하고 있다. 부동산솔루션서비스본부는 기업의 보유 부동산에 대한 활용 및 운용에 관한 전략수립, 개발수립전략, 매각수립전략 등 기업의 부동산자산의 효율성 향상을 통한 경영의 효율성을 향상시키는 업무를 핵심적으로 수행하고 있다.

다음으로 투자신탁사업본부는 임대주택의 개발 및 운영, 임대주택 위탁운영 등 임대주택에 관련된 사업을 핵심적으로 추진하고 있으며, 부가적으로 리조트 개발 및 관리운영과 해외 부동산 관련 사업 등을 수행하고 있다. 상업시설본부는 미츠이부동산이 최근 수행하고 있는 대형복합시설개발 및 관리운영에 대한 사업을 핵심적으로 수행하고 있으며, 미츠이부동산이 개발하고 운영하고 있는 라라포트, 미츠이 아울렛파크 등 상업관련 시설의 개발 및 관리운영도 중추적으로 수행하고 있다. 그밖에 1개 지사와 6개지점, 영업소 등을 개설하여 본사의 각 사업본부와의 유기적인 협력을 통해 일본 전역에 걸친 부동산사업을 원활히 수행해 나갈 수 있는 조직을 만들어 나가고 있다.

(1) 조직 구성

구 분	세부 내용
본부직속 부문	Care-Design실, S&E종합연구소, 건축기획부, 정보시스템부, 감정평가실, 부동산투자연구소, 기획조사실, 자산운용부, 경영기획부, 업무관리부, 경리부, 인사부, 광고부, 비서실, 총무부, 감사실
4개 본부	• 빌딩본부: 업무추진실, 운영기획실, 오피스메니즈먼트부, 빌딩영업부, 빌딩사업부, 빌딩사업기획부 • 부동산솔루션서비스본부: 솔루션서비스기획실, 사업개발부, 법인솔루션부, Let's자산운용부

	• 투자신탁사업본부: 업무추진실, 임대주택사업부, 사업추진실, 호텔사업부, 국제사업부, 리조트사업추진부, 개발기획부, 개발사업부 등 • 상업시설본부: 업무추진실, 리츠업무수탁실, 상업시설운영사업부, 상업시설영업부, 도시사업부, 지역사업부, 미드타운사업부 등
지사 및 지점	• 関西支社 • 九州支店, 中国支店, 中部支店, 横浜支店, 千葉支店, 東北支店, 北海道支店 • 各営業所

미츠이부동산 Residential은 2005년 12월에 설립되었으며, 자본금 400억 엔, 종업원수 1,897명의 대규모 주택개발전문회사로서 주택개발 및 분양사업, 주택 위탁판매사업 등을 중심으로 리조트형 주택과 해외주택사업도 병행하고 있다. 2005년에는 5,788호의 신규주택을 건설하였으며, 주택분양관련 매출규모는 3,053억 엔 이른다.

미츠이부동산販売는 자본금 200억 엔, 매출 1조 1059억 엔, 종업원 수 1,074명의 대규모 회사로서 일반중개업무, 법인관련 부동산 중개 및 컨설팅, 주차장사업, 평가업무, 보험 대리점사업 등 광범위한 분야에 걸쳐 사업을 전개하고 있다.

미츠이 Home은 1974년에 설립되었으며, 자본금 139억 엔, 종업원수 2,115명의 건설업체로서 설계・시공・관리, 건설자재・주택설비기기・가구 등의 제조・가공・판매・수입 등을 주요 사업으로 하고 있다. 미츠이 Home Estate는 1986년에 설립되었으며, 자본금 1억 엔, 매출 150억 엔, 종업원 수 179명의 부동산중개회사로서 미츠이 Home의 100% 출자회사이다.

미츠이부동산 住宅Service는 1973년에 설립된, 자본금 4억 엔, 종업원수 1,456명의 부동산관리회사로서 미츠이부동산 Residential이 주주로 되어있다. 미츠이부동산 Lease는 1986년에 설립되었으며, 자본금 4억 9천만 엔, 매출 583억 엔, 종업원수 534명의 회사로서, 아파트 상품기획, 임대관리 및 운영, 사택관리대행 등의 사업을 하고 있다.

미츠이부동산 투자자문은 1997년에 설립된 미츠이부동산의 100% 출자회사로서, 2009년 3월말 현재 1조 690억 엔의 자산을 관리하고 있다.

First Facilities는 1957년에 설립된 회사로서 자본금 490억 엔, 매출 266억 엔, 종업원 수 3,072명의 미츠이부동산의 100% 출자회사로서 빌딩설비 유지보수 및 관리, 청소

주차장 관리, 호텔·스포츠시설 운영·관리 등의 사업을 전개하고 있다.

Oriental Land는 1960년 설립된, 자본금 632억 엔, 종업원 수 2,399명의 테마파크 경영 및 운영을 전문적으로 하는 회사로서 대표적인 시설은 디즈니리조트를 들 수 있다.

(2) **주요 관련 회사**(프로젝트별 독립법인 및 중소법인은 제외)

회사명	주요 사업
三井不動産 Residential	주택분양사업
三井不動産販売	주택유통사업과 주차장 운영관리 사업
三井 Home	주문주택, 임대주택 건축 및 판매
三井 Home Estate	부동산 중개업
三井不動産 Lease	임대주택 관리운영
三井不動産 住宅Service	아파트 관리회사
三井不動産 Building Management	종합 빌딩관리 회사
三井不動産 투자자문	부동산 자산관리
三井不動産 Hotel Management	미츠이 가든호텔 운영
First Facilities	수도권을 중심으로 사업전개를 하고 있는 건물관리회사
First Facilities West	간사이 지방을 중심으로 한 건물관리회사
LaLaport Management	상업시설 라라포트 및 아울렛을 관리운영
Uni-living	홈센터 Unidy 운영
第一園芸(Daiichi Engei)	꽃 소매 및 녹화사업
Cany	외식사업
三井の森(Mitsuinomori)	골프장 운영
Oriental Land	테마파크 운영(도쿄 디즈니리조트)
三井不動産 Resort	숙박, 스포츠, 레저시설 운영

4) 주요 사업영역

미츠이부동산의 사업영역은 크게 7개 부문로 나눌 수 있다.

(1) 주택사업

단독주택, 아파트, 별장・별장지, 토지 등.

주택건설 및 분양, 임대사업, 중개사업, 위탁임대 및 유지보수・관리, 리폼・인테리어, 건설자재・주택설비기구・가구・실내외장재 수출입 및 제조가공・판매, 원예, 손해보험, 기타

(2) 쇼핑센터(상업시설)

상업시설 운영관리, 부동산 투신 및 자산운용

(3) 리조트

별장지 판매 및 중개, 별장건축 및 관리, 골프장 관리・운영, 기타 레져시설 운영, 여행업, 어뮤즈먼트 사업

(4) 호텔

호텔 운영관리, 호텔설계 및 건축계획, 투자법인 자산운용

(5) 빌딩사업

빌딩종합관리, 청소, 설비 및 건물 유지・보수, 경비, 부동산투신 자산운용

(6) 자산활용

부동산 투자정보 수집・분석, 투자전략 컨설팅, 투자용 부동산의 자산관리

① 기업 부동산전략

- 부동산전략 어드바이스 서비스: 기업이 보유하고 있는 부동산경영에 대한 전략 구축

- 전략적 부동산 매니즈먼트: 기업환경 및 기업재무구조의 변화에 따른 기업가치 향상을 위한 부동산전략 구축 및 효과적인 부동산활용에 대한 전략구축
- 솔루션모델: 기업의 자산가치를 극대화하는 부동산 솔루션
  - 보유자산 정리
  - 공장용지 활용
  - 자산매각 서포트
  - 부동산수익 개선과 본업에의 재분배: 예) 노후화시설 재개발

② 개인 자산활용

- 미츠이부동산 그룹의 Let' Plaza
- 개인 상담

(7) 글로벌

미츠이부동산그룹은 1972년부터 세계 주요도시에서 빌딩사업 및 호텔사업 등 다양한 사업을 전개해 왔다. 향후 아시아에서의 개발사업을 적극적으로 추진할 예정이다.

① 미국: 1973년 미국 미츠이부동산 설립 후 샌디에이고 근교 파로마공항 비즈니스 파크 등 개발

② 아시아: 1972년 싱가포르 현지 법인과 합자법인을 설립 후 아파트 및 오피스 빌딩 사업 전개

③ 유럽: 1979년 프랑스 미츠이부동산 설립 후 사업전개

(8) 기타

건축공사에 관한 계획・설계・시공・감리・발주에 관한 컨설팅 업무, 원예・녹화 사업, 고속도로 휴게사업, 골프장 레스토랑 수탁사업, 여행업 등

2 미츠비시지쇼(三菱地所)[2)]

다음은 우리에게 이미 잘 알려진 마루노우치빌딩을 개발하고, 일본 내 프리미엄아울렛몰의 선두주자인 업계 2위 미츠비시지쇼에 대해서 살펴보기로 하자.

1) 회사개요

종합디벨로퍼로서는 미츠이부동산에 이어 업계 2위인 미츠비시그룹의 중핵기업 중의 하나이다. 도쿄의 최고 중심지인 마루노우치에 30동 이상의 빌딩을 소유하고 있으며, 최근에는 마루노우치 지역의 재개발사업을 적극적으로 추진하고 있다. 1998년부터 2018년까지 20년가 총 9500억 엔을 투자하여 빌딩 재건축 등을 도시재생사업 추진을 계획하고 있으며, 1단계로 마루노우치빌딩, 마루노우치OAZO, 도쿄빌딩, 신마루노우치빌딩 등을 준공하였다.

파크하우스라는 브랜드로 아파트 분양사업 및 도심 고급아파트 사업을 전개하고 있으며, 최근에는 프레미엄아울렛몰, 마루노우치지역의 상업시설, 스포츠, 고급호텔 등 상업시설 개발 및 운영에 박차를 가하고 있다.

미츠비시지쇼는 1937년 자본금 1500만 엔으로 설립되었으며, 1953년 도쿄증권거래소에 상장되었다. 이후 일본 부동산종합회사로 성장을 거듭해 왔으며, 2009년 3월 현재는 자본금 1413억 엔, 매출 5117억 엔(계열사 포함 9426억 엔), 총자산 3조 2825억 엔(계열사포함 4조 4290억 엔), 종업원 수 1,435명의 일본 제2의 부동산종합회사로 성장하였다.

---

2) 三菱地所 ホームページ、ウィキペディア、有価証券報告書による.

2) 회사 연혁

- 1906년: 미츠비시합자회사 내에 지쇼용도과 설치
- 1937년: 미츠비시지쇼 설립(자본금 1500만 엔)
- 1953년: 도쿄증권거래소에 상장
- 1972년: 미츠비시지쇼 뉴욕 설립, 미츠비시지쇼 주택판매 설립
- 1984년: 미츠비시지쇼 Home 설립
- 2002년: 마루노우치 빌딩 준공
- 2004년: 마루노우치 OAZO 준공
- 2007년: 신마루노우치빌딩 준공
- 2009년: 마루노우치 파크빌딩 준공

3) 조직구성 및 관련 회사

미츠비시지쇼는 본사직속으로 3개 위원회와 7개 부서를 두고 있으며, 8개의 사업부, 그리고 7개의 지점으로 조직이 구성되어 있다. 본사직속 부문에서는 경영전략 및 투자 등 그룹 전체의 방향을 설정하기 위한 3개의 위원회와 각 사업부와 지점 등의 업무를 지원하기 위한 6개의 부서를 두고 있다.

사업부는 전사제안영업 그룹, PM/Leasing사업 그룹, Building · Asset사업 그룹, 상업시설사업 그룹, 도시개발사업 그룹, 주택사업 그룹, 해외사업 그룹, 투자매니즈먼트사업 그룹 등 총 8개 그룹으로 구성되어 있다. 전사제안영업 그룹은 부동산활용추진 1,2부로 나누어 그룹 전체의 영업활동을 전개해 나가고 있으며, PM/Leasing사업 그룹은 빌딩관리기획부, 빌딩솔루션추진실, Leasing영업부, 테넌트영업부 등을 두고 빌딩관리, 임대영업, 테넌트 유치 등의 업무 등을 수행해 나가고 있다.

Building · Asset사업 그룹은 Building · Asset업무부, 브랜드기획부, Building · Asset개발부, 도시계획사업실 등의 4개 부서를 두고 자산개발사업 등의 업무를 수행하

고 있으며, 상업시설사업 그룹은 첼시 프리미엄아울렛, 아쿠아시티 오다이바, 마루노우치빌딩 내 상업시설과 복합개발로 인해 개발된 상업시설 등의 운영 및 관리와 신규 상업시설개발, 상업시설의 위탁 관리운영 등에 관한 업무를 수행하고 있다.

그 밖에 도시개발사업을 전담하는 도시개발사업 그룹, 주택개발 및 관리・운영 등을 수행하는 주택사업 그룹, 해외사업 그룹, 투자매니즈먼트사업 그룹 등이 있다.

(1) 조직 구성

구 분	세부 내용
본부직속 부문	• 경영전략위원회, CRS위원회, 투자위원회 • 경영기획부, 그룹경영추진실, 인사부, 경리부, 광고부, 총무부, CRS추진부
8개 그룹	• 전사제안영업 그룹: 부동산활용추진 1부, 2부 • PM・Leasing사업 그룹: 빌딩관리기획부, 빌딩솔루션추진실, Leasing영업부, 테넌트영업부 • Building・Asset사업 그룹: Building・Asset업무부, 街브랜드기획부, Building・Asset개발부, 도시계획사업실 • 상업시설사업 그룹: 상업시설업무부, 상업시설개발부, 상업시설영업부 • 도시개발사업 그룹: 도시개발업무부, 도시개발사업부, 개발기획실 • 주택사업 그룹: 주택기획업무부, 주택사업부, 프로젝트사업부, 파트너사업부, 임대주택사업부, 상품기획부, 여가사업실 • 해외사업 그룹: 글로벌사업추진실 • 투자매니즈먼트사업 그룹: 투자매니즈먼트사업추진실
지점	삿포로지점, 동북지점, 요코하마지점, 나고야지점, 오사카지점, 츄우고쿠지점, 큐우슈지점

첼시재팬은 1999년에 설립된 자본금 499백만 엔의 아울렛몰 개발 및 운영회사로서 미츠비시지쇼에서 60%의 지분을 보유하고 있다. 2000년 7월 고텐바프리미엄아울렛의 개점을 시작으로 현재 전국적으로 8개의 프리미엄아울렛을 운영하고 있다.

미츠비시지쇼 빌딩매니즈먼트는 1991년에 설립된 자본금 390백만 엔, 종업원 수 690명의 빌딩관리회사로서 오피스빌딩 관리・운영, 상업시설 건물의 관리・운영 등의 사업을 전개하고 있다.

미츠비시지쇼 Retail Management는 1991년에 설립된 자본금 1억 엔의 회사로서 주요 사업으로는 쇼핑센터 기획・개발・컨설팅, 쇼핑센터 운영・관리, 부동산 임대 및 관리, 테넌트 유치 및 관리 등이 있다.

마루노우치 열공급은 1983년 설립된 자본금 2775백만 엔, 종업원 수 125명 규모의 회사로서, 주요 사업으로는 열공급사업, 수도사업 등이 있다.

TOWA부동산은 1957년에 설립된 자본금 271억 엔, 종업원 수 684명 규모의 회사로서 미츠비시지쇼와 업무제휴 관계를 유지하다가 2009년 4월 미츠비시지쇼의 자회사로 통합되었다. 주요사업으로는 부동산 판매, 부동산 중개, 부동산 임대차, 건설 등이 있다.

미츠비시지쇼 TOWA커뮤니티 1969년 설립된 자본금 1억 엔, 종업원 수 880명 규모의 회사로서 TOWA부동산이 미츠비시지쇼에 인수되기 전인 2006년 미츠비시지쇼 커뮤니티와 TOWA커뮤니티가 통합되어 탄생하였다. 주요 사업으로는 아파트 종합관리(건물・설비의 유지보수, 청소관리, 출납대행 등), 리폼공사, 임대사업(부동산 임대・중개・관리・운영), 손해보험대리점업, 생명보험대리점업, 가구・인테리어용품・일용품잡화・실내장식품・가정용전기제품・정수기 등의 판매 등이 있다.

미츠비시지쇼 투자자문은 2004년에 설립된 자본금 150백만 엔 규모의 회사로서 주요 사업으로는 금융상품 판매, 종합부동산 투자자문, 대금업, 부동산감정 등이 있다.

미츠비시지쇼설계는 1893년에 설립된 자본금 20억 엔, 종업원수 527명 규모의 종합설계회사로서 설계/감리, CM, FM 등의 업무를 수행하고 있다.

(2) 주요 관련 회사

회사명	주요 사업
첼시제팬	프레미엄 아울렛 경영
미츠비시지쇼 빌딩매니즈먼트	빌딩 종합운영・관리
미츠비시지쇼 Retail Management	상업시설 운영・관리
미츠비시지쇼 Property Management	빌딩 종합 운영・관리
이므즈(IMS)	상업시설 운영・관리

마루노우치 열공급	온・냉 열공급사업
마루노우치 DIRECT ACCESS	광케이블 건설 임대사업
TOWA부동산	부동산 판매, 중개, 임대
미츠비시지쇼 TOWA커뮤니티	아파트・빌딩 종합관리
히가시니혼 개발	골프장개발・운영
TOWA부동산유통서비스	부동산 중개사업
미츠비시지쇼 투자자문	부동산 매니즈먼트에 관한 전문서비스 제공
Japan Real Estate Asset Management	투자법인의 자산운용
Ascott Japan	서비스아파트(SOMERSET) 관리운영
미츠비시지쇼설계	건축, 토목 설계감리
미츠비시지쇼 Home	단독주택・빌라 설계시공, 주택・점포 리폼

4) 주요 사업영역

(1) 빌딩사업

- 빌딩임대사업: 선샤인시티 · 스카이빌딩 등 경영, 첼시 프레미엄 아울렛 경영
- 빌딩 운영 · 관리 사업: 빌딩 종합운영관리, 상업시설 운영관리, 스포츠시설 관리운영, 복합 상업시설 이므즈(IMS, Inter Media Station) 운영관리, 선샤인시티 전망대 · 수족관 등 관리운영
- 주차장 사업: 일본파킹센터 운영
- 지역 냉난방 사업: 도쿄(마루노우치, 오테마찌, 유락쬬, 이케부쿠로), 오사카시 OAP 지구, 요코하마 미나토미라이 지구 등
- 기타: 마루노우치 지구 광케이블 건설 · 임대사업, 마루노우치호텔 운영

(2) 주택사업

- 주택판매사업: 주택개발 및 중개, 임대
- 주택관리사업: 주택 종합관리, 주택관리원 파견 · 교육 및 연수

- 여가사업: 골프장 경영 및 관리운영, 별장지 판매 및 관리운영
- 기타: 환경 · 디자인에 관한 연구 및 제안, 고령자 공동주택 경영, 부동산중개사업, 공동주택 인터넷연결사업

(3) 자산개발사업

- 부동산투자 매니즈먼트에 관한 전문서비스 제공
- 투자법인 자산운용
- 서비스아파트 관리운용: SOMERSET

(4) 해외사업

- 미국 · 영국 · 아시아 전역에서 부동산관련 사업 추진: 미츠비시지쇼 New York, 미츠비시지쇼 Asia 등.

(5) 설계감리사업

- 건축 및 토목 설계 감리
- 인테리어 설계 감리 및 가구 등 제조 판매

(6) 주문주택사업

- 단독주택 · 빌라 설계감리 및 주택 · 점포 등 리폼
- 건축자체 제조 · 가공 · 판매

(7) 호텔사업

- 호텔사업 경영, 총괄관리, 운영지원: 로얄파크호텔 나고야 · 센다이 · 시오도메타워 등 운영

(8) 부동산 서비스사업

- 주택 · 택지 판매 및 중개, 알선 등.
- 정보시스템 · 소프트 개발 및 관리
- 인사 관련 서비스업무 제공

(9) 상업시설개발사업

- 상업시설 기획, 개발, 테넌트 유치, 개발 후 관리 · 운영
- 1989년 복합 상업시설인 이므즈(IMS, Inter Media Station) 오픈을 시작으로 요코하마 랜드마크타워, 아쿠아시티 오다이바, 마루노우치빌딩과 신마루노우치빌딩 내 상업시설, 마루노우치 파크빌딩 상업존 BRICK SQUARE를 2009년 9월에 오픈
- 2008년 10월에는 대형복합상업시설인 스나모(SUNAMO)를 오픈, 센다이에 이즈미파크타운과 프레미엄아울렛 오픈
- 2009년 2월: 삿포로에 마루야마 클래스
- 2009년 7월: 사이타마 현에 아미 프레미엄아울렛 오픈

3 스미토모부동산(住友不動産)[3]

다음은 우리에게는 그리 잘 알려져 있지 않지만, 당당히 일본 디벨로퍼 업계 3위인 스미토모부동산에 대해서 살펴보기로 하자.

---

3) 住友不動産 ホームページ、ウィキペディア、有価証券報告書による.

1) 회사 개요

도쿄 신주쿠에 본사를 두고 있는 스미토모그룹의 주요 핵심기업으로서 미츠이부동산, 미츠비시지쇼에 이어 일본 세 번째의 부동산 종합디벨로퍼다. 부동산 관련 사업 중 분야 및 임대 등에 강한 회사로서 2008년 아파트공급호수 전국 7위, 수도권 5위에 랭크되어있다.

스미토모부동산은 1949년 구 스미토모본사의 부동산부문이 독립하여 회사가 설립되었으며, 1957년에 현재의 상호인 스미토모부동산 주식회사로 변경하였다. 이후 1971년 도쿄 증권거래소에 1부에 주식을 상장하였으며, 2009년 3월 기준 자본금 1,228억 엔, 매출액 5928억 엔(계열사 포함 6,952억 엔), 총자산 2조 8832억 엔(계열사 포함 3조 64억 엔), 종업원수 3,609명(계열사 포함 9,298명)의 대형 부동산개발회사로 발전해 왔다.

2) 회사 연혁

- 1949년: 구 스미토모본사의 부동산부문이 독립하여 회사설립
- 1957년: 스미토모부동산 주식회사로 상호변경
- 1963년: 스미토모본사 흡수합병, 홍콩 현지법인 설립
- 1971년: 도쿄 증권거래소 1부에 주식상장
- 1972년: 로스앤젤리스에 현지법인(스미토모부동산 캘리포니아) 설립
- 1975년: 스미토모부동산 판매주식회사 설립
- 1998년: 시부야 인포타워 준공
- 2005년: 시오도메빌딩 준공
- 2006년: 스미토모부동산 리폼 주식회사 설립
- 2008년: 시티타워 토요스 THE TWIN 분양개시

3) 조직구성 및 관련 회사

스미토모부동산은 본부직속의 7개 부서와 5개 사업본부, 그리고 5개 지점으로 조직되어 있다. 본부직속 부문에서는 상품개발, 신사업개발, 경영기획, 정보시스템관리, 인사, 총무, 고객관리 등의 업무 등 사업본부 및 각 지점의 업무지원 기능을 수행하고 있다.

사업본부는 빌딩사업본부, 아파트사업본부, 용지개발본부, 하우징사업본부, 건설기술본부 등 5개 사업부로 구성되어 있다. 빌딩사업본부는 임대주택사업 및 오피스빌딩의 시설관리 및 운영 등의 사업을 주로 수행하고 있으며, 아파트사업본부는 아파트 개발 및 분양, 시설관리 및 운영, 임대사업 등을 수행하고 있다. 용지개발본부는 빌딩용지 개발, 아파트용지 개발, 재개발 사업지 개발 등 그룹전체의 개발사업을 수행하기 위해 원천적으로 필요한 용지를 조달하는 업무를 수행하고 있다. 하우징사업본부는 아파트 신축사업, 주문주택사업, 청소택배사업 등 아파트사업본부에서 수행할 수 없는 주택관련 개발사업 및 서비스 제공 등을 수행하고 있다. 건설기술본부는 건축기획, 공사관리, 설비계획, 건설관련 기술관리 등 개발사업에 있어서 건설관련 업무 등을 수행하고 있다.

지점은 간사이지방에 오사카지점, 홋카이도에 삿포로지점, 동북지역에 센다이지점, 중부권에 나고야지점, 큐수지역에 후쿠오카지점 등 총 5개의 지점을 운영하고 있다.

(1) 조직 구성

구 분	세부 내용
본부직속 부문	상품개발연구실, 신사업개발본부, 경영기획본부, 정보시스템본부, 총무본부, 인사본부, 고객본부
5개 사업본부	• 빌딩사업본부: 영업 제1-4부, 오사카관리사업소, 임대주택사업부, 시설부, 설비부, 사업관리부 • 아파트사업본부: 개발 제1,2부, 사업추진부, 영업 제1,2부, 사업관리부 • 용지개발본부: 빌딩용지부, 아파트용지 제1,2부, 재개발 제1,2부 • 하우징사업본부: 신축사업부, 아파트신축사업부, 주문주택사업부, 사업관리부, 청소택배사업부 • 건설기술본부: 공사사정부, 공사관리부, 건축계획부, 설비계획부, 주택시공부, 신

	축기술관리부, 신축기술관리부 검사센터
지점	오사카지점, 삿포로지점, 센다이지점, 나고야지점, 후쿠오카지점

스미토모부동산 판매는 1975년 설립된 자본금 2970백만 엔, 종업원수 3,033명 규모의 회사로서 주요 사업으로는 부동산 판매・임대・중개업무, 부동산매매 위탁업무, 관련 서비스 등이 있다.

스미토모부동산 건설서비스는 1973년 설립된 자본금 3억 엔, 매출 313억 엔, 종업원수 1,579명 규모의 회사로서 주요 사업으로는 자사소유 및 자사가 분양한 아파트의 위탁관리, 부동산 종합관리업무, 시공・설계・감리 업무, 부동산 관리 컨설팅, 부동산 매매・임대・중개 업무, 손해・생명보험 대리점업, 전기통신사업 등이 있다.

스미토모부동산 SYSCON은 1980년에 설립된 자본금 7천만 엔, 종업원 수 165명 규모의 회사로서 주요 사업내용은 인테리어용 가구・조명 등 판매, 건축설계 및 인테리어 디자인, 모델하우스 건축, 점포기획・설계・시공, 부동산 중개 등이 있다.

이즈미 레스토랑은 1965년에 설립된 자본금 2천만 엔, 종업원수 384명 규모의 회사로서 스미토모부동산의 100%로 출자회사이다. 주요 사업으로는 외식사업(이즈미레스토랑 운영), 외식사업 관련 종합컨설팅업무, 식료품 및 식재료 가공판매 및 중개업, 조리 및 접객 서비스 대행업무, 편의점 업무 등이 있다.

스미토모부동산 에스포르타는 1986년에 설립된 자본금 5천만 엔, 매출 88억 엔, 종업원수 390명 규모의 회사로서 주요 사업으로는 스포츠시설 운영 및 위탁운영, 광고 및 인쇄, 인재파견 업무 등이 있다.

(2) 주요 관련 회사

회사명	주요 사업
스미토모부동산 판매	부동산 중개, 아파트 판매
스미토모부동산 건설서비스	건물종합관리
스미토모부동산 SYSCON	인테리어사업, 모델하우스건설업, 주차장 운영

스미토모부동산 리폼	종합 리폼사업
스미토모부동산 BELLE-SALLE	이벤트, 회의실 임대 및 운영
스미토모부동산 Villa Fontaine	비즈니스호텔, 리조트호텔 운영
이즈미 레스토랑	음식점 경영
스미토모부동산 에스포르타	스포츠클럽 운영
이즈미 컨트리구락부	골프장 운영
이즈미 보험서비스	손해보험, 생명보험 대리업
스미토모부동산 파이낸스	파이낸스사업

4) 주요 사업영역

(1) 주택

- 신축아파트 매매 및 분양, 임대
- 주문주택
- 단독주택 건설 및 분양, 임대
- 중고 아파트 및 단독주택 매매
- 택지분양 및 매매
- 리폼: 단독주택, 아파트, 기타 주택 리폼
- 인테리어: 인테리어의 제안, 카텐 · 가구 · 조명기구 등 인테리어 상품 판매
- 청소 · 가사대행 서비스: 가정 청소, 에어콘 청소 및 장보기, 세탁, 요리 등 가사 대행서비스
- 관리: 건물 · 설비관리, 운영관리, 수선공사
- 보험: 아파트 · 주문주택의 화재보험, 기타 보험 컨설팅
- 법인대응 서비스: 아파트 · 단독주택 등 신축건물의 매매수탁사업 및 사업기획, 아파트 모델하우스 건축

(2) 오피스

- 오피스 임대: 도쿄 및 오사카에서 관리 · 운영하고 있는 약 200동 110만평의 오피스를 임대
- 점포임대: 주상복합 내 상업시설의 임대 및 테넌트 유치
- 오피시 공사: 오피스 건물의 설계 · 시공 및 리뉴얼
- 리폼: 오피스 · 점포 등의 인프라 정비, 레이아웃, 상법시설 공사 및 인테리어 상품 · 기기 판매
- 관리: 신축 · 기존 빌딩의 테넌트 입퇴관리, 임대료 청구 대행, 청소 · 설비관리
- 매매: 토지 · 사업용부동산 · 투자용부동산 구입 및 매각

(3) 이벤트 홀

- BELLESALLE: 회의 · 세미나 · 주주총회 · 파티 · 전시회 등 각종 이벤트를 개회할 수 있는 300~500인 내외의 이벤트 홀

(4) 호텔 & 레스토랑

- 비즈니스호텔: 도쿄와 오사카를 거점으로 한 Villa Fontaine Hotel 운영
- 리조트호텔: Village Izukougen, 쿄토 운영
- 해외호텔: 미국 헐리웃에 INTERCONTINENTAL LOS ANGELES CENTURY CITY 운영
- 레스토랑: 일반 레스토랑, 이벤트 · 리셉션파티 출장요리, 시티컨비니언스토아(Rieven House), 카페(R's garden)

(5) 스포츠시설

- 회원제 스포츠센터 에스포르타 운영
- 회원제 골프장 이즈미 컨트리클럽 운영

(6) 자산운영

- 스미토모부동산 펀드 SURF 운용
- 주차장 건설 · 관리 · 운영
- 부동산감정평가
- 토지활용

4 토큐부동산(東急不動産)[4]

다음은 우리에게는 토큐백화점과 토큐 HANDS로 잘 알려져 있는 일본 디벨로퍼 업계 4위인 토큐부동산에 대해서 살펴보기로 하자

1) 회사개요

토큐부동산은 미츠이 · 미츠비시 · 스미토모의 재벌계 3사에 이어 일본 업계 4위의 회사로 도쿄 내에 약 100여 동의 오피스빌딩을 소유하고 있다. 토큐전철 계열의 부동산회사로서 도쿄 도심5구에 주택 · 오피스 · 상업시설개밥을 중심으로 리조트, 자산운용, 해외사업 등 폭넓게 사업을 전개하고 있다.

최근에는 세이부백화점 재건축 등 도심재개발사업에 본격적으로 참여하고 있으며, 2007년 12월에는 사업면적 11.2ha의 후타코타마가와 재개발사업을 시작하였다.

1953년 토큐급행전철(주)로부터 부동산부문을 분리 · 독립하여 토큐부동산을 설립하였으며, 1961년에는 도쿄증권거래소 1부에 상장하였다. 2008년 3월 현재 자본금 575억 엔, 매출 2657억 엔(계열사 포함 6334억 엔), 총자산 7771억 엔(계열사 포함 1조 139억 엔), 종업원 수 587명(계열사 포함 1,561명)의 대형 부동산종합회사로 성장하였다.

---

4) 東急不動産 ホームページ、ウィキペディア、有価証券報告書による.

2) 회사 연혁

- 1953년: 토큐급행전철(주)로부터 부동산부문을 분리・독립하여 토큐부동산 설립
- 1961년 도쿄증권거래소 1부 상장
- 1969년: 주택 서비스애프터회사인 토큐 Home Service 설립
- 1973년: 토큐 설계컨설팅 설립
- 1976년: 주택관련용품 판매회사인 토큐 HANDS 설립
- 1982년: 토큐 Homes 설립
- 1993년: 세타가야 비즈니스스퀘어 준공
- 2001년 부동산투자고문회사인 토큐 Real Estate Investment Management 설립
- 2004년: 니혼바시 토큐백화점 재개발
- 2007년: 부동산펀드운용회사인 토규부동산 Capital Management 설립

3) 조직구성 및 관련 회사

토큐부동산은 본부직속의 7개 부서와 6개 사업본부, 그리고 2개 지점으로 구성되어 있다. 본부직속 부문에서는 감사, 기획, 총무, 재무 등 사업본부 및 각 지점의 업무지원 기능을 수행하고 있다.

사업본부는 Asset기획추진본부, 솔루션영업본부, 주택사업본부, 빌딩사업본부, 도시사업본부, 리조트사업본부 등 6개 사업부로 구성되어 있다. Asset기획추진본부는 자산관리, 부동산투자, 부동산유동화 등의 업무를 수행하고 있으며, 솔루션영업본부 부동산투자컨설팅, 자산의 유효활용 컨설팅, 영업, 감정업무 등을 수행하고 있다. 주택사업본부는 판매기획부, 품질관리부, 단독주택사업부, 정보개발 1, 2부, 아파트사업 1, 2부 등으로 구성되어 있으며 아파트 및 단독주택개발, 분양, 관리・운영, 등의 업무를 수행하고 있다. 빌딩사업본부는 건설기획부, 빌딩사업부, 프로젝트개발부, 빌딩운영사업부, 빌딩영업부 등 4개 부서로 구성되어 있으며 오피스빌딩 개발 및 기획, 임대 및 테넌트 유

지 · 관리, 오피스빌딩 관리 · 운영, 기타 복합시설 개발 및 시설 관리 · 운영 등의 업무를 수행하고 있다. 도시사업본부는 상업시설의 개발기획 및 개발, 개발컨설팅, 상업시설 운영 · 관리, 테넌트 유치, 위탁 관리 · 운영 등의 업무를 수행하고 있다. 리조트사업본부는 골프장 개발 및 운영 · 관리(직영, 위탁), 리조트개발 및 운영 · 관리 등의 업무를 수행하고 있다. 그리고 지점은 간사이 지방에 오사카지점, 홋카이도의 삿포로지점 등 2개를 개설하고 있다.

(1) 조직 구성

구 분	세부 내용
본부직속 부문	내부감사실, 경영기획부, 그룹경영추진부, Compliance부, 총무부, 재무부, IT추진부
6개 사업본부	• Asset기획추진본부: 기획관리부, 기획추진부 • 솔루션영업본부: 솔루션영업부, 영업추진부, 감정부 • 주택사업본부: 판매기획부, 품질관리부, 단독주택사업부, 정보개발 1, 2부, 아파트사업 1, 2부 • 빌딩사업본부: 건설기획부, 빌딩사업부, 프로젝트개발부, 빌딩운영사업부, 빌딩영업부 • 도시사업본부: 상업시설개발부, 상업시설운영부, 간사이상업시설사업부, 중 · 고령층사업부 • 리조트사업본부: Harvest사업부, 골프사업부, 리조트판매부
지점	• 오사카지점: 상품관리부, 제1, 2주택사업부, 주택판매부 • 삿포로지점

토큐 COMMUNITY는 1970년에 설립된 자본금 16억 5천만 엔, 종업원 수 7,649명 규모의 회사로서 아파트관리 및 생활지원서비스, 빌딩관리, 리조트시설관리, 오피스지원서비스, 임대아파트관리, 호텔 관리 · 운영, 주차장운영, 리뉴얼관련 사업, 노인주택관리 등을 주요 사업영역으로 하고 있다.

토큐 LIVABLE는 1972년에 설립된 자본금 14억 엔, 종업원 수 2,428명 규모의 회사로서 주요 사업은 부동산 매매 및 중개서비스, 부동산구입 및 매각 지원서비스, 부동산관련정보 조사서비스, 부동산 임대 및 운영, 사택관리 및 운영, 부동산 매매대행, 부동산자산관리 및 증권화업무, 부동산컨설팅 및 감정평가 업무 등이 있다.

토큐 HANDS는 1976년에 설립된 자본금 4억 엔, 매출 900억 엔, 종업원 수 2,863명 규모의 유통회사이다. 최근 한국에서도 적극적으로 도입을 추진하고 있는 신개념의 유통업체로 주로 생활 및 사무, DIY 관련 제품 등을 주로 취급하고 있으며 현재 20여 개 점포를 운영하고 있다.

토큐 Relocation은 1985년에 설립된 자본금 1억 엔, 매출 147억 엔, 종업원 수 442명 규모의 회사로서 주요 사업으로는 부동산 임대・매매・관리 및 중개, 부동산개발 기획 및 개발, 건축 및 설계・감리, 호텔 및 외식시설 운영・관리, 사택관리・운영, 부동산신탁, 손해보험대리업 등이 있다.

토큐 Homes는 1982년에 설립된 자본금 4억 엔, 종업원수 769명 규모의 회사로서 주요 사업으로는 주문주택개발, 아파트개발사업, 리폼사업, 부동산자산관리 및 활용, 부동산 컬설팅 등이 있다.

이시카츠 EXTERIOR는 1972년 설립된 자본금 1억 엔, 종업원수 95명 규모의 회사로서 주요 사업은 조경사업, 원예사업, 토목공사 등이 있다.

토큐 E-Life 디자인은 2003년에 설립된 자본금 4억 엔 규모의 고령자를 위한 주택관련 서비스 전문회사로서 주요 사업내용은 고령자 주택 및 시설의 경영・운영・위탁운영, 고령자전용 임대주택의 경영・운영・위탁운영, 고령자 회원조직의 기획 및 운영 등이 있다.

토큐 리조트서비스는 1979년에 설립된 자본금 1억 엔 규모의 리조트 운영・관리 회사로서 전국적으로 회원제클럽 22개소, 리조트호텔 6개소, 골프장 24개소, 스키장 10개소, 별장지 10개소를 관리・운영하고 있다.

토큐 리조트는 1978년 설립된 자본금 4억 8천만 엔, 매출 234억 엔, 종업원 수 106명 규모의 회사로서, 주요 사업은 리조트(별장, 토지, 콘도, 회원제호텔, 골프장회원권) 판매, 개발기획, 조사, 리조트 관련 상품 중개 등이 있다.

토큐부동산 캐피탈 매니즈먼트는 2007년 토쿠부동산이 100% 출자해 설립된 자본금 3억 엔, 종업원수 41명 규모의 회사로서 주요 사업으로는 부동산 증권화, 사모펀드 운용, 투자자문 등이 있다.

(2) 주요 관련 회사

회사명	주요 사업
토큐 COMMUNITY	아파트관리, 빌딩관리
토큐 LIVABLE	부동산 판매 · 임대 · 중개
토큐 HANDS	생활문화 용품, 수제 가구, 공구 등 판매, 종합소매점
토큐 Relocation	임대주택 및 기업사택관리대행, 출장 및 장기투숙 시설운영
토큐 Homes	주택 신축, 리폼, 인테리어 등
이시카츠 EXTERIOR	원예, 조경, 토목
Ewel	복리후생서비스 제공
토큐 스포츠 오아시스	수도권과 관서지방을 중심으로 한 회원제스포츠센터
토큐 E-Life 디자인	고령자 주택건설 및 시설운영, 노인주택운영
토큐 리조트서비스	리조트시설 종합관리운영
토큐 리조트	별장 및 콘도, 리조트호텔 판매 · 중개 · 운영
토큐부동산 캐피탈 매니즈먼트	기관투자자 및 연기금을 대상으로 펀드조성 및 운용
토큐부동산 SC 매니즈먼트	상업시설 운영관리 · 기획 · 컨설팅
토큐 주생활연구소	부동산 관련 각종 서비스 및 마케팅

4) 주요 사업영역

(1) 오피스사업

- 오피스 개발 · 관리 · 운영

(2) 주택사업

- 분양 아파트 · 단독주택
- 고령자 주택 개발 및 운영
- 임대주택

- 주문주택
- 주택리폼
- 중고주택 매매 및 중개

(3) 도시사업(상업시설사업)

- 도시형쇼핑센터 개발, 관리운영, 테넌트 유치 및 관리
- 대형상업시설 개발
- 회원제 휘트니스클럽: 토큐스포츠 OASIS
- 중장기체제형호텔: 토큐스테이
- 크리에이티브 라이프스토어: 토큐 HANDS

(4) 자산활용사업

- 유효활용컨설팅
- 부동산투자컨설팅
- 자산관리
- 보유자산 유동화 및 증권화
- 부동산증권화를 활용한 사업제안 및 자금조달제안
- 부동산매각중개 및 구입중개

(5) 리조트사업

- 회원제 및 일반리조트호텔 개발 및 운영
- 골프장 개발 및 운영
- 스키장 개발 및 운영
- 별장 및 콘도 개발 및 운영
- 복합리조트 개발 및 운영

(6) 해외사업

- 중국 상하이에 현지법인: 부동산시장조사 및 개발
- 인도네시아 주택개발사업
- 싱가포르 콘도 개발
- 파라오공화국 고급리조트호텔

5 도쿄타테모노(東京建物)[5]

다음은 우리에게는 매우 생소하지만, 일본 디벨로퍼 업계 5위인 도쿄타테모노에 대해서 살펴보기로 하자.

1) 회사 개요

도쿄타테모노는 일본 최초로 주택론을 시작하였으며, 1998년에는 일본 최초로 SPC법에 따른 부동산증권화 제1호 등록을 취득하는 등 일본 부동산업계에서 선도적 역할을 수행해 왔다. 부동산감정업무도 오랜 역사(1897년부터 시작)를 가지고 있으며, 일본부동산감정평가협회의 발기인으로도 참여하였다. SPC를 활용한 재개발사업에 강점을 가지고 있으며, 특히 케이큐가와사키역 상업시설 "가와사키DICE"는 법정재개발사업에 SPC가 단독 참가조합원으로 참여한 일본 최초의 프로젝트로 유명하다.

1896년 설립된 이래 1949년 도쿄증권거래소에 상장을 하였으며, 2008년 12월 기준 자본금 771억 엔, 매출 1484억 엔(계열사 포함 1998억 엔), 총자산 9002억 엔(계열사 포함 9640억 엔), 종업원 수 441인의 종합부동산회사로 성장하였다.

5) 東京建物 ホームページ、ウィキペディア、有価証券報告書による.

2) 회사 연혁

- 1896년: 당사 설립
- 1929년: 본사 빌딩 준공 및 이전
- 1949년: 도쿄증권거래소 상장
- 1968년: 아파트분양 개시
- 1990년: Tokyo Tatemono(USA),Inc. 설립
- 1998년: 부동산증권화 제1호등록 취득
- 2002년: 도쿄증권거래소에 J-REIT [Japan Prime Realty 투자법인] 상장

3) 조직 구성 및 관련 회사

도쿄타테모노는 본부직속의 9개 부서와 6개의 사업본부, 그리고 4개의 지점으로 조직이 구성되어있다.

본부직속 부문에서는 홍보, 기획, 인사, 총무, 재무, 경리, 투자사업개발 등 사업본부와 지점의 업무지원 기능 및 그룹 전체의 관리기능을 수행하고 있다.

사업본부는 자산서비스사업본부, 해외사업본부, 주택사업본부, 빌딩사업본부, 여가사업개발본부, 도시개발사업본부 등 6개 사업부로 구성되어 있다. 자산서비스사업본부는 부동산증권화, 자산관리・운영, 토지의 유효활용, 부동산 인수・합병 등의 사업을 주로 수행하고 있으며, 해외사업본부는 국외 부동산 개발 및 판매, 임대 및 중개, 관리운영, 개발컨설팅, 시장조사 등의 사업을 수행하고 있다. 주택사업본부는 주택개발기획부, 주택상품기획부, 주택품질관리부, 고객서비스센터, 주택정보개발부, 주택사업 1, 2부, RM사업부 등 7개 부서로 구성되어 있으며 주택관련 개발기획, 주택개발 및 판매, 주택임대 및 관리・운영 등 주택관련 업무를 총괄하고 있다. 빌딩사업본부는 빌딩기획부, 빌딩관리부, 빌딩영업추진부, 빌딩임대사업부, 기술서비스부 등 5개 부서로 구성되어 있으며 오피스 개발, 임대 및 중개, 운영 및 관리, 임대・운영・관리의 대행, 테넌트 유치

등의 업무를 수행하고 있다. 여가사업개발본부는 리조트개발 및 관리 · 운영, 골프장 개발 및 관리 · 운영, 호텔 개발 및 관리 · 운영, 그 밖의 복합리조트와 별장지 · 스파 등의 개발 및 관리 · 운영 등의 사업을 수행하고 있으며, 도시개발사업본부는 도시개발기획부, 도시개발사업부, 도시재생프로젝트추진부, 상업시설사업부 등 4개 사업부로 구성되어있으며 도시개발사업의 기획 및 개발, 도시개발사업 관련 컨설팅 및 코디네이터, 상업시설 개발 및 관리 · 운영 등의 사업을 추진하고 있다.

(1) 조직 구성

구 분	세부 내용
본부직속 부문	Compliance부, 비서실, 홍보실, 기획부, 인사부, 총무부, 재무부, 경리부, 투자사업개발부
6개 사업본부	• 자산서비스사업본부: 자산솔루션사업부, 감정부 • 해외사업본부: 해외사업부 • 주택사업본부: 주택개발기획부, 주택상품기획부, 주택품질관리부, 고객서비스센터, 주택정보개발부, 주택사업 1, 2부, RM사업부 • 빌딩사업본부: 빌딩기획부, 빌딩관리부, 빌딩영업추진부, 빌딩임대사업부, 기술서비스부 • 여가사업개발본부: 여가사업개발부 • 도시개발사업본부: 도시개발기획부, 도시개발사업부, 도시재생프로젝트추진부, 상업시설사업부
지점	간사이지점, 삿포로지점, 큐슈지점, 나고야지점

도쿄부동산관리는 1956년 설립된 자본금 1억 2천만 엔, 매출 125억 엔, 종업원수 640명 규모의 회사로서 주요 사업으로는 건물 및 설비 운전 및 유지보수 · 관리업무, 환경위생관리업무, 보안 및 경비업무, 주차장 관리업무, 건물 수선 및 내장공사 등이 있다.

도쿄빌딩서비스는 1959년 설립된 자본금 5천만 엔 규모의 종합청소관리업체로서 주요 사업으로는 오피스 · 호텔 · 백화점의 미관 및 정기적인 청소관리, 아파트 · 사무실 청소관리, 공조 · 환기설비 점검 및 청소, 내장공사 등이 있다.

도쿄 Amenity는 1962년 설립된 자본금 1억 엔, 종업원수 805명의 도쿄타테모노 부동산판매가 출자한 회사로서 주요 사업으로는 아파트관리사업, 빌딩청소 사업, 손해보험 및 생명보험 대리업, 주생활 서비스사업, 주차장 운영사업 등이 있다.

도쿄타테모노 부동산판매는 1980년 설립된 자본금 31억 엔, 종업원수 511명 규모의 회사로서 주요 사업으로는 부동산중개 및 판매, 테넌트유치, 부동산 컨설팅, 부동산 위탁판매, 주택·오피스 임대 및 관리·운영, 부동산펀드 운용 등이 있다.

도쿄타테모노 펀드매니즈먼트는 1996년 도쿄타테모노가 100% 출자해서 설립된 자본금 1억 엔 규모의 회사로서 주요 사업으로는 빌딩개발 및 경영, 아파트·단독주택 개발 및 분양, 부동산 증권화관련 업무, 리조트개발·분양·운영, 부동산 중개·감정·컨설팅 등이 있다.

도쿄타테모노 투자자문은 1984년 도쿄타테모노가 100% 출자해서 설립된 자본금 2억 엔 규모의 회사로서, 주요 사업으로는 부동산 판매업, 부동산 임대 및 관리업, 부동산투자자문업, 금융상품 판매업, 투자조언 및 투자대행업, 자산운용업, 부동산 및 부동산신탁수익권 등에 관한 투자컨설팅업무 등이 있다.

도쿄타테모노 리조트는 1985년 설립된 자본금 1억 엔, 종업원수 78명 규모의 회사로서 주요 사업으로는 호텔 개발 및 관리·운영업무, 별장분양, 리조트형 콘도 관리·운영, 부동산 중개업무, 부동산 임대 및 관리·운영, 외식사업, 편의점 경영, 아파트 서비스관련 업무지원 등이 있다.

PRIME PLACE는 2005년에 설립된 자본금 1억 엔, 종업원수 71명 규모의 회사로서 주요 사업으로는 상업시설개발, 기존 사업시설 관리 및 운영, 상업시설 MD 및 테넌트유치, 상업시설 마케팅·플래닝·평가업무, 상업시설 광고 및 홍보·판매촉진 업무, 매출관리 시스템구축 및 매출관리업무, 상업시설 유지관리(설비, 청소, 경비 등) 업무, 상업시설 신축·개보수 관련 컨설팅 등이 있다.

도쿄타테모노 Techno-build는 1994년 설립된 자본금 1억 엔, 매출액 8천억 엔, 종업원수 99명 규모의 회사로서 주요 사업으로는 빌딩 리뉴얼사업, 아파트 대규모 수선사업, 주택 리폼사업, 인테리어상품 판매사업, 디자인 및 코디네이터 업무 등이 있다.

E-STATE ONLINE은 2001년에 설립된 자본금 1억 엔, 종업원수 131명 규모의 회사로서 주요 사업으로는 인터넷을 활용한 각종 정보처리 및 정보제공 서비스업, 홈페이지 및 전자메일시스템 기획・개발・제작・관리・운영 업무, 인터넷을 활용한 마케팅・광고・홍보의 기획・입안・제작 및 관련 광고대리업, 컴퓨터시스템 기획・설계・개발・판매・운영 및 관련 업무 컨설팅, 소프트웨어 기획・설계・개발・판매업, 부동산 판매・임대・중개, 부동산 유효활용에 관한 컨설팅 업무 등이 있다.

TUNAGU-NET 커뮤니케이션는 2001년에 설립된 자본금 15억 엔 규모의 회사로서, 서비스계약세대수가 2009년 169,300세대에 이르며, 수도권 신축아파트의 약 22%를 점유하고 있다. 주요 사업으로는 전기통신사업, 고속데이터통신 시스템 운영 및 장치의 개발・설치・보수, 판매 및 관련 컨설팅, 고속데이터통신 네트워크 응용통신시스템의 기획개발・정보제공사업・정보처리서비스 사업, 고속데이터통신 네트워크를 이용한 광고・홍보・광고대리업, 경리업무 위탁처리업, 식료품・음료・의류・잡화 등 소비생활용품 판매 등이 있다.

(2) 주요 관련 회사

회사명	주요 사업
도쿄부동산관리	종합빌딩관리 및 수탁업무
도쿄빌딩서비스	수도권 빌딩 청소사업
도쿄 Amenity	분양아파트 관리수탁, 빌딩청소, 보험대리점업
도쿄타테모노 부동산판매	부동산관련 매매, 임대, 투자
도쿄타테모노 펀드매니즈먼트	부동산 펀드관련 상품 기획 및 판매
도쿄타테모노 투자자문	부동산투자조언, 컨설팅, 관련 서비스
도쿄타테모노 리조트	호텔 및 숙박시설 운영, 아파트프론트서비스업무
J골프	골프장 운영, 컨설팅
PRIME PLACE	상업시설 운영 및 수탁업무
도쿄타테모노 Techno-build	리폼・증축・개축 관련 공사, 수선공사 등

Tokyo Tatemono (U.S.A.), Inc.	미국 내 아파트개발, 부동산투자 및 관련 마케팅조사
도쿄타테모노(상하이)	일본인 관련 고급아파트 개발・분양, 부동산컨설팅
E-STATE ONLINE	부동산물건 인터넷제공 서비스, 인터넷비즈니스 컨설팅
TUNAGU-NET 커뮤니케이션	아파트 관련 종합IT솔루션사업
Oualityworks	모델하우스 스텝 및 그룹 내 각 사에 인재파견

4) 주요 사업영역

(1) 도시재생사업

- 부동산 증권화를 이용한 도시재생사업
- 도시재개발사업 코디네이터 · 컨설팅

(2) 빌딩임대사업

- 오피스 임대 · 운영 · 관리
- 아파트 운영관리
- 상업시설 운영관리
- 호텔 운영관리
- 리뉴얼사업: 공사 및 테넌트 유치
- 이벤트 홀 임대

(3) 주택개발사업

- 주택 판매 및 임대, 관리
- 별장 판매 및 임대, 관리

(4) 상업시설운영사업

- 상업시설 개발 및 관리, 운영

- 식음관련 사업

(5) 리조트 · 시설운영사업

- 리조트, 호텔, 골프장 개발 · 관리 및 운영
- 복합리조트 개발 · 관리 및 운영
- 회원제리조트 개발 · 관리 및 운영
- 별장지 분양
- 스파 개발 및 관리 · 운영

(6) 부동산솔루션사업

- 부동산감정 · 판매 · 증권화 · 관리운영
- 토지의 유효활용
- 부동산M&A

6 모리빌딩(森ビル)[6]

다음은 우리에게 너무나도 잘 알려진 롯본기힐즈와 오모테산도힐즈를 개발한 모리부동산에 대해서 살펴보기로 하자.

1) 회사 개요

모리빌딩은 한국에서는 아쿠힐즈와 롯본기힐즈로 그 명성이 널리 알려진 회사이기는 하나, 앞의 5개사와는 규모면에서도 매우 작고 역사도 매우 짧은 회사로서 최초에 건물 1동을 건설해서 시작한 부동산 전문회사이다. 롯본기 · 아자부 · 토라노몽을 거점으로

6) 森ビル ホームページ、ウィキペディア、有価証券報告書による.

다수의 빌딩을 보유하고 있으며, 임대사업을 전문으로 하던 회사였으나 1986년 아쿠힐즈 개발을 시작으로 대규모 복합재개발사업에 본격적으로 뛰어들었다. 도심부에 의·식·주·문화·업무 등 직주근접형 컨셉으로 록본기힐즈의 개발에 성공함으로써 일본의 도심재개발사업의 새로운 방향을 제시하였다.

1959년 설립한 비상장회사로서 현재 미나토구 록본기힐즈 모리타워에 본사를 두고 있다. 2009년 4월 현재 자본금 650억 엔, 매출액 1787억 엔, 종업원수 1,342명의 부동산종합회사이다.

2) 회사 연혁

- 1955년: 모리부동산 설립
- 1959년: 모리빌딩 설립
- 1986년: 아쿠힐즈 준공
- 1993년: 록본기퍼스트빌딩 준공
- 1999년: 파렛드타운 비너스포트 오픈
- 2003년: 록본기힐즈 오픈
- 2005년: 오란다힐즈 모리타워 준공
- 2006년: 오모테산도힐즈 오픈
- 2008년: 상해 Global Financial Center 준공

3) 조직 구성 및 관련 회사

모리빌딩은 본부직속의 12개 부서와 사업본부로 조직이 구성되어 있다. 본부직속 부문에는 감사, 경영기획, 홍보, 총무, 법무, 인사 등 그룹전체의 관리 업무와 타운매니즈먼트사업, 관련회사사업관리, 자산관리활용 등 관련 사업부의 지원업무 등을 수행하고 있다.

사업본부는 재무경리본부, 도시개발사업본부, 영업본부, 경리운영본부, 중국사업본부, 기타 사업부로 구성되어 있다. 재무경리본부는 경리부, 재무기획부, 재무부, 사업개발부, Structured -finance부 등 5개 부서를 두고 있으며 그룹 전체의 개발사업에 있어서의 자금조달 및 운용, 자금조달 방안에 대한 업무를 수행하고 있다. 도시개발사업본부는 사업추진업무부, 부동산평가조사실, 종합기획총괄부, 용지기획부, 2계획추진총괄부, 기획개발총괄부, 제1, 2설계부, 매입총괄부 등 8개 부서를 두고 있으며, 최근 모리빌딩에서 주력 사업으로 전개하고 있는 재개발 및 재건축 등 도시개발사업에 대한 전반적인 업무를 수행하고 있다. 영업본부는 오피스사업부, 주택사업부, 상업시설사업부, 마케팅실 등 4개 부서를 두고 있으며, 모리빌딩이 오피스・주택・상업시설 등의 개발사업을 전개하기 위한 사업관련 수주를 전담하고 있다. 경리운영본부는 운영업무관리부, 임대업무관리부, PM수탁부, PM사업추진부, 관리사업부 등 5개 부서를 두고 있으며, 개발사업에 있어서 PM관련 업무, 개발 후 관리・운영에 관한 업무, 개발 전・후의 임대관련 업무 등을 수행하고 있다. 중국사업본부는 최근에 중국관련 사업을 보다 효율적으로 추진하기 위해 설립한 사업본부로서 총무부, 재무경리부, 운영총괄부, 관리부, 매입부, 설계부 등 5개 부서를 두고 있다.

(1) 조직 구성

구 분	세부 내용
본부직속 부문	내부감사실, 경영기획실, 기획조사실, 환경추진실, 비서실, 홍보실, 타운매니즈먼트사업실, 관련회사사업관리실, 총무부, 자산관리활용부, 법무부, 인사부
사업본부	• 재무경리본부: 경리부, 재무기획부, 재무부, 사업개발부, Structured -finance부 • 도시개발사업본부: 사업추진업무부, 부동산평가조사실, 종합기획총괄부, 용지기획부, 2계획추진총괄부, 기획개발총괄부, 제1, 2설계부, 매입총괄부 • 영업본부: 오피스사업부, 주택사업부, 상업시설사업부, 마케팅실 • 경리운영본부: 운영업무관리부, 임대업무관리부, PM수탁부, PM사업추진부, 관리사업부 • 중국사업본부: 총무부, 재무경리부, 운영총괄부, 관리부, 매입부, 설계부 • 기타: 건물환경개발사업부, 록본기힐즈운영실, 리조트관련사업부 등

모리빌딩유통시스템은 1986년 설립된 자본금 15억 엔, 종업원 수 96명 규모의 회사로서 주요 사업으로는 쇼핑센터 운영 및 컨설팅, 다목적 홀 운영 및 컨설팅, 상업시설 개발 및 관리·운영 등이 있다.

힐즈클럽은 1998년 설립된 자본금 12억 엔 규모의 회사로서 현재 록본기힐즈 내 록본기힐즈클럽과 아쿠힐즈 낸 아쿠힐즈클럽 등을 운영하고 있다. 주요 사업으로는 록본기힐즈와 아쿠힐즈 등 회원제 클럽과 스파를 운영하고 있으며, 기타 회원제 클럽과 스파 등의 기획개발 및 운영 등이 있다.

로리빌딩 Hospitality는 2001년 설립된 자본금 4억 9천만 엔 규모의 회사로서, 현재 록본기힐즈 내의 그랜드하이야트 도쿄를 관리·운영하고 있다.

모리빌딩Investment Management는 1984년에 모리빌딩의 100%로 출자로 설립된 자본금 2억 엔 규모의 회사로서 부동산투자신탁 운용업무와 자산운용, 투자자문 및 관련 컨설팅업무 등이 있다.

모리빌딩 CITY-AIR서비스는 1988년 설립된 자본금 2억 엔 규모의 회사로서 헬리콥터 전용선착장 운영, 헬리콥터를 이용한 여행업 등을 하고 있다.

M&I ART는 1988년 설립된 자본금 3천만에 규모의 회사로서 주요 사업으로는 미술품 평가 및 감정, 기업·개인 소장용 미술품 관리 및 수집 등에 관한 컨설팅, 미술품매매, 회화·미술품 담보 대출 컨설팅, 미술관 설립과 운영에 관한 컨설팅, 미술전 기획, 문화시설 예술품 기획 등이 있다.

모리빌딩 ESTATE서비스는 1989년 설립된 자본금 1억 엔, 매출 14억 엔, 종업원수 75명 규모의 회사로서 주요 사업으로는 부동산 매매, 부동산 임대 및 중개, 부동산 임대관리 및 운영, 오피스 및 아파트 내장 및 설비의 설계·시공·감리, 빌딩·아파트 종합관리, 관리조합운영, 주차장 영업·운영·관리, 손해보험 및 생명보험 대리업, 자동판매기 영업 및 운영 등이 있다.

LA-FORET엔지니어링은 1991년 설립된 자본금 1억 엔 규모의 회사로서 주요 사업으로는 태양광 채광시스템 연구개발 및 제조·판매, 실내 일광욕시스템 개발, 실내 식물

육성시스템 개발, 광케이블 조명시스템 연구개발 및 제조 · 판매, 태양에너지를 이용한 시스템에 관한 각종 엔지니어링 등이 있다.

E-Hills는 2001년에 일본경제신문 디지털미디어 등과 공동출자해서 설립된 자본금 4억8천만 엔 규모의 회사로서 주요 사업으로는 인터넷을 이용한 통신판매, 각종 정보제공 및 수집 · 판매 · 판매대행, 인터넷 광고업, 인터넷 광고 및 선정에 관한 기획 · 제작 · 광고대리업, 컴퓨터 소프트웨어 개발 · 개발수탁 · 판매 · 임대 등이 있다.

Prime Stage는 1966년 설립된 자본금 20억 엔 규모의 회사로서 주요 사업으로는 유로 노인주택 [SACRAVIA 성성]의 영업 및 운영 · 관리, 세콤과 공동으로 세큐리티와 주택의료 서비스제공 업무 등이 있다.

상해 Global Financial Center 유한공사(1995년 설립), 대련 BizChina 유한공사(1994년 설립), 상해 선마오국제부동산 유한공사(1994년 설립)는 자본금이 각각 44억위안, 23억 엔, 70억 엔으로 중국에 설립된 법인으로서 중국 현지의 독자적인 개발사업 및 관리 · 운영 · 건설 등을 수행하고 있다.

(2) 주요 관련 회사

회사명	주요 사업
모리빌딩유통시스템	쇼핑센터 · 다목적홀 운영 및 컨설팅
LAPNET	이벤트기획 · 제작, 다목적스페이스 운영관리
힐즈클럽	회원제클럽 · 스파 등 기획개발 및 운영
모리빌딩 Hospitality	호텔운영 등
모리빌딩Investment Management	부동산투자신탁(REIT) 운용업무
모리빌딩 부동산투자고문	자산관리 업무
모리빌딩 도시기획	도시개발컨설팅
모리빌딩 CITY-AIR서비스	헬리콥터 여행업
M&I ART	미술품 평가 · 감정 · 매매, 미술품 관리 · 수집, 미술관운영
모리빌딩 ESTATE서비스	부동산영업, 빌딩 · 아파트관리, 내장공사, 보험대리업무
LA-FORET엔지니어링	태양광채광 및 에너지절약 시스템 개발 · 제조 · 판매

E-Hills	인터넷 정보수집, 판매대행, 소프트웨어개발 등
Prime Stage	유료노인주택 영업・운영・관리, 재택의료・보안 등
상해 Global Financial Center 유한공사	오피스빌딩 건설・관리・운영(중국 상하이)

4) 주요 사업영역

(1) 도시개발 및 도시설계

- 재개발계획 입안에서 채산성 검증
- 행정당국과의 협의 및 주역주민의 합의형성 등 코디네이션
- 신뢰관계를 바탕으로 한 공동사업 방식
- 건축계획 입안에서 인허가 대행
- 정보수집 및 컨설팅

(2) 오피스빌딩

- 오피스빌딩 개발 및 임대사업(도쿄 미나토구를 중심으로 약 120동)
- 오피스빌딩 운영 및 관리 대행
- 오피스빌딩 개발기획 및 컨설팅
- 테너트유치
- 중국 오피스 임대 대행

(3) 주택

- 외국인 거주자 임대주택사업
- 고급 임대주택사업
- 임대주택 운영 및 관리 대행
- 고령자주택 임대사업

(4) 상업시설(리테일 및 머천다이징)

- 상업시설개발 및 운영
- 테너트 유치 및 관리
- 상업시설 운영 및 관리 대행
- 머천다이징 플랜
- 상업시설개발 컨설팅

(5) 문화 · 교육 · 예술

- 교육기관인 아카데미힐즈 운영
- 회원제 클럽 운영
- 회원제 아트센터운영
- 회원제 도서관 운영
- 미술관 운영
- 시네마 개발 및 운영
- 회의실 및 이벤트홀 운영 · 관리

(6) 타운 매니즈먼드

- 아파트 브랜드관리, 프로모션활동, 보안관리
- 점포 관리 및 운영
- 시설 컨텐츠 개발 및 관리운영

(7) 호텔 · 리조트 · 건강

- 호텔 운영 · 관리
- 골프장 운영 · 관리
- 고령자주택 운영 · 관리

(8) 해외사업

- 중국 상하이 금융센터 개발
- 한국 복합단지개발 기획 및 컨설팅

(9) 내장 및 설계감리

- 건축 · 전기 · 설비의 설계 및 감리
- 내장공사 설계시공

7 일본 부동산디벨로퍼의 사업방식

지금까지 일본 부동산디벨로퍼에 대해서 소개하였다. 다음은 일본 부동산디벨로퍼가 개발사업을 진행하는 데 있어서 어떠한 개발방식을 사용하고 있는지에 대해서 살펴보고자 한다.

1) 일본 대형 디벨로퍼의 주요 사업방식

일본 대형 디벨로퍼의 주요 사업방식으로는 사업수탁방식, 등가교환방식, 정기차지권방식, 부동산 증권화 등 4가지를 들 수 있으며, 사업에 따라서는 이러한 4가지 방식을 혼용하기도 한다.

(1) 사업수탁방식

사업노하우가 없는 토지소유자가 개발사업을 할 경우 디벨로퍼가 기획입안에서 건축, 관리운영까지 전적으로 지원하는 사업방식이다. 사업수탁방식은 토지소유자가 사업의 주체가 돼서 하는 사업으로서, 디벨로퍼는 토지소유자의 임대사업에 대하여 건물의 기획입안 · 건설 · 준공 후 관리 및 운영까지의 모든 과정에서 서포트하는 형태를 띤다. 여기서 임대경영업무의 대행은 일괄임대 후 제3자에게 임대(전대)하기 때문에 토지소유자는 안정정인 사업수익의 확보가 가능하다.

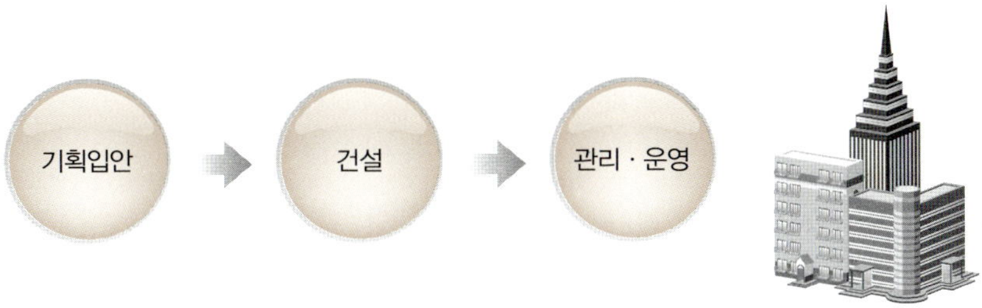

▌그림 11-1▌ 사업수탁방식의 예

(2) 등가교환방식

토지소유자가 건설비 등 개발비용을 부담하기 어려운 경우에 이루어지는 사업방식으로서, 토지소유자는 토지가격에 해당하는 가치만큼 사업완료 후 완성된 건물을 취득하게 된다. 즉 등가교환방식은 토지소유자가 희망하는 토지에 디벨로퍼가 주택 및 오피스 등을 개발하고 토지소유자는 완성건물(토지공유지분 포함) 중 토지가격의 가치에 상응하는 토지건물을 취득할 수 있게 된다. 이 경우 토지건물을 취득하여 개발한 후에 그 일부를 현금으로 지불하거나, 토지가격에 해당하는 토지건물을 취득하여 그 건물의 일부를 되살 수도 있다.

디벨로퍼는 토지소유자의 취득분 중 임대부동산에 대해 임대경영을 대행한다. 이 경우에도 일괄임대하여 제3자에게 임대(전대)하기 때문에 토지소유자는 안정적인 임대수익을 기대할 수 있다. 또한 디벨로퍼는 건물의 기획입안 · 건설 · 준공 후 관리까지 책임을 지고 사업을 추진하게 되며, 등가교환에 의해 디벨로퍼가 취득한 토지건물에 대해서는 분양 및 임대를 하게 된다.

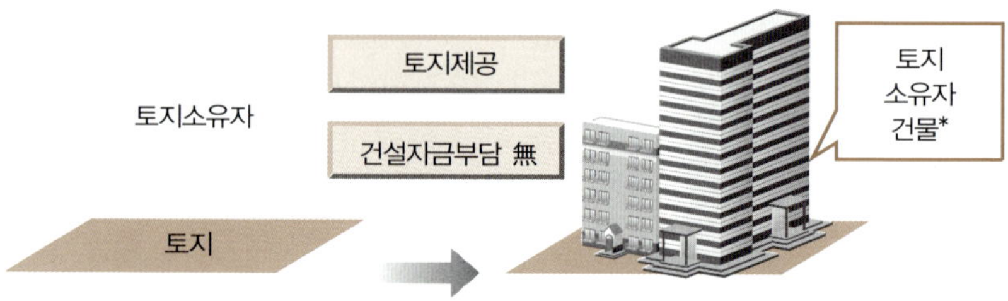

* 토지소유자는 토지가격에 해당하는 가치만큼의 건물을 돌려받음.

그림 11-2 등가교환방식의 예

(3) 정기차지권방식

토지소유자가 일정기간 토지를 제공하고, 그 대가로 보증금과 지대를 받는 방식으로 일정기간 후 토지는 반드시 토지소유자에게 반환된다.

여기서 정기차지권은 말 그대로 정해진 기간에는 반드시 종료되는 차지권을 말한다. 이 경우 토지소유자와 토지를 이용하는 자가 다르며, 토지소유자는 토지를 제공하고 그 대가로 보증금과 지대라는 이익을 얻을 수 있다. 건물의 용도에 대해서는 상속세, 고정자산세가 경감되어 세금 감면의 효과도 얻을 수 있다. 이렇게 디벨로퍼는 정기차지권방식을 통해 토지를 장기간 임대하게 되는데, 이러한 정기차지권은 〈표 11-1〉과 같이 3가지 형태가 있으며, 상호 협의에 의해서 한 가지를 선택하게 된다.

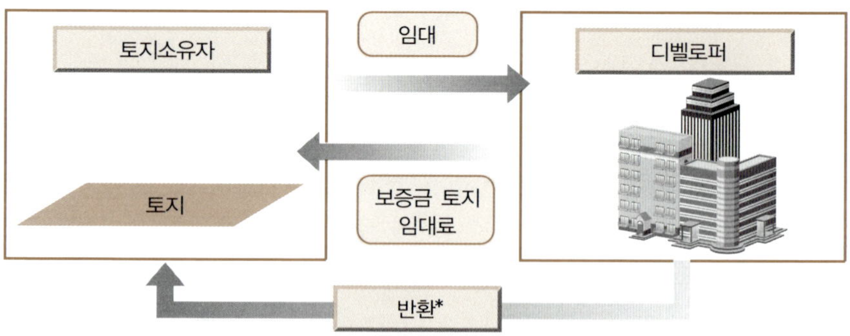

* 정기차지권 종료 후 토지 원상태로 반환

그림 11-3 정기차지권방식의 예

▌표 11-1▐ 정기차지권의 형태

구 분	일반정기차지권	건물양도특약차지권	사업용 차지권
차지권계약기간	50년 이상	30년 이상	10년~20년 이하
건물의 용도	제한 없음	제한 없음	주택을 제외한 사업용 건물
계약 갱신	없음	건물 양도시점에 계약 종료	없음
계약종료 후 토지건물의 취급	건물 매수청구 불가능, 갱지로 반환	건물을 양도하고 토지를 반환	건물 매수청구 불가능, 갱지로 반환

(4) 부동산 증권화에 의한 사업

최근 대규모 프로젝트의 경우에 많이 이용되는 방법으로 사업의 리스크를 분산시킬 수 있고, 단기간에 자금을 조달할 수 있다는 장점이 있다.

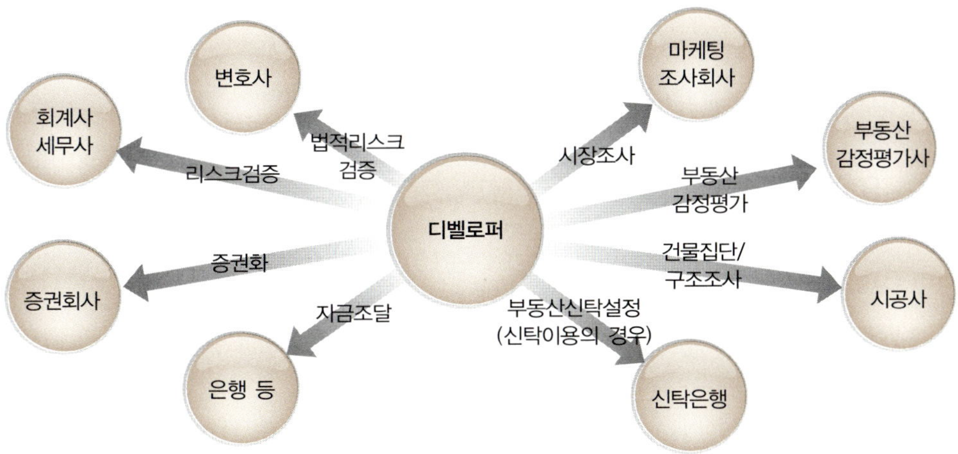

▌그림 11-4▐ 도쿄타테모노 자산활용의 예

출처: 東京建物 ホームページ.

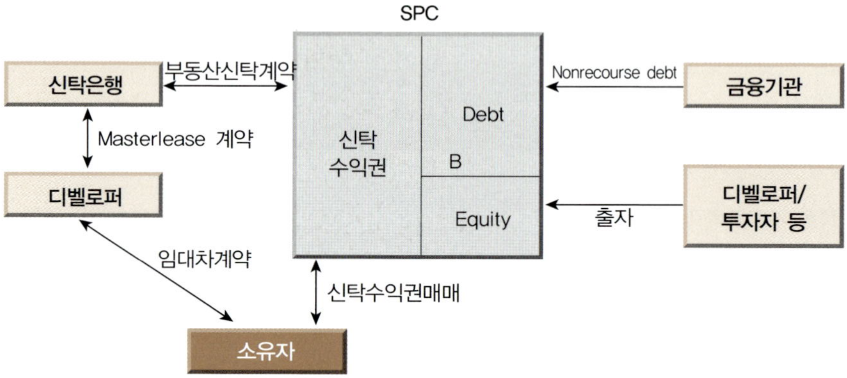

그림 11-5 미츠비시지쇼 자산활용의 예

출처: 三菱地所　ホームページ.

- A사가 본사빌딩을 신탁수익권화
- 미츠비시지쇼 등이 출자하여 SPC설립
- SPC가 nonrecourse loan으로 신탁수익권을 취득
- 미츠비시지쇼가 신탁수익권자로부터 건물을 Master Lease*
- A사는 미츠비시지쇼와 임대계약자를 연결, 본사로서 사용

* Master Lease란 부동산 임대 계약의 한 형태로 부동산 소유자나 기업이 소유권을 신탁양도한 신탁은행으로부터 스스로 임차인으로서 새롭게 임차하는 것이다. 이 경우 부동산 소유자 · 기업과 신탁은행 사이에의 리스계약을 Master Lease라 한다.

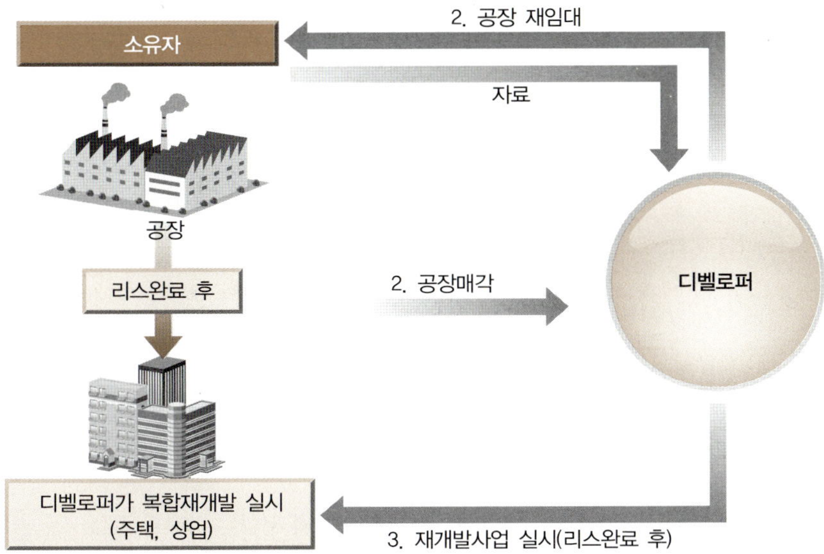

▌그림 11-6▌ 미츠이부동산 자산활용의 예 1(공장 재개발)

출처: 三井不動産　ホームページ.

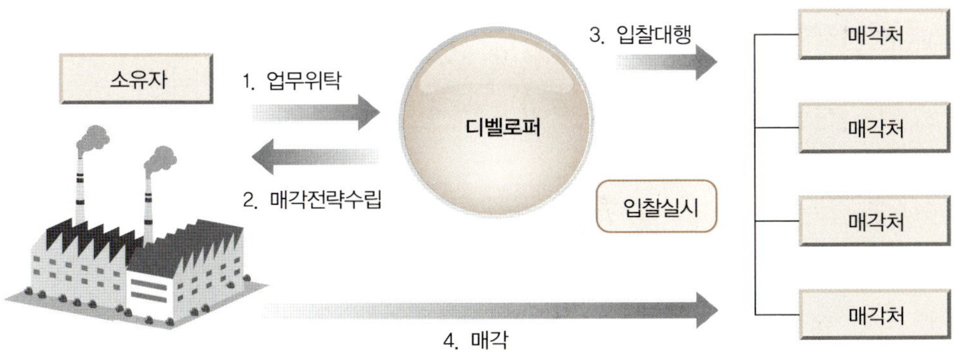

▌그림 11-7▌ 미츠이부동산 자산활용의 예 2(입찰대행업무)

출처: 三井不動産　ホームページ.

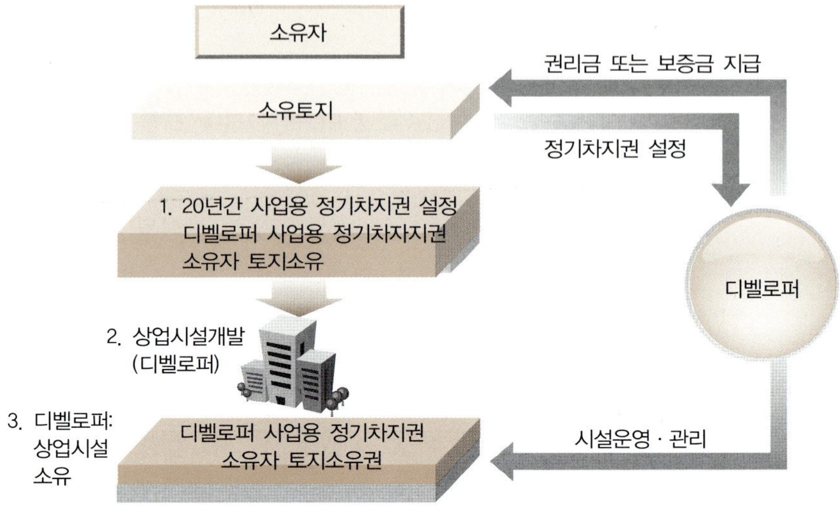

▌그림 11-8▌ 미츠이부동산 자산활용의 예 3(상업시설 재개발)

출처: 三井不動産　ホームページ.

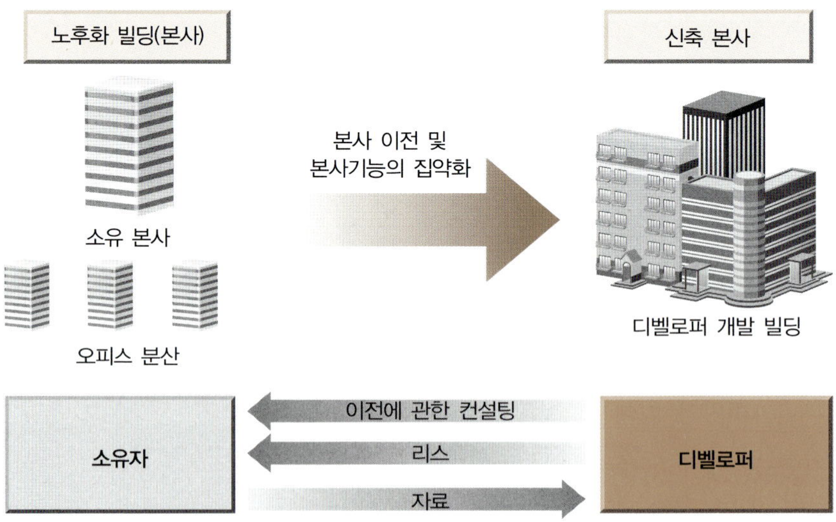

▌그림 11-9▌ 미츠이부동산 자산활용의 예 4(본사 이전)

출처: 三井不動産　ホームページ.

2) 일본 부동산디벨로퍼의 자금조달방식

일본 대형 디벨로퍼의 주요 자금조달 방식으로는 채무재산한정형 대출(Non-recourse debt), 부동산담보증권(MBS, Mortgage-backed securities), 부동산 증권화 등 3가지 방식이 있다.

(1) 채무재산한정형 대출(Non-recourse debt)

채무 전액을 변제해야 할 책임이 없으며, 채무변제의 원천이 담보재산의 현금흐름이며 따라서 그 범위를 넘어서는 부분에 대해서는 변제의 의무가 없다. 물론 원칙적으로 보증인도 필요 없다. 이 경우 해당 프로젝트만을 위한 특별목적회사(SPC)를 설립하고, SPC를 통해 금융기관으로부터 자금을 조달한다. 일본의 경우에는 대출의 부동산담보 이외에 추가담보나 개인보증 등을 추가적으로 요구되는 것이 일반적이다. 이 경우 일반 대출보다 금리가 다소 높다.

(2) 부동산담보증권(MBS, Mortgage-backed securities)

보유하고 있는 부동산담보융자채권을 신탁설정하여, 그 신탁수익권을 투자자에게 판매한다. 부동산담보증권은 주택론채권을 증권화한 RMBS(Residential mortgage-backed security)와 상업용 부동산에 대한 론채권을 증권화한 CMBS(Commercial mortgage-backed security)가 있다.

(3) 부동산 증권화

① 부동산투자신탁(REIT, real estate investment trust)

2001년에 등장하였으며, 구입 주체는 은행, 투자신탁, 외국인 등이다. 투자지수로는 東証 REIT지수로서 2003년 4월부터 산출되기 시작했다. J-REIT, 투자 물건으로는 최초에는 오피스빌딩이 주체가 되었으나 점차 상업시설・점포・주택 등으로 그 투자 대상이 확대되어 왔으며, 그 비율은 오피스빌딩이 약 57%, 상업·점포가 약 20%, 주택이 약 18%, 기타 약 5%를 점유하고 있다.

② 상업용 부동산론 담보증권(CMBS, commercial mortgage backed securities)
상업용 부동산론을 모아서 증권화한 것이다.

③ 사모펀드

표 11-2 일본 부동산증권의 종류

유동화	자금이용	조직	적용법률
완전유동화	처분형	SPC	SPC법
		SPT	
불완전유동화	사업형	공유	특정사업법
		조합	
		익명조합	
펀드(J-REIT)		투자법인	투신법
		투자신탁	

* SPT(Supecial Purpose Trust): 특정목적신탁
* J-REIT(부동산투자펀드, 일본판 부동산투자신탁)

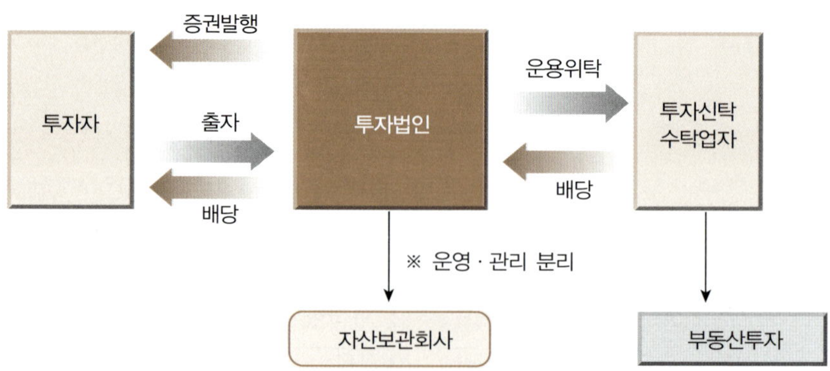

그림 11-10 투자법인형 부동산투자펀드의 구조

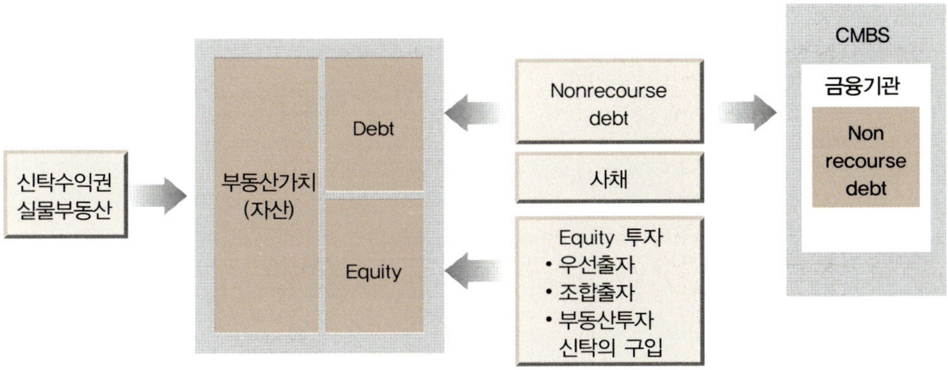

▌그림 11-11▌ 부동산증권화의 기본적 구조

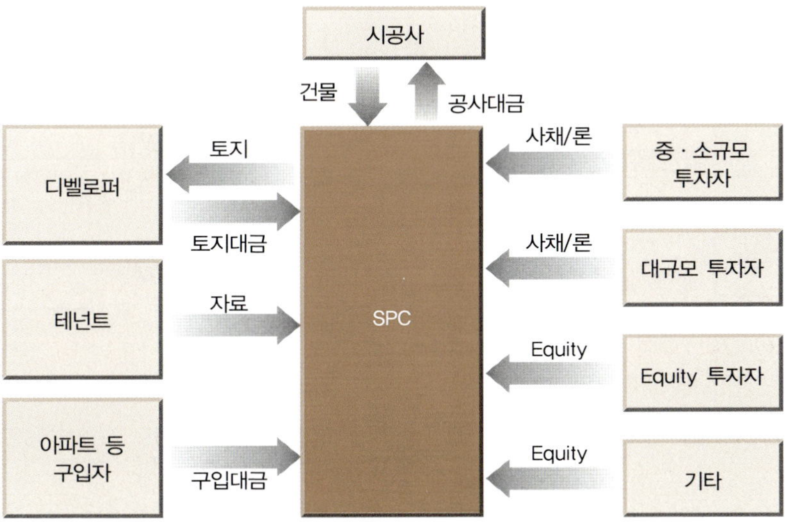

▌그림 11-12▌ 부동산개발형 증권화 구조

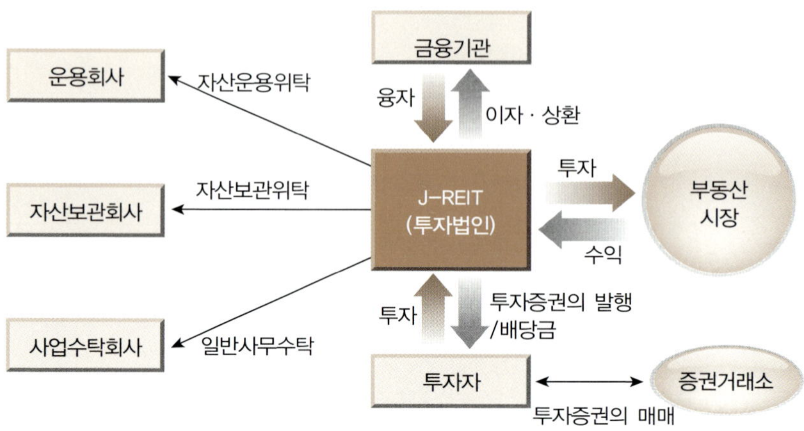

그림 11-13 J-REIT의 구조

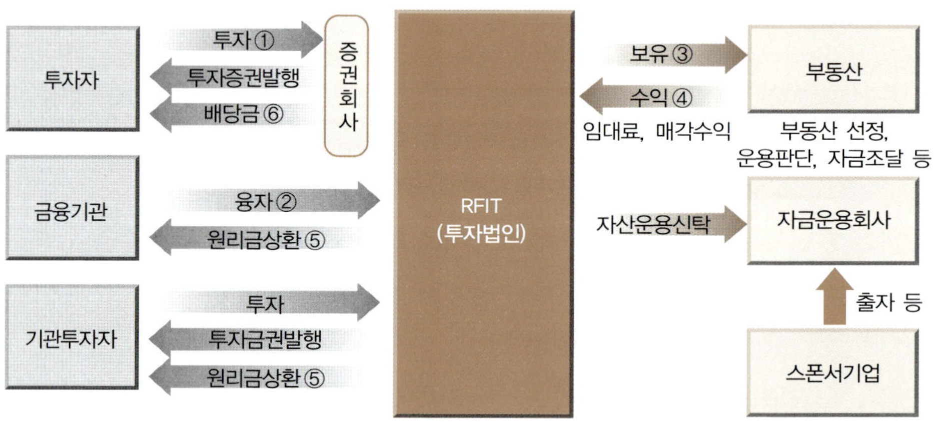

그림 11-14 J-REIT의 구조

- **자산운용회사**: 펀드의 대상이 되는 부동산의 선정, 테넌트 모집 · 계약 등 J-REIT의 중핵적인 기능을 수행
- **자산보관회사**: 투자법인으로부터 수탁을 받아 투자법인이 보유하고 있는 자산의 보관을 하는 회사. 신탁은행 등.
- **사무수탁회사**: 일반사업수탁계약에 근거하여 사무업무를 수행. 계산업무 · 회계업무, 납세에 관한 업무 등.

찾아보기

| 참고문헌 |

- 国勢調査 「日本の将来推計人口」(2006年推計)
- 国立社会保障・人口問題研究所 「日本の将来推計人口」(2006年推計)
- 総務省統計局 「国勢調査」2011년
- 不動産流通センター資料
- 三井不動産株式会社(2012) 「不動産関連統計集2013」 三井不動産株式会社
- 法務省(2012) 「法務統計月報」
- 国土交通省 「月刊住宅着工統計」
- 国土交通省 「建築着工統計調査報告」
- (株)不動産経済研究所 「全国マンション市場動向」
- 総務省 「住宅・土地統計調査」
- 国土交通省 「住宅市場動向調査結果」
- 総務省 「貯蓄動向調査」
- 総務省 「家計調査」
- 総務省 「消費者物価指数」
- 住宅新報社 「住宅新報」
- (社)高層住宅管理業協会 「マンション管理集宅主宅受託調査」
- 国土交通省 「賃貸管理業者の登録状況について」 2012年5月24日公表
- 日本賃貸住宅管理協会 「民間賃貸住宅市場の実態調査」 2012年1月
- (財)不動産適正取引推進機構 「宅建業者と取引主任者の統計概要」 2009년 3월
- 全国賃貸住宅新聞社 「週刊全国賃貸住宅新聞」
- マンション管理新聞社 「マンション管理新聞」 各年5月25日付
- 賃貸不動産経営管理士練習テキスト′ 賃貸不動産経営管理士協議会′ 2012年3月
- 賃貸不動産管理の知識と実務′ 賃貸不動産経営管理士協議会′ 大成出版社′ 2013年3月
- 不動産流通センター研究所′ 賃貸住宅事業の新たな流れ′ 方向性について′ 2010年3月
- 賃貸住宅経営管理士協議会 ホームページ
- 国土交通省′ ホームページ′ 賃貸住宅管理業者登録制度について
- 公益財団法人日本賃貸住宅管理協会′ ホームページ
- あんしん賃貸住宅推進協会 「あんしん賃貸支援事業と外国人の民間賃貸入居円滑化ガイドライン」

2009年3月
- 国土交通省資料
- 日本統計局資料
- 不動産流通近代化センター資料
- ウィキペディア資料
- 有価証券報告書資料
- 大東建託　調査資料, 2011年
- 大東建託　ホームページ
- レオパレス21　ホームページ
- 積水ハウス　ホームページ
- スターツグループ　ホームページ
- 大和リビング　ホームページ
- 三井不動産 ホームページ
- 三菱地所 ホームページ
- 住友不動産 ホームページ
- 東急不動産 ホームページ
- 東京建物 ホームページ
- 森ビル ホームページ
- 방정식 · 장희순(2011), 부동산학총론(제2판), 부연사.
- 국토교통부 주택토지실 주택정책관 주거복지기획과.
- 한국 통계청.

저자약력

김준환

현재 서울디지털대학교 부동산학과 부교수
일본 메이카이대학 부동산학박사
RTN부동산경제TV 해설위원

〈저서〉

일본도심재개발사업의 이해(부연사)
부동산개발금융의 이해(부연사)
부동산마케팅론(공저, 이프레스)

저자와의 협의하에 인지생략

일본의 임대주택관리업

2013년 11월 15일 1판 1쇄 인쇄
2013년 11월 20일 1판 1쇄 발행
2018년 3월 10일 1판 2쇄 발행

지 은 이 김준환
펴 낸 이 최용구
펴 낸 곳 이프레스

주 소 (04316) 서울시 용산구 원효로89길 19(원효로1가)
전 화 537-1720(영업부), 537-1721(편집부), 537-1711(팩스)
이 메 일 epress01@naver.com
홈페이지 www.epress1.com
등 록 2009년 12월 10일 제16-2710호

기획마케팅 최용구 장만동 송대용 최충구
책임편집 석기은 황가연
본문편집 예나루
표 지 SDY

ISBN 978-89-90245-44-1 93320

정가 25,000원